KB061515

보호아동에서 장학사가 된 이성남이 전하는 고아 담론

행복한 고아의
끝나지 않은 이야기

저자 이성남

보호아동에서 장학사가 된 이성남이 전하는 고아 담론

행복한 고아의
끝나지 않은 이야기

초판 1쇄 발행 2022년 11월 11일

지 은 이   이성남
발 행 인   권선복
편   집   오동희
디 자 인   박현민
전 자 책   서보미
발 행 처   도서출판 행복에너지
출판등록   제315-2013-000001호
주   소   (07679) 서울특별시 강서구 화곡로 232
전   화   010-3267-6277
팩   스   0303-0799-1560
홈페이지   www.happybook.or.kr
이 메 일   ksbdata@daum.net

값 20,000원
ISBN 979-11-92486-28-4   (03330)

Copyright ⓒ 이성남, 2022

* 이 책은 저작권법에 따라 보호받는 저작물이므로 무단전재와 무단복제를 금지하며, 이 책의 내용을 전부 또는 일부를 이용하시려면 반드시 저작권자와 〈도서출판 행복에너지〉의 서면 동의를 받아야 합니다.

2021년 8월 22일 하늘나라로 간 하나뿐이었던 동생 (故)이성만에게 이 책을 바칩니다.

보고싶다. 동생아!
꼭 부모님 찾아줄께!
천국에서 다시 만나자!
그리고
사랑하는 주님! 두 번째 책도 출간케하심을 감사드립니다.
부디 이 땅에 고아가 행복하게 하옵소서

도서출판 행복에너지는 독자 여러분의 아이디어와 원고 투고를 기다립니다. 책으로 만들기를 원하는 콘텐츠가 있으신 분은 이메일이나 홈페이지를 통해 간단한 기획서와 기획의도, 연락처 등을 보내주십시오. 행복에너지의 문은 언제나 활짝 열려 있습니다.

보호아동에서 장학사가 된 이성남이 전하는 고아 담론

행복한 고아의
끝나지 않은 이야기

저자 이성남

누구도 이야기한 적 없었던, 어른이 된 보호아동의 현실고백

나는 행복한 고아입니다의 후속작

도서
출판 행복에너지

목차

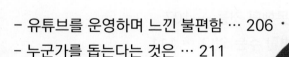

추 천 사

최재형 국회의원

　한국고아사랑협회 이성남 회장의『행복한 고아의 끝나지 않은 이야기』에는 부모로부터 버림받고 사회의 무관심 속에서 힘들게 살아가는 고아들의 삶이 생생하게 그려져 있다. 우리가 미처 생각하지 못했던 문제들에 대한 질문을 던지면서 사람들의 편견을 지적하고 개선을 위한 대안을 제시한다. 저자가 지적한 것처럼 고아들에 대한 사회적 관심이 반려동물에 대한 관심보다 못한 것이 우리의 현실이라는 것이 가슴 아프다. 고아들에 대한 사회적 관심이 우리 사회의 성숙의 척도이다. 저자의 두 번째 이야기가 고아들이 행복한 사회를 만드는 디딤돌이 되기를 기원한다.

김미애 국회의원

　힘들어 포기하고 싶을 때, 우리를 버티게 하는 가장 단단한 힘은 '가족'이라는 울타리다. 이 작은 울타리가 비빌 언덕이 되어 다시 서고 큰 바다로 나가게 한다.

2002년 8월 두 명의 보육원 출신 청년이 스스로 생을 마감했다. 찬란하게 눈부신 청춘을 그렇게 끝마쳤다. 아픈 상처를 간직한 이들에게 사랑을 나누며 지지하는 가족은 없었다. 더 정확히는 있었지만 비빌 언덕이 돼 주지 못했고 어쩌면 상처였다. 사회는 다양한 지원을 강화하지만 진정한 위로와 용기를 가져주는 마음이 빠져 있다.

보육원 출신 현직 선생님이 들려주는 삶에 대한 진지하고도 따뜻한 경험담이 책에 담겨 있다. 마음의 눈을 크게 뜨고 보면 우리가 해야 할 일들이 곳곳에 녹아있다.

아낌없이 나누어도 다시 샘솟는 것이 사랑이다. 그리움과 외로움 그리고 분노의 감정이 반복되지 않도록 우리가 가족이 되어 작은 울타리가 되어주는 건 어떨까.

이성미 희극 배우

'버려졌다'라는 것은 어떤 의미일까? 목숨을 내놓고 자식을 지키는 부모를 보면, 거리에서 아이 손을 붙잡고 가는 어른을 보면 그냥 먹먹했을 그 가슴의 멍자국이 느껴진다.

이 책은 보호아동들의 아픈 이야기를 참 편하게도 풀어내어 쉽게 이해하였다. 이 책을 읽으며 가슴이 짠하고 맘이 아리게 되었다.

저자는 힘든 시간 의지할 곳 맘 붙일 곳 없었을 것 같은 그 시간 속에서도 잘 버텨냈다. 그 시간을 통해 많은 이들에게 새로운 삶의 방법을 알려주었다.

저자는 고아라는 단어가 참 어울리지 않는 청년이다. 혼자 살아낸 시간을 꼭 한번 안아 주고 싶은 마음이 들고 그동안 애쓴 시간이 기특하고 대견스럽기까지 하다. 삶의 전반전을 이겨내고 있으니 이제 앞으로 올 그의 미래를 꿈꿔본다. 읽으면 읽을수록 어른인 나를 돌아보게 한다.

나를 고민하게 하는 책이며 우리가 가지고 있는 고아에 대한 편견을 버리고 털어내야만 한다는 다짐을 하게 하는 참 편하게 썼지만 맘을 울리는 책이다.

이 책을 통해 모르면서 이러쿵저러쿵 말 화살로 아이들에게 상처 주는 일이 사라지고 많은 이들의 시선과 생각이 뒤집어지길, 그리고 많은 이들이 새 힘을 얻길 바라며 도전적인 삶을 살길 희망해본다.

스티븐 모리슨 한국입양홍보회 설립자

이성남 대표의 『행복한 고아의 끝나지 않은 이야기』를 읽으며 한때 고아로 자란 나 자신의 삶을 돌아보게 되면서 많은 생각을 하였다. 나는 8년을 한 고아원에서 자랐고 14세 때 미국으로 입양되어 행복하고 건강하게 잘 자란 고아 선배 및 입양인이다. 이 책은 한국의 고아들 및 여러 보호아동들이 겪는 아픔과 어려움을 세세하게 설명하며, 일반 시민들이 생각지도 못하는 가슴 어린 경험과 생각을 알려주고 있다.

한국의 어느 고아가 자신의 경험을 책으로 나누며 자신이 고아 출신이라고 담대하게 공개할 수 있을까? 이런 면으로 볼 때 한국고아사랑협회를 설립해 고아들을 위한 목소리가 되어주겠다는 이성남 대표가 매우 대견스럽고 대단한 용기를 가진 사람이라고 생각한다. 자신은 모든 고아들을 대표하지 않는다고 말씀을 하지만, 나는 모든 고아들이 이성남 대표처럼 당당하게 자기 자신에 대해 부끄러워하지 않고 떳떳하게 살아가기를 소망한다. 더 깊이 보면 이성남 대표는 앞으로 한국사회에 고아들을 위해 큰 긍정의 변화를 일으킬 선구자 역할을 하고 있다고 생각한다.

이성남 대표는 고아로서의 아픔을 잊지 않고 살아간다. 시설에서 살면서 큰형들로부터 겪은 폭력과 학대를 통해 아동들이 받는 고통은 엄청 큰 상처이며 트라우마다. 일반 아이들이 가정에서 자라면서 경험하거나 볼 수 없는 일이다. 특히 생일 때마다 그는 생모를 생각한다고 한다. 왜 자신을 버렸는지? 스스로 성장해 나가면서 생모를 이해하며 용서의 마음을 가지려고 노력하지만 쉽지는 않다. 이성남 대표는 보육원 출신인 것을 공개하고 잃은 것이 많다고 하지만, 그럼에도 더 용기를 내야 되는 부분들이 많다고 한다. 이런 얘기들을 함께 나누면서 어떤 어려움이 있는지 그리고 이 사회에서 보호대상아동들을 생각하는 데 있어 고아들은 어떤 노력을 해야 하는지 고민해야 한다고 한다. 그는 고아를 대변하기 위해서 영상을 만들며 공부를 하고 보호대상아동들의 권리를 주장하며, 보호대상아동들에 대한 정체성을 정립해 나가기 위해 힘쓰고 있다.

이성남 대표는 어려움 속에서도 자기 자신을 발견하며 일어선다. 시설의 원장님이 그의 사랑하는 어머니가 되셨고, 보육사들의 지도와 헌신으로 그동안 매여있던 마음의 상처에서 자유를 얻으며 수많은 고아들에게 힘과 소망을 불어넣어 주는 아름다운 일을 하고 있는 사람이 되었다. 그는 인생을 살면서 긍정적인 생각과 믿음을 통해 자신에 대한 열등감을 극복하며 '나는 보육원 출신이다'라고 당당하게 표현하는 사람이 되었다. 이 점에 있어서 나의 경험과 생각이 같다. 나 자신도 어렸을 때에 입양된 사실을 남에게 숨기며 살기를 원했다. 그러나 나의 부모님의 사랑과 하나님의 사랑을 경험한 사람으로서, 또한 이제 성숙한 사회인으로서 나는 당당하게 말한다. "나는 고아 출신이며 입양인이다." 이 말을 하면서 나는 나름대로 큰 자부심을 갖는다.

국내에 동물보호단체는 수없이 많지만 보호아동을 위한 단체는 한 손가락에 꼽는다고 이성남 대표는 말한다. 아이들은 가정에서 격리되어 혼자 보육원에서 장기보호되며 퇴소까지 한 번도 부모를 만나지 못해 정서적 학대를 당하는 '피해자'들이다. 그

점에서 보육원에 아이를 맡기고 나서 아이를 만나러 오지도 않는 생부모들에게 친권박탈이 있어야 한다고 한다. 부모의 역할을 다하지 못하는 이들에게는 친권을 유지할 권리가 없다. 매우 아쉬운 점은 보육원에 아이를 맡긴 90%의 부모들은 아이들을 찾지 않는다는 것이다. 그렇기에 고아들은 정말로 '피해자'다.

이성남 대표는 고아로서 너무나도 불행한 아픔과 경험을 겪었지만, 그런 가운데서도 긍정적인 생각과 마음을 선택하면서 살아온 증거인이기에 몹시 존경스럽다. 예를 들면, 그는 그동안 자신이 버려졌다고 생각했는데, 반대로 고아인 그는 누군가에 의해서 발견되었다고 말하고 있다. 그는 말한다. "생부모가 사람들이 잘 다니지 않는 한적한 곳에 나를 버리지 않고 아이들을 보호하는 시설과 가까운 곳에 버렸다는 것은 마지막까지를 나를 지켰고 누군가가 길을 가다가 울고 있는 어린 나를 발견하기를 바랐다는 것을 깨닫게 되었다. 즉 나는 버려진 아이가 아니라 지켜졌고 발견된 아이이다." 이 말씀은 나의 마음에 상당히 신선하고 새로운 힘을 주었다. '버려진 아이가 아니라 발견된 아이.' 몇 번이나 이 말이 내 머릿속에 계속 맴돈다.

고아가 겪는 여러 트라우마 중에 '거부감'과 '상실감'이 있다. 이에 더해 트라우마의 다른 형태는 '분노'라고 한다. 누구에게 피해를 줘도 죄의식을 느끼지 못하고 죄책감을 느끼지 못하는 인간이 되기 쉽다. 이런 것을 막기 위해 아동은 가정에서 자라야 한다. 원가정이든, 국내입양이든, 해외입양이든, 아동에게는 가정이 최우선이다.

이성남 대표의 책『행복한 고아의 끝나지 않은 이야기』를 전적으로 추천하며 이 책을 통해 우리 모두가 소외된 우리 고아들을 조금이라도 더 이해하고 그들의 아픔과 고통을 나누며 그들을 돕는 역사가 일어나기를 간절히 소망하는 마음이다.

조윤환 고아권익연대 대표

2018년도 3월 고아권익연대가 설립되고 8월쯤인가 이성남 선배님을 처음 뵈었던 것 같습니다.

비록 성장한 고아원은 서로 달랐지만 고아 DNA를 가진 고아 형제임을 바로 확인할 수 있었습니다. 짧은 시간에 서로의 고아원에서 겪었던 이야기들을 나누며 공감하고 희로애락을 느낄 때 마치 군대를 다녀온 사람들이 서로 다른 군대에서 겪었던 이야기들을 나누며 동지애를 느끼는 것보다 훨씬 더 감격스러웠습니다.

이성남 선배님께서 추천사를 권하며 한글문서로 150페이지가 되는 방대한 원고를 보내주셨는데 바쁜 일정 속에 잠시 부담이 되었지만 첫 페이지를 읽는 순간부터 블랙홀 같은 마력에 빨려 들어가 순식간에 마지막 페이지까지 읽게 되었습니다.

저의 고아 시절과 같은 경험과 정서에 웃기도 하고 울컥하기도 하며 때로는 고아분들이 겪어야 할 불합리하고 반인륜적인 사회적구조와 인식에 대해 예리하고 타당하게 지적할 때 속이 시원하기도 하며 아프기도 했습니다.

저는 이 책을 자립을 준비하는 고아후배님들과 가장 외로이 고군분투하는 고아선배님들에게 꼭 권하고 싶습니다.

더 나아가 고아가 아닌 모든 국민들이 이 책을 통해 고아를 이해하고 인식을 개선할 뿐 아니라 함께 더불어 사는 아름다운 세상이 열렸으면 좋겠습니다.

김성민 브라더스키퍼 대표

어린 시절 외로움이란 제게 일상적으로 느껴지는 감정이었습니다. 이 책은 그 외로움의 기원에 대해 잘 설명하고 있습니다. 이성남 작가님은 보육원 선배로서, 장학사로서, 작가로서 자립준비청년에게 귀감이 되고 있습니다. 이성남 작가님을 통해 자립준비청년이 자신의 삶을 더욱 감사하게 되고 위로와 용기를 얻을 것이라 확신합니다.

어떤 사람도 '죽음'을 피할 수 없듯이 모든 사람은 언젠가는 '고아'가 됩니다. 누구나 언젠가는 경험해야 할 순간을 멋지게 살아내신 이성남 작가님의 이번 책이 많은 이들에게 큰 위로가 될 것입니다.

보호종료가 된 청년들이 스스로 목숨을 끊는 일이 연이어 일어났다. 고인의 뜻을 함부로 추측할 수 없지만 살아서 해결할 수 없을 것 같은 고통과 소외감을 견뎌야 했을 것이라고 감히 생각해본다. 소중한 생명의 스러짐을 사회가 바라만 보고 있을 때, 그들의 입장을 헤아려주고 무엇이 필요한지 핵심을 짚어주는 사람이 있다. 고아가 처한 사회적 현실과 사랑의 실천을 몸으로 살아온 사람, 스스로 고아로서의 삶을 고백하는 책을 펴내 이 땅의 고아에게는 희망의 싹을 틔우고 무지한 사회를 일깨웠던 사람, 이 책의 저자 이성남 장학사이다.

처음 저자를 알았을 때 교사로서 유튜브 채널을 운영하던 저자는 아동복지에 관심이 있다고 자신을 소개하셨다. 가만히 있으면 아무 말도 듣지 않고 고요히 살 수 있었던 성벽을, 저자는 스스로 깨며 자신을 드러냈다.

첫 책 〈나는 행복한 고아입니다〉가 고아로서 살아온 회고록이자 사회 현실의 성찰록이었다면, 후속작인 이번 책은 고아의 삶을 잘 알고 있고, 화목한 가정의 가장이자 존경받는 교육자로서 삶을 개척한 경험자의 사회재건제안서이자 인생 선배의 조언집이다. 〈나는 행복한 고아입니다 1편〉에도 느꼈던 점이지만, 저자가 건넨 두 번째 책의 초고를 읽으며 또 느꼈다. 빈틈이 많은 우리 사회에 이런 책이 있다는 것은 얼마나 소중한가. 이 책은 반드시 나와야 하는 책이다. 많은 독자에게 읽혀야 하는 책이다!

글을 쓴다는 것은 자기 내면의 목소리를 듣는 일이자 스스로 치유하는 방법이기도 하다. 저자는 글을 쓰며 자신을 충분히 치유하였을까? 이 땅의 고아가 받는 상처와 삶의 과제를 생각하면 그 길은 아직 험난한 것 같다. 하지만 저자의 글 덕분에 더 많은 고아가 자기다운 삶을 살 수 있는 세상으로 바뀌어가고 있다는 점은 확실하다.

이 책을 교육자나 사회복지에 종사하시는 분들만이 아니라 (나는 행복한 고아입니다 1, 2편을 만나기 전의 내가 그랬듯) 고아에 대하여 깊이 생각해본 적이 없었던 모든 사람, 세상에 홀로 던져져 살아가기 막막하다 느끼는 모든 고아, 부모이자 자식의 삶을 살고 있는 모든 사람에게 추천한다. 저자가 많은 이의 바람과 힘겨움을 함께 지고 한발 한발 걸어가는 길은 이 사회와 역사의 진보가 될 것이다.

내가 이 땅의 모든 보호대상아동들을 대변할 수는 없다. 이런 활동을 통해서 그들을 더 이해하고 그들이 어떻게 성장했으며 어떤 피해를 당하지는 않았는지, 그들의 인권은 잘 실현되고 있는지, 그리고 자립을 하면서 어떤 부분이 힘든지 등의 얘기들을 함께 나누면서 넓은 생각으로 더 좋은 정책을 마련하기 위해 노력할 뿐이지 어떻게 모든 아이들의 이야기를 다 대변할 수 있겠는가?

저자는 본문에서 보육원 출신인 것을 공개하고 잃은 것이 많다고 하였지만, 1권에 이어 2권을 출간하는 저자의 용기가 위의 글에서 나타난 것과 같이 보호대상아동에 대한 깊은 사랑과 그 사랑을 몸소 실천하였다는 점에서 존경의 마음을 먼저 전합니다. 특히 저자는 글을 쓰면서 자신의 오래된 상처를 들여다보며 심리적으로 힘든 시간을 보내기도 했을 것이고, 직장과 가정생활을 병행하면서 부족한 시간을 쪼개었을 것인데, 아동복지를 전공한 연구자의 한 사람으로 저자의 헌신에 진심으로 감사드립니다.

저자는 고아들의 정체성, 보육원의 현재 상황들, 사회적 편견, 정책 제언 등 다양한 관점에서 자신뿐만 아니라 동생, 친구 및 지인들의 사례를 통해, 보육원 아이들의 삶은 친부모, 보육원, 학교, 사회, 제도 및 정책 등과 밀접한 관련이 있음을 자연스럽게 설명하고 있습니다. 따라서 '보호대상아동'의 건강한 성장과 발달을 위해 우리 사회 구성원들이 개인적으로 그리고 사회적으로 무엇을 어떻게 고려하고, 개선하여야 할 것인지를 알게 해준다는 점에서 교사, 사회복지사, 상담사, 연구자, 행정 관료 및 정책가들이 꼭 읽어보시기를 추천합니다.

저자는 자신의 삶의 전 과정에 대해서 경험한 사실, 경험에 대한 느낌과 감정, 자기 성찰, 부모 및 가족, 시민 및 사회에 대한 요청과 개선사항을 주관적이면서도 객관적으로, 구체적이면서도 구조화를 잘하여서, 최소 30년 이상 먼 미래를 바라보며, 어떻게 살아야 할지에 대해 고민하고 있는 청소년과 청년들에게도 추천합니다.

마지막으로 저자는 자녀의 입장에서 친부모와 분리되어 성장한 삶에 대해서, 그리고 결혼 후 부모가 된 지금은 부모의 입장에서 부모 됨의 의미와 가치, 부모의 권리와 책임에 대해서 제시하고 있으므로, 출산과 입양으로 부모가 되려고 준비하는 예비 부모들과 다양한 배경으로부터 친부모와 분리되어 성장한 자녀들에게도 일독을 권합니다.

프롤로그

『나행고』 그 이후의 이야기

전작 『나는 행복한 고아입니다』 출간을 앞두고 고민이 많았다. 오랜 기간 힘써 글을 쓰고 고쳐왔지만 막상 책이 나온다고 하니 걱정이 되었다.

과연 내가 책을 펴낼 정도의 해박한 지식이 있는지, 내가 보육원 출신인 것을 만천하에 알려도 될지, 그 이후 아내와 자녀들에게 어떤 영향이 갈지, 그에 대해서는 어떻게 대처할지, 여러 생각이 들었다. 무엇보다 내가 보육원 출신이라는 사실을 주변에 알렸을 때 가까이에서 나를 봐온 학교 친구들뿐 아니라 교직 생활을 하면서 만난 사람들과 앞으로 나를 알게 될 사람들에게 내 모습이 어떻게 비춰질지 너무나 궁금했다. 한편으로는 잔뜩 걱정도 되었다. 아무리 단단히 마음먹고 용기를 냈다고 하더라도 내게는 가족이 있고, 사회에는 아직 고아에 대해 편견을 지닌 사람들이 있는 만큼 그들을 이해시키고자 하는 나의 결단은 결코 쉬운 일이 아니었다.

책을 쓰면서는 단지 고아의 현실을 알리고자 했지만, 결국 고아의 문제는 사회의 문제라는 것을 알게 되면서 후속작이 필요하다는 걸 깨달았다. 또한 책을 쓰는 과정에서 내면에 오래도록 자리 잡은 깊고 쓰린 상처를 조금이나마 없앨 수 있었다. 출간 후에도 고아에 대한 이야기는 까도 까도 나오는 양파처럼 계속 발견된다. 고아의 문제이기도 하지만 고아의 현실은 내게 매번 새로운 통찰을 안겨 주었다. 출간 후 고아의 본질에 좀 더 깊이 관심을 두게 되었고 인간의 삶에 대한 지혜에도 관심을 기울이게 되었다.

나의 삶에 대한 이야기를 알리기 위해서는 무엇보다 나 자신을 드러내려는 용기가 크게 필요했다. 용기 있게 성장한 나였지만, 학교, 지역사회, 초·중·고 친구들에게 나 자신을 드러내는 건 처음 하는 경험이어서 무척이나 당황스러웠다. 또한 새로운 나의 모습에 다양하게 반응하는 독자들을 만나면서 그들을 대하는 방식도 부담되고 어려웠다. 겉과 속이 같은 독자들도 있지만, 형식적으로 반응하는 분들을 만나면서 어느 정도까지 거리를 둬야 하는지, 어느 정도까지 고아와 관련된 사회적 문제를 알려야 할지 고민되었다. 고아 중에서 그래도 온전하게 성장하여 사회적으로 인정을 받는 위치에 오른 나였기에 사람들의 시선을 의식할 수밖에 없었다.

이러한 걱정에도 불구하고 정말 많은 이들이 도움을 주었다. SNS에서 책 홍보를 열심히 도와준 이들, 여러 권을 사서 홍보해 준 친구들, 그들에게서 그동안 보육원에서 받았던 사랑만큼이나 큰 관심과 도움을 받았다. 다시 한번 세상은 아름답다는 것을 알게 되었다. 분에 넘치는 관심을 보여준 이들에 힘입어 용기를 내어 후속작을 쓰게 되어 너무나 감사하다.

책으로 인해 나에게 달라진 점이 몇 가지가 있다.

하나는 내가 세상을 더욱 아름답게 보게 되었다는 것이다. 고아인 것이 부끄럽다고 생각한 이들이 나를 찾아와 고아라는 사실을 당당히 밝히고 세상에서 담대하게 살아갈 힘을 얻었다고 말한다. 많은 사람이 고아에 관심을 두지는 않지만, 그들 주변에 다양한 사람이 살아가고 다는 것을 아는 것만으로도 나에게는 큰 의미가 있다. 그동안 우리 사회에 너무도 지독하게 자리 잡았던 고아에 대한 인식이 서서히 바뀌고 있는 것 같다. 이러한 사실만으로도 희망 찬 세상을 향해 첫걸음을 내디딘 것이다. 빈부, 인종 출신 배경, 학력과 상관없이 모두가 공존하며 살아갈 수 있다는 것을 다시 한번 확인하게 되었다.

보람찬 일들도 있었다. 보육원 동생들은 출간 소식을 듣고 적 잖게 놀랐다. 보육원을 퇴소해 아등바등 살아가는 보호종료청년 들은 내 책에 실린 보육원 이야기가 너무나 흥미로웠다고 한다. 내 삶이 그들의 삶과 거의 같기 때문에 평소 책을 읽지 않는 후 배들도 책을 다 읽었다고 했다. 그중에는 책을 읽으며 슬퍼서 운 후배도 있었고, 평소에도 나를 존경했지만 책을 통해 더 존경하 게 되었다는 후배도 있었다. 진정성이 담긴 그들의 말 한마디 한 마디에 나는 사뭇 감동하였다.

하지만 몇몇 후배는 내가 기억나는 것, 즉 내가 하고 싶은 이 야기만 있고 후배가 기억하는 나의 좋지 않은 이야기는 많이 빠 져 있다고 하였다. 참으로 놀라운 일이었다. 어쩌면 나도 보육 원에서 살면서 동생들을 괴롭혔을지 모른다. 그 때문에 분명 나 를 싫어하는 후배도 있었을 것이다. 아무리 보육사님들을 대신 에 동생들을 관리했을지라도 나의 단점이 아예 없었다고는 말 할 수 없다. 아무래도 글을 쓰면서 내 관점으로만 썼다는 생각이 들었다. 이기적인 나의 모습에 다소 부끄럽기도 하였다. 아마도 내가 생각하고 싶은 기억만 장기기억 장소에 머무르게 한 것 같 다. 나 스스로가 보육원에 대해 좋지 않은 기억보다는 좋았던 기 억을 더 많이 갖고 있음을 알게 되었다.

또 한 선배가 출간 소식을 듣고 나에게 미안하다는 말을 전해왔다. 후배들 괴롭히기를 좋아한 그 선배가 옛날 생각에 젖어 미안하다고 하는 말에 나는 어느 정도까지 용서해야 할지 고민되었다. 절대 만나고 싶지 않은 선배여서 지금도 생각하면 움찔할 정도였다. 책 출간으로 인해 선배의 연락을 받으며 나는 아직 보육원에서 겪은 트라우마에서 벗어나지 못했음을 깨닫게 되었다.

책을 소개할 때 가장 많이 신경이 쓰였던 부분은 교직 생활을 하면서 만난 분들이다. 성인이 되어 그들을 만났기에 부끄러움이 컸던 것 같다. 같은 과 출신의 대학 동문, 일곱 학교를 돌아다니며 함께 근무한 동료 교사들에게 알려진 나의 과거 이야기가 과연 어떻게 비춰질지 궁금했다. '보육원 출신 교사가 학생들을 잘 지도했을까'라는 생각은 아마도 나만의 고민일 것이다. 그런데도 온전치 못한 가정에서 자란 내가 다양한 가정에서 성장한 학생들을 지도하는 것에 의심스러운 눈길을 주는 교사들도 있을 것 같다. 사람은 자신이 살아온 방식으로 세상을 조명하기 때문이다. 그리 넓지 않은 교직 사회인 만큼 앞으로 아마도 내가 다른 학교로 이동하더라도 나의 모습을 보고 관심을 두는 분이 많을 것이다.

특히 SNS 책 소개를 통해 나를 알게 된 전국의 체육 교사 중에는 남다른 나의 과거에 특별하게 관심을 두는 분이 적지 않다.

보육원생인데도 같은 임용고시를 통과하여 교사로 재직하고 있어서 내가 새롭게 보인다는 말을 많이 전해 왔다. 그분들의 칭찬이 한편으로는 부담스럽지만 부끄럽지는 않다. 학교에서 학생들을 지도하는 데 보육원 생활이 큰 도움이 된다고, 나의 생활에 너무나 만족스럽다고 자신 있게 말할 수 있다.

현재 근무하는 학교에서는 학생뿐 아니라 교직원 모두가 나의 책을 갖고 있다. 출간 소식을 전해 들은 교장 선생님께서 학생과 임직원 모두에게 책을 나눠주셨다. 처음에는 가장 가까이에 있는 분들에게 내 책을 드리는 것이 너무나 고민되었지만 어차피 벌어진 일이라 생각했다. 하지만 나의 걱정과 달리 학생들의 반응은 놀라웠다. 책을 출간한 교사를 처음 만났다는 것이 흥미로웠는지 내가 쓴 책을 들고 사인을 받으러 나를 찾아왔다. 나는 모두에게 다른 메시지를 적어 주며 정성껏 축복의 사인을 해 주었다. 하나같이 책을 잘 읽고 국어시간에 독후감으로 제출하고 싶다고 말하여 출간하기를 잘했다는 생각이 들었다. 교사로서 수업을 잘하는 것은 당연한 일이겠지만 이러한 인생의 지혜를 함께 나눈다는 것도 나름 큰 자랑거리라고 생각한다.

가장 놀라운 일은 따로 있다. 오래전 같은 학교에 근무한 교사 중에서 나이가 나와 같은 친구 교사가 출간을 축하한다며 식사를 대접해 주었다. 식사 자리에서 그 교사는 본인이 산 책에 사인을 해달라고 하면서 너무나 감동적으로 읽었다고 했다. 그러면서 이미 내가 보육원 출신이라는 것을 알고 있었다고 했다. 그 얘기를 듣고 놀라기도 하고 한편으로는 부끄러웠다. 왜 말하지 않았냐는 말에 왜 굳이 말해야 하느냐고 친구는 반문했다. 그렇다. 나도 굳이 밝힐 필요가 없는 것처럼 그 친구 교사도 말하지 않은 것이다. 어떻게 알게 되었냐고 물어보니 말할 수 없다고 했다. 나는 참 궁금했지만 한편으로는 알아도 별 수 없다고 생각해서 더는 물어보지 않았다.

추측컨대 같은 학교에 근무할 때 있었던 보육원 아이들을 대하는 모습을 보고 짐작한 것이 아닌가 한다. 그 아이들 중에는 내가 담임을 한 아이도 있었다. 결석을 자주 하고 학교에서 문제를 일으키는 학생이라 상담을 자주 하였다. 맛난 것도 사 주고 잘 타일러서 어떻게든 졸업을 시키려고 특별히 관심을 기울였다. 그때 아마도 암암리에 전해진 것이 아닌가 생각된다.

사람은 본인이 원하는 대로 살 수만은 없다. 하지만 분명 노력하면 좋은 분들을 만날 수 있다. SNS를 통해 만나게 된 두 분의 선생님이 계신다. 책의 교정을 도와주고 유튜버로서 책 소개를 해 주신 분들이다. 얼마나 마음이 따뜻한지 모른다. 어릴 때 많은 후원자에게서 도움을 받으며 성장했는데 성인이 되어서도 다시 도움을 받는다는 것이 내키진 않았다. 하지만 두 분의 선생님은 정성껏 헌신적으로 나의 출간과 책 홍보를 도와주셨다. 다소 과분할 정도로 좋은 언어로 SNS에 소개해 주었다. 책 리뷰가 한 편의 영화처럼 감동적이었고, 책 소개 영상은 살아 있는 언어처럼 사실에 근거한 감동을 주기에 충분했다. 현재 두 개의 글과 영상은 폭발적으로 인기를 얻어 주변에 홍보되고 있다. 사실 나와는 아무런 관련이 없는 두 분의 도움은 나를 위한 관심이 아니라 이 땅에서 살아가는 약한 자들을 위한 관심임을 알고 있다. 내가 잘나서가 아니라 그분들의 조건 없는 사랑의 결과인 것이다.

무엇보다 책의 출간 후 받은 한국고아사랑협회와 여러 단체장의 격려와 협력이 일어난 점은 참으로 고무적이다. 고아의 목소리를 내는 곳이 국내에 생겨난 지는 불과 몇 년밖에 되지 않았는데 그동안 고아를 대변해 줄 여러 단체가 생겨났다. 특히 고아권익연대는 많은 양의 책을 구매하여 주변에 고아의 실태와 자립의 현실을 알리고 있다. 연대를 강조하는 요즘 이러한 움직임은 함께 협력하면서 아동복지의 새로운 지평을 열어 가며 고아 발생의 원인을 줄여 나가는 데 크게 이바지할 것이다. 고아 당사자인 내가 하는 말이 정답이 될 순 없지만 모두가 함께 논의하면서 올바른 복지정책을 만들어 가기 위해서는 이러한 책의 발행이 우선되어야 한다는 것을 새삼 깨닫게 되었다.

나는 최근 유튜브 채널을 열었다. 채널의 이름은 〈나행고TV〉이다. 출간 후 나에게 일어난 일 중에서 가장 큰 용기를 가지고 도전한 것이 바로 〈나행고TV〉를 연 것인데 말로만, 입으로만 하는 고아 사랑이 아니라 나 자신을 더 드러내고 고아들의 본질적인 모습과 힘겨운 자립의 복합적인 원인을 근본적으로 파헤치고자 하는 마음에서 시작하였다. 사실 아무도 가 보지 않은 길에 외로이 서서, 도전적으로 활동하는 나로서는 참으로 영광스러운 일이다. 〈나행고TV〉를 통해 앞으로 어떤 일이 펼쳐질지는 모르지만, 부디 보육원에 들어가는 아동들이 더 불행해지지 않도록, 될 수 있으면 가정에서 자랄 수 있도록 노력할 것이다.

첫 책의 출간을 통해 참으로 많은 것을 알게 되었다. 내 인생을 되돌아보게 되었고 누군가에게 행복을 주고 싶다는 생각을 넘어 나의 삶이 누군가의 이정표가 될 수 있음을 깨달았다. 나의 활동이 보육원의 실태를 전혀 알지 못하는 사람들에게 고아에 대한 생각을 바꾸게 하는 것을 알게 되었다. 나의 작은 용기는 누군가에서 위대한 도전이며 살아가는 이유가 될 수도 있다는 것을 말이다.

1장

행복한 고아의
끝나지 않은 이야기

고아 정체성 I

　나는 내 생일을 정확히 모른다. 부모가 나를 버렸을 때 법원에서 출생일을 새로 만들었기 때문이다. 어차피 진짜 생일도 아니니 생일이 되어도 큰 감흥은 없다. 하지만 아무리 가짜 생일이어도 그날이 되면 유독 친부모 생각이 난다. 그리고 그 생각은 '왜 나를 버렸는지, 왜 나를 찾으러 오지 않는지'로 이어진다. 그래서 좀처럼 생일 기분을 내기가 쉽지 않다. 생일이 되면 '나는 누구인가?'라는 물음에서 시작해 어떤 태교를 받으며 생모와 애착 형성을 했을지 궁금해진다. 타임머신이 있다면 꼭 그때로 돌아가 생모의 포근한 품을 느껴보고 싶다.

　성인이 되고 나서 여전히 마음 한구석에는 그들에게 왜 나를 버렸는지 따져 보고 싶은 마음이 있었다. 이제 그들을 미워하기

행복한 고아의 끝나지 않은 이야기

보다는 용서해야 한다는 생각이 더 크게 자리 잡고 있다. 덕분에 나는 절망하지 않고 스스로의 존재를 인정하며 살아간다.

간단하게 말했지만, 이러한 결론에 이르기까지 나는 오랜 기간 인간의 자아와, 부모의 영향에 대해 고민해 왔다. 인간의 자아는 태아기부터 시작해 주로 유년기에 형성되는데, 태아 때 어떤 영향을 받았고 유년기에 보호자와 어떤 유대감을 형성하였느냐에 따라 한 인간의 정체성은 달라진다.

'나는 누구인가?'라는 말은 한 사람이 살아가는 이유를 밝혀주고 한 사람의 인생을 좌우하는 매우 중요한 질문이다. 주체적으로 자신의 인생을 사는 삶이 아닌 타인을 의식하여 시시때때로 자신과 타인을 비교하며 살아가면 견딜 수 없는 고통을 경험하기도 한다. 자기 자신을 정확히 모르는 사람은 인생의 위기를 만났을 때 그렇지 않은 사람과 확연히 구분된다. 인생의 어려움을 긍정적으로 해석하는 사람은 위기를 스스로 극복하려고 하지만, 자아가 올바르게 형성되지 못한 사람은 삶을 부정적으로 생각하므로 삶의 방향을 제대로 정하지 못하고 절망의 세계로 빠져든다. 보육원 아이들도 다르지 않다.

태아는 엄마의 배 속에서 가장 큰 편안함을 느낀다고 한다. 인간이 태아를 품는다는 것은 한 우주를 만들었음을 의미한다. 그

우주가 질서 있는 아름다운 세계가 될지, 아니면 무질서하고 충돌과 아픔과 분열이 있는 세계가 될지는 태아 때 결정된다. 한 사람이 하나의 우주로서 그 자신만의 세계를 만들어가며 이 세상에서 유일한 공간을 열어가는 것이다. 아기는 우리가 느끼지 못할 정도로 굉장한 힘을 갖고 있다. 하지만 그 힘은 부모의 희생과 끝없는 사랑이 공급되어야만 발휘될 수 있다. 엄마와 아기의 유대감은 세상 그 어떤 관계보다도 강하며 질기다. 그 관계를 통해 아기는 세상을 향해 희망찬 발걸음을 내디딜 수 있다.

그렇다면 태어나자마자 부모와 헤어진 아이의 자아는 어떻게 형성될까? 부모와 헤어진 데서 오는 절망감, 고독감, 회의감을 아이는 느낄 수 있을까? 부모로부터 거부당한 아이는 어떤 자아를 형성할까?

아무리 어리더라도 부모에게서 신체적, 정서적, 심리적, 영적으로 버려진 아이는 삶의 고통을 느낄 것이다. 인간이기에 느낄 수 있다. 부모에게서 충분한 보살핌을 받지 못한 아이는 거부당한 상처를 품고 애착 형성이 제대로 되지 않아 정서적으로 무감각한 인생을 살게 될 가능성이 크다. 자신의 상태를 직시하지 못한 채 스스로 아픔에 맞닿아 살아가는 것이다. 세포에까지 새겨진 거부된 상처는 상실, 죄책감, 수치심으로 다가온다. 엄마와 격리되었다는 것은, 즉 유기되었다는 것은 일종의 사망선고와 같다. 모자간의 연결고리가 없다는 것은 탯줄이 끊어진 아기가 적절한 영양분을 공급받지 못해 죽음에 이를 수 있는 것과 같다. 아무리 다른 누군가의 보살핌을 받는다 해도 원초적으로 맺어진 부모와의 관계를 대신할 수 없다. 따라서 부모와 분리된 아기의 울음은 진정한 삶의 상실에 대한 울부짖음인 것이다.

생모와의 이별은 아이의 자아존중감에 어떤 영향을 미칠까? 아이가 생모와 헤어지게 되면 자신을 사랑하고 자신을 객관적으로 바라보는 능력을 어떻게 지닐 수 있을까? 생애 최초의 이별을 경험한 아이는 자신이 버려졌다는 것을 인지하지 못하지만 누군가로부터 거부당했다는 사실은 본능적으로 안다. 그리고 유기되고 거부당함으로 인해 안정감을 얻지 못하고 인간에 대한 신뢰를 갖지 못해 거짓 자아를 형성하게 되는 것이다. 부모와의 애착이 올바르게 형성되지 않는 것은 정서적 의존이 제대로 이루어지지 않는 것으로, 일종의 사망선고라고 할 수 있다.

보육원 아이들은 거짓 행동을 하는 경우가 종종 있다. 그리고 그것을 큰 잘못으로 생각하지 않는다. 학교에서 친구들과 함께 지내면서 친부모의 존재를 부인하기도 한다. 친구들과 지내다 보면 친구 집에 놀러 가기도 하고 자연스럽게 부모에 관해 서로 얘기하게 되는데 그럴 때 보육원 아이들은 "엄마는 무슨 일을 한다. 아빠는 어디에 계신다." 하는 식으로 거짓말을 하며 상황을 모면한다. 보육원에 산다는 것을 공개하면 목숨을 잃는 것과 같은 아픔을 겪을 수 있기 때문에 세상에 하나밖에 없는 친부모의 존재를 부정한다. 함께 살지도 않는 부모와 함께 산다고 어쩔 수 없는 말을 한다. 하지만 숨겨진 진실은 언젠가는 드러나는 법, 숨긴 사실이 친구들에게 들통이 날까 노심초사하며 하루하루를 보낸다. 그렇게 긴장하며 지내는 아이들이 어떻게 정상적으로 성장할 수 있겠는가?

그렇다면 이 아이들은 왜 그럴까? 거짓 행동을 자신을 보호하기 위한 행동이라고 여기기 때문이다. 또한 보호자와 친밀한 관계를 형성하기가 어렵고 온전한 유대감을 형성하지 못한 상황에서 자신의 잘못을 인정한다는 것은 매우 자존심 상하는 일이기 때문이다. 왜 보호자가 자신의 삶에 간섭하는지를 명확히 알지 못한다. 자기 판단대로 살아가는데 왠지 모르게 간섭받는 기분이 든다. 어차피 보호자는 눈에 보이는 행동만을 다룰 뿐 왜 거짓 행동을 하는지 그 근본적인 이유에는 관심이 없다고 생각하기 때문이다. 아이들이 거짓말을 하는 것은 자연스러운 현상이다. 하지만 아이들은 자신이 거짓말을 한 이유나 거짓말을 한 상황을 이해받지 못할 거라고 판단하면 눈치를 보며 더 거짓말을 하게 된다. 거짓말은 자신의 감정을 올바르게 표현할 줄 모르는 이들의 불가피한 선택이 아닐까 싶다.

부모를 부인한 아이들이 어떤 거짓말이라도 못 하겠는가? 자

행복한 고아의 끝나지 않은 이야기

신을 낳아준 부모를 인정하지 않는 아이들이 어떻게 다른 사람을 인정하며 그들과 올바른 소통을 하면서 세상을 긍정적으로 받아들이겠는가? 부모의 존재를 부인하는 것은 세상에서 가장 비열한 거짓말이요, 가장 파렴치한 거짓말이 아니겠는가? 오로지 자기를 보호하기 위해서 거짓말을 하지만 그 거짓말로 자신의 존재를 부정하는 것은 고아의 피할 수 없는 운명이다. 이 운명이라는 굴레가 고아에게 부정적 정체성을 형성하도록 하여 거짓 자아의 노예로 만드는 것이다.

아기가 부모에게서 거부당했다고 생각하게 되면 자신에 대한 신뢰도 상실하게 되며 자신의 일부가 사라졌다고 느낄 것이다. 깊은 상실감에서 기인한 거짓 자아로 인해 타인과의 소통 능력이 떨어지고, 결별로 인한 트라우마로 심각한 불안장애를 느끼게 된다. 잃어버린 어머니에 대한 갈망은 체념과 상실감으로 이어져 죽음도 두려워하지 않는 자신만의 유일한 방어기제를 형성하게 된다.

이처럼 부모로부터의 분리가 아이에게 얼마나 큰 정신적, 심리적 고통을 주는지 우리는 다 이해할 수 없을 것이다. 그래서 가끔은 부모를 상실한 아이들로 하여금 더욱 절망케 하고 공허함을 느끼게 하며, 극단적 선택을 하도록 몰아간다. 또한 살아 있지만 현재의 삶이 결코 해결되지 않을 거라는 생각에 갇혀 고통 속에서 살아가게 한다. 스스로 무엇을 찾아 해결하기보다는 또다시 찾아올 상실에 대한 두려움으로 심리적 퇴행에 이르게 한다. 즉 부모의 유기는 한 인간의 자아를 망칠 뿐 아니라 충격적 상실로 인해 죽음에 이르게도 하는 것이다.

피치 못할 상황으로 아이들을 제대로 보살피지 못할 바에야 아동복지시설에서 아이들을 양육하는 것이 좋지 않느냐는 말을 하는 사람도 있지만, 이는 올바른 생각이 아니다. 인간은 누구나 친부모와의 관계가 끊어지는 순간부터 정상적인 인간으로 성장하는 데 큰 제약을 받기 때문이다. 낳은 부모와 기르는 부모는 엄연히 다르다. 아무리 지극 정성으로 보살피더라도 아이에게 친부모처럼 느껴질 수는 없다. 친부모와의 관계는 하늘이 맺어 준 것이며 그 누구도 대신할 수 없는 고귀한 관계이기 때문이다.

행복한 고아의 끝나지 않은 이야기

고아 정체성 2

나는 보육원 출신이다. 우스운 표현이지만 사실이다. 가끔 나의 정체성에 대해 생각해 본다. '나라는 사람은 과연 어떤 사람인가'라고 스스로에게 물으면 떠오르는 답은 '보육원 출신'이라는 말이다.

'출신'은 자기가 자란 지역이나 집안, 학교 등과 같은 '배경'을 이야기할 때 빼놓을 수 없는 것이다. 서울 출신, ○○고등학교 출신, ○○대학교 출신 등, 이러한 배경은 한국 사회에서는 한 사람을 소개하는 데 빼놓을 수 없는 요소이기도 하다. 그래서 많은 사람이 자신을 포장하거나 자랑하고자 할 때 그러한 배경을 당당히 드러낸다. 그런데 보육원이나 교도소와 같은 부정적인 이미지를 가진 배경에도 이 '출신'이라는 말은 빼놓지 않고 쓰인다.

보육원 출신이라는 건 부모 없이 컸다는 뜻이다. 대개 부모 없이 컸다고 말하면 크게 두 가지 반응이 나온다. TV에서만 보았던 '자수성가'한 사람으로 비춰지거나 아니면 사회적으로 범죄자가 될 가능성이 있는 사람으로 여겨진다. 어디에 가서 내가 지금의 직업 등을 밝히지 않고 보육원 출신이라고 말하면 나에게 던져지는 시선은 대략 그러하다. 한 사람이 세상에 태어나 그를 나아준 부모와 사는 것은 지극히 자연스러운 일이지만, 안타깝게도 세상에는 그렇지 못한 아이가 참으로 많다. 그러한 아이가 보육원으로 보내지면 당연히 보육원 출신이라는 꼬리표가 붙게 되는데, 이들을 보는 세상의 시선은 그리 곱지가 않다.

이 글을 읽는 여러분께 보육원 출신을 만나본 적이 있느냐고 묻고 싶다. 여러분은 아마도 보육원 출신은 사회에서는 좀처럼 만나보기 힘들다고 대답할 것이다. 우리나라에도 지역마다 수많은 보육원이 있다. 이러한 시설은 정부와 민간 기관에서 운영하고 그 출신들은 한 해만 해도 수천 명씩 사회로 나온다. 하지만 당사자가 스스로 보육원 출신임을 밝히지 않는 한 누군가가 보육원에서 자랐다는 사실을 알게 되긴 어렵다.

보육원 출신에게 편견을 갖는 것은 어찌 보면 당연한 일이다. 부모와 함께 자란 사람과 달리 평범하지 않은 환경에서 성장했기 때문이다. 하지만 이 세상에 얼마나 많은 형태의 가족이 있

행복한 고아의 끝나지 않은 이야기

는지, 얼마나 다양한 형태로 사람들이 살아가는지 생각해 보자. 한부모 가정이나 1인가구도 적지 않다. 사회의 도움을 필요로 하는 독거노인과 같은 취약계층에 속한 사람도 있다. 그런데 유독 부모 없이 보육원에서 사는 아이들에 대한 오해와 편견이 심한 편이다. (이렇게 된 데에는 언론도 한몫했다고 생각한다. 미디어에 비춰지는 고아는 죄다 범죄를 일으키거나 사회에 적응하지 못하는 사람이다. 텔레비전이나 신문에서 보여주는 모습을 일반인은 당연히 그렇게 받아들인다.)

이러한 편견을 뒤로 하더라도 나는 보육원 출신 아이들을 만나면 반갑다. 비록 다른 보육원에서 자랐다 하더라도 고아로 성장한 아이들을 만나면 자연스럽게 한 번 더 마음이 가고 눈길이 간다. 내가 고아단체를 만들고 고아를 위한 일을 하는 이유도 어찌 보면 당연한 일이다. 내가 보육원에서 자랐기 때문이다. 나와 비슷한 환경에서 자라면서 내가 했던 고민을 하고, 같은 경험을 한다는 점에서 자연스럽게 마음이 가고 친근감이 든다. 비록 친동생은 아니더라도 보육원에서 함께 자란 동생들은 보육원 퇴소 후에도 친하게 지내기도 한다. 부모에게 버려진 아픔을 나도 잘 알기에 그 아픔을 함께 나누고 싶다. 힘들게 살아가거나 간혹 안타까운 사고로 죽음을 맞이하는 아이들을 보면 내 마음도 함께 슬프고 힘들어진다. 자립에 성공하고 결혼하여 가정을 이룬 아이들을 보면 마치 내 자식이 결혼한 것처럼 기쁘고 뿌듯하다. 보육원 출신 아이들을 후배로 여기는 것이 나에게는 무척 자연스러운 일이다.

최근 명절을 맞이하여 천애 고아인 후배를 만났다. 그 후배는 경계성지능을 가졌기에, 정상적으로 생각을 하더라도 다소 부족한 면을 가지고 있다. 그래서인지 사기도 자주 당하고 끊임없이 무언가를 소비하기도 한다. 삶을 혼자서 꾸려나가는 모습이 한편으로는 대견하기도 하다. 그런데 변변찮은 기술 하나 없이 아르바이트를 하며 살아가는 그 후배를 보면 '저 아이의 진정한 보호자는 누구일까'라는 생각이 든다.

비록 내 자신이 뭔가 커다란 역할을 해줄 수는 없더라도, 그렇게 가끔 만나 밥이라도 먹으며 아픈 데는 없는지 살피고 이야기하는 정도라도 하려고 한다. 그것이 나의 역할이자 어른의 몫이라고 생각한다. 비록 혈육이 아니더라도 그렇게 애정을 가지고 더불어 살아가려고 한다. 하지만 상대는 다른 마음을 가질수도 있다. 보육원 출신임을 밝히고 싶지 않은 후배도 분명 있을 것이고, 성인이 되었는데 괜히 간섭받는 것으로 여길 수도 있기 때문에 나는 늘 조심스럽게 행동하려고 한다. 나의 일방적인 조언이나 관심이 오히려 불쾌감을 주는 소지가 될 수도 있기 때문이다. 나아가 보육원에 대한 인식도, 보육원 출신에 대한 생각도 각기 다를 수 있어서 퇴소 후 관계를 맺는 것도 무척 조심스럽다.

　그러나 분명한 것은 보육원 출신끼리라도 서로 관심 갖고 돌보지 않으면 이 땅의 많은 고아는 올바르게 자립하기가 더 힘들어질 거라는 생각이다. 돈이야 혼자 벌고 살아갈 수 있지만 사회라는 울타리 안에서 서로 교류하며 마음을 나누고 인간관계를 형성하고자 한다면 같은 보육원 출신끼리라도 좀 더 쉽게 부담 없이 다가갈 수 있었으면 좋겠다. 이런 나의 바람이 고아 단체를 만든 이유이기도 하다.

　나는 같은 보육원 출신이 아니더라도 고아라면 서로 이해하고 서로를 형, 동생, 언니, 누나로 여기는 것이 결코 나쁘지 않다고 당부하고 싶다. 내 자신이 먼저 고아의 길을 걸어왔으며 고아의 형편을 누구보다 잘 알기 때문이다. 고아로 자라온 사람이 하루아침에 자신을 부정할 수 있을까? 고아가 갑자기 부모 있는 사람과 같아질 수 있을까? 아마도 결혼을 하고 한 가정의 부모가 되기까지는 고아로서 누군가를 의지할 수밖에 없을 것이다. 오늘도 나는 이 땅의 모든 보육원생을 위해 기도하며 그들의 형이 되고자 다짐한다. 왜냐하면 우리에게는 비록 혈육은 없지만 보육원 출신 모두가 형제요 자매라고 생각하기 때문이다.

내 족보는 내가 만든다!

지난 2015년 MBC에서 방영된 〈내 딸 금사월〉이라는 주말 드라마에서 "근본도 없는 고아 주제에 어디서 금쪽같은 내 아들을 꼬셔!"라는 대사가 나왔다. 족보가 없는 것은 근본이 없다고 볼 수 있다. 근본이 없다는 건 조상이 없다는 것을 빗대어 하는 말이다.

드라마 속 대사처럼 나는 족보가 없다. 아니 조상은 있지만 그들의 족보에서 버려진 나는 조상이 없는, 즉 족보가 없는 것과 마찬가지이다. 부모는 무슨 일을 하는지 모른다. 친부모가 대기업 사장인지, 일용직 노동자인지, 교사인지 전혀 모른다. 평범한 사람인지, 하루하루를 전전긍긍하며 힘겹게 사는 사람인지 전혀 모른다. 친부의 집안이 어떤 집안인지, 친모의 집안

행복한 고아의 끝나지 않은 이야기

은 어떤 집안인지 전혀 알 수가 없다. 무척이나 궁금하다. 친부모가 나를 찾기 싫어하더라도 친부모와 관련된 가족 중에 누군가는 나를 기억하고 있을 터인데 왜 나를 찾지 않는 것일까? 친부모에게도 나름 이유가 있겠지만 친부모를 키운 집안의 어른은 도대체 어떤 생각으로 나를 찾지 않는지 이해할 수가 없다.

하지만 족보가 없을 뿐이지, 근본이 없는 것은 아니다. 왜냐하면 법적으로도 나는 전주 이씨의 일가이기 때문이다. 법원에서 판결해 준 엄연한 가문이 있기 때문이다. 나는 내 가문의 1대손이며 내 삶의 주체적인 인간이라는 것이다. 족보가 없는 것은 부끄러운 일이 아니다. 새로운 환경에서 새롭게 태어난 기분만 있을 뿐이다.

한편으로는 족보가 없는 것이 자랑일 수도 있다. 좋지 않은 가문이라면 사는 데 별 도움이 되지 않기 때문이다. 가문을 부인하는 자는 세상 매정한 놈으로 불릴 수 있지만, 고아로 버려져서 살기 위해 몸부림을 쳐온 나로서는 족보가 없음을 자랑으로 여기게 되었다. 하지만 사회생활을 하면서 누군가 가문을 물어볼 때면 나도 모르게 식은땀이 나고 긴장되는 것은 아직도 조상에 대한 그리움이 있기 때문일 것이다. 하지만 결국 나는 족보가 없는 것을 자랑으로 생각하기로 했다.

우리나라처럼 유교사상이 팽배한 나라가 또 있을까. 2021년에도 조상을 기억하고 가문을 중요시한다. 자식이 잘되면 부모 덕분이며, 그 부모의 그 자식이란 말을 심심찮게 사용한다. 물론 맞는 말이다. 개천에서 용 난다는 속담은 오래전 이야기이며 금수저로 태어난 아이는 흙수저보다 대우받고 잘될 확률이 훨씬 높다. 우리는 주변에서 부모, 재산, 지식, 인맥 등을 통해 덕을 보는 사람을 만날 수 있다. 좋은 환경에서 나고 어려움 없이 자라 주변의 부러움을 받는 사람들이 있다. 그런 사람들이 과연 모든 면에서 행복할지는 자세히 알 수는 없지만 보육원생들보다 인생을 쉽게 살아가고 인정받으며 살아간다는 데는 누구나 동의할 것이다.

만약 내가 부모님을 찾게 된다면 족보를 알 수 있을 것이다. 혹시 친부모가 알코올 중독자는 아닐까, 아니면 덕망 있는 분일까를 가끔 생각해 보지만 어떤 단서도 떠오르지 않는다. 내가 갓난아이일 때 생모는 어떤 생각을 했을지 자주 생각해 본다. 나는 과연 부모에게서 무엇을 물려받았을까? 식습관, 가치관 등 무엇을 물려받았을지 정말 궁금하다. 하지만 지금으로선 알 도리가 없으니, 나는 내 나름의 인생관을 만들 수밖에 없었다. 그래서 결심한 것이 '모든 일에 최선을 다하자', '남자답게 살자', '남에게 인정받도록 하자.'는 것이었다.

족보가 없는 삶이라 누군가에게 나를 소개할 때 큰 부담은 있다. 영화의 한 대사처럼 "니 아버지, 뭐 하시노?"라는 말을 수없이 들을 때마다 거짓말을 했다. 특히 학교에서 가정환경조사를 할 때 떨리는 목소리로 거짓말을 했다. 우리 아버지는 회사원이라고.

보육원에 있을 때 보육사로부터 지겹도록 들었던 말은 "집에서 새는 바가지는 밖에서도 샌다."였다. 거의 매일 들은 것 같다. 즉 집에서 보육사에게 거짓말하면 밖에서도 거짓말하고, 집에서 무엇을 훔치면 밖에서도 훔치고, 집에서 매일 싸우면 밖에서도 매일 싸운다는 말을 들었다. 그 보육사는 아마도 일반적인 가정에서 성장하였기에 우리를 보면 걱정스러워서 그런 말을 한 것일 테지만, 나는 그런 말을 들을 때마다 기분이 몹시 상했다. 보육원은 정상적인 가정이 아니라고 생각했기 때문이다. 단체로 이루어지는 생활이 아빠 엄마와 자식이 있는 평범한 가정과 어떻게 같을 수 있겠는가? 우리가 보육사에게서 무엇을 배우겠는가? 생활지도 차원에서 보육사의 훈계를 억지로 듣기는 하겠지만 그 정도로는 인간의 성품이 바뀔 수 없다. 보육원과 나의 행동 사이에는 아무런 연관이 없다는 것을 증명하고 싶었던 나는, 시설 밖에서 더 웃고 더 밝게 지내고자 노력하며 될 수 있으면 보육원생이라는 사실을 드러내지 않으려고 애썼다.

고등학교 때에도 나는 족보에서 자유롭지 못했다. 역사 선생님은 수업을 하기 전에 뜬금없이 아이들에게 족보를 묻곤 했다. 자신의 이름을 한자로 쓸 수 있는지, 무슨 뜻인지를 아는지 물었다. 그럴 때마다 나는 지목당하지 않기를 맘속으로 바라며 노심초사했다. 하지만 운명은 쉽게 빗겨가지 않았다. 선생님이 나를 지목했고, 내가 무슨 이씨인지 모른다고 답했다. 그러자 선생님은 나에게 족보도 모르고 인간 됨됨이도 못 갖춘 놈이라고 하면서 크게 혼을 냈다. 친구들이 함께 있는 자리에서 내 잘못도 아닌 일로 혼이 나서 너무나 원망스러웠지만 참을 수밖에 없었다. 어떤 친구들은 어느 지역 무슨 가문의 몇 대손이라고 자랑스럽게 얘기하였지만 나는 전혀 말할 수가 없었다. 대체 그놈의 족보가 뭐라고!

　나는 족보에 관해 전혀 알지 못했고 알고 싶지도 않았다. 가문의 개념도 알지 못했다. 조상을 왜 알아야 하는지, 족보가 왜 중요한지도 전혀 몰랐다. 일반 가정에서는 이름을 지을 때도 혈족의 항렬에 따라 이름 지을 만큼 족보를 중요시한다는데 나는 그런 것을 전혀 알지 못했다. '과연 그것이 내 잘못인가? 왜 내가 혼나야 하는가?'라는 생각이 들었다. 이런 생각이 그 당시에는 무의미한 것일 수도 있었지만, 지금 생각해 보면 어린아이가 그렇게 애매히 욕을 먹는 어처구니없는 일을 당해야 했던 것은 과연 누구의 잘못이라고 할 수 있을까.

결혼을 하니 나의 가족관계가 놀랄 만큼 넓어졌다. 나의 가문은 아니지만 아내의 가문과 맺어진 관계로 인해 적잖게 놀랐다. 나는 친인척이 친동생밖에 없었지만 아내는 사촌오빠가 4명이고, 조카가 8명이나 있는 고모였기 때문이다. 결혼 후 바로 나는 조카를 얻게 되었다. 참으로 황당하면서도 기분이 좋았다. 예상치 못한 가족이 엄청나게 많이 생긴 것이다. 졸지에 내가 고모부가 된 것이다. 그들도 첫 고모부가 낯설었겠지만, 나 역시 고모부로서 조카들에게 어떻게 대해야 하는지 잘 몰라 무척 당황했다.

어릴 때부터 가족 모임을 접하지 않은 나는 내 입으로 삼촌이나 고모, 이모란 말을 해 본 적이 없다. 성인이 되기 전까지 가족 구성원의 관계도 제대로 알지 못했다. 아빠, 엄마란 말도 제대로 하지 못한 나에게 가족 구성원을 이해하는 방법을 가르쳐 주는 사람도 없었으므로 자연스레 그에 대한 관심도 사라졌다. 졸지에 고모부가 되었지만 내가 조카였던 적이 없었기에 조카들을 받아들일 마음의 준비가 필요했다. 다행히 학교 교사여서 어린 조카들과 소통하는 데 큰 어려움은 없었지만, 가족이 이런 거라는 걸 결혼한 후에야 알게 되었다. 결혼을 하니 아내의 사촌오빠들은 나의 든든한 형님이 되었고, 격의 없이 지낸다. 그 형님들이 우리 아이들을 얼마나 예뻐해 주는지 모른다. 아이들이 삼촌이라 부를 때마다 반갑게 맞아 주는 것이 아이들의 정서에 큰 도움이 된다고 생각하니 아내 집안이 부럽고 결혼한 게 참 다행이라는 생각이 든다.

　결론적으로 말하면 족보 없는 삶이 나의 캐릭터이다. 지금은 아내와 세 딸을 곁에 두고 한 가문을 이뤄가는 것이 개인적으로 영광이고 감사할 따름이다. 부모의 존재를 전혀 모르는 사람이 가문을 만들어 간다는 것은 매우 자랑스러운 일이다. 결혼을 통해 많은 사람과 관계를 맺은 이상, 더는 가문으로 인해 무시당하는 사람이 아니라 어엿한 사회의 일원이 될 것이다.

　삶에 대한 나의 태도는 우리 자녀들에게 엄청난 영향을 끼칠 것임을 항상 생각한다. 비록 조상이 없는 아빠이지만, 자녀들을 위해서 헌신적으로 살고 있음을 보여 준다면 우리 가족은 어느 가정보다 사랑이 넘치고 웃음 가득한 가문을 이룰 것이다. 내 족보는 이렇게 내가 만들어 가고 있다.

족보에 관한 두 번째 이야기

내가 교사이다 보니 교사들 중에 아빠가 교수이고 엄마는 교사라며 자랑을 하는 경우를 볼 때가 있다. 부모들 자랑 배틀을 벌이기도 한다. 부모의 직업뿐 아니라 재산, 인간관계 등 많은 것들을 자랑하곤 한다. 부모로부터 물려받은 땅이나 집 등을 이야기할 때마다 나는 해당사항이 없어 딴청을 피우곤 한다. 족보 이야기도 한다. 몇 대손 어떤 가문이라고 이야기하면서 자신의 집안 자랑을 한다. 나는 족보가 없다. 엄밀히 말하면 어딘가에는 있겠지만, 사실상 내 족보를 본 적은 없다. 대체 사람들에게 족보란 무슨 의미일까.

우주여행을 가는 첨단의 시대에도 족보는 중요하다. 학교나 사회, 어디서나 족보에 관한 이야기는 심심찮게 나온다. 우리 아버지가 해병대 출신이니 나도 해병대에 갈 거야, 라는 말이 가장 부럽다. 나는 군인이 꿈이었기 때문이다. 나는 보육원 1대 원장님이신 목사님을 보면서 신학대에 진학하였다. 목사님처럼 어려운 이웃을 돕고 싶었다. 교사로 발령받고 심심찮게 부모이야기를 하면 나는 아버지가 목사님이라 했다. 그분들이 내가 보육원 출신인 것을 알면 어쩔 수 없지만 나는 목사님을 아버지로 여기고 있었다.

3년 전 부모를 찾아보기로 했다. 시청에 가보니 30년 전의 보육원 입소 기록은 찾을 수가 없다고 했다. 그래서 호적은 만들어준 법원에 가라고 해 법원에 호적기록 증명서를 보고 전주 이씨라는 것을 알게 되었다. 즉 일가창립인 것이다. 나의 호적이 이렇게 누군가에 의해서 만들어지게 되었고 그때부터 새로운 이름과 새로운 주민번호로 지금까지 살고 있다는 것을 알게 되었다. 왜 내 이름을 이성남으로 했는지, 왜 전주 이씨로 했는지는 아직도 궁금하다. 여하튼 나는 그때부터 지금까지 이성남으로 새로이 살고 있다.(나쁜 삶은 아니라고 생각한다)

"니 아버지 뭐하시노."
〈친구〉라는 유명한 한국영화의 대사이다. 영화 속에서 뿐만 아니라 학교 교육 현장이나 사회에서 비행청소년을 만나면 어른들이 가장 먼저 물어보는 말이다. 부모의 무엇을 닮았기에 이 아이가 이 모습인지 추측하기 위함일 것이다. 공부를 잘하는 아이에게는 '아버지가 좋은 회사에 다니겠지'라는 생각으로 물어보지만 공부를 못하는 아이들에게는 당연히 부모도 시원찮다고 생각해서 본인의 생각을 정당화하기 위해 물어보는 것일 게다.

고등학교 때 역사 선생님께서는 수업 전 모든 아이들에게 가문을 물어보았다. 내 차례가 되어 나는 모른다고 하니 이해할 수 없다는 표정을 지었다. 그뿐 아니라 너는 배은망덕한 놈이라며 때리고 엎드려뻗쳐를 시켰다. 친구들 앞에서 나의 삶을 다 말할 수 없는 상황에서 어떤 반항도 하지 못하고 묵묵히 서러움을 달래며 벌을 섰다.

고등학교 친구 중 내가 보육원에 산다는 것을 아는 절친이 있었다. 대학생이 된 우리는 어느덧 경제 이야기를 하게 되었다. 어느 날 친구가 "너는 돈이 있느냐, 우리 집에서는 내가 졸업하면 바로 5,000만 원 준다"고 했다. 친한 사이이기에 별다른 자랑은 아니었고, 사실 나도 당시에는 그런가보다 대수롭지 않게 생각했다. 졸업 후 교사가 되고 돈을 벌어보니 5,000만 원이 얼마나 큰돈인 줄 알게 되었다. 어렵게 6,000만 원의 전세를 구했는데 혼자 은행대출을 받는 게 너무나 힘들었다. 출발선이 다른 친구를 생각하니 그제야 참 부럽다는 생각이 들었다.

2021년 5월 15일 스승의 날 대한민국 스승상에 선정되어 옥조근정훈장을 받았다. 훈장은 가문의 영광이라고 한다. 교사로서 그동안 교직생활을 하며 열정적으로 자료개발을 하여 새로운 수업을 하였고 다문화, 탈북, 소년소녀가장 지원업무를 맡아 소외된 학생들의 적응을 돕고자 노력하였다. 부모 없이 성장한 내가 훈장을 받으니 주변의 반응이 너무나 뜨거웠다. 보육원 출신이 얼마나 노력하여 훈장까지 받게 되었는지 놀라워했다.

훈장을 받으니 나보다도 아내와 자녀들이 더 좋아한다. 나는 이 기쁨을 다름 아닌 아내와 자녀들과 함께 나누는 것이 너무나 좋다. 물론 가문이 있어 부모, 친지들로부터 칭찬을 받으면 좋겠지만 내가 가문을 만들어간다는 면에서는 새로운 창시자이자 개척자로서 자부심을 느낄 수 있다. 나는 나의 삶을 만들어 가기에, 족보가 없어도 가문이 없어도 괜찮다.

행복한 고아의 끝나지 않은 이야기

나는 후원아동이다

　최근 세바시(세상을 바꾸는 시간 15분) 강연을 통해 월드비전 조명환 회장님의 강의를 들었다. 학문적으로도 큰 성취를 이루고 사회적으로도 덕망을 쌓은 명사로 세계적인 구호단체의 수장인 것도 놀랍지만 무엇보다 본인 스스로가 후원 아동임을 밝히고 누군가의 도움을 통해 지금의 모습으로 성장했다는 이야기는 더욱 놀라웠다. 세바시 강연 서두에 자신을 소개하면서 후원아동임을 밝히는데 온몸에 전율이 흐를 정도로 감동을 받았다.

　그동안 자선 단체의 도움을 받아 성공한 사람들의 이야기를 종종 듣기는 했지만, 조명환 회장님처럼 45년간 후원을 받으며 서로 의지하는 관계, 힘이 되어주는 좋은 관계로 지내는 경우는 매우 보기 드물다. 후원아동으로서 가난을 이겨내고 굳은 의지로 인생을 개척하여 월드비전의 회장이 되어 사회로부터 받은 사랑을 환원하는 모습은 매우 인상적이고 깊은 감동을 주었다.

당연한 이야기이지만 나도 후원아동이다. 보육원에서 후원을 받으며 하루하루 살았다. 나는 어릴 때부터 후원을 받는다는 일이 부끄럽기도 했지만 한편으로는 당연하다고 생각했다. 후원을 하시는 분들을 보면서 얼마나 여유가 있고 잘살기에 우리들을 도와주는 걸까, 라고 생각하며 부러운 생각도 들었다. 어른이 되어 보니 새삼 그분들이 대단하다는 생각이 들었다.

떠올려 보면 초등학교 시절에는 미국에서 후원금을 보내주시는 분도 계셨다. 미국이라는 곳이 어딘지도 모르고 한 번도 만난 적도 없는 분이 나를 돕는다는 것이 의아하기도 하고 한편으로 궁금하기도 했다. 과연 어디에 살며 어떤 분인지 궁금했다. 나중에 고학년이 되어 미국이라는 곳을 알게 되고 영어로 온 편지를 읽으며 새로운 세계에 대한 호기심도 가질 수 있었다. 만약 내가 후원아동이 아니었다면 경험해보지 못했을 것이다. 생각해 보면 나는 참 운이 좋았다.

첫 책을 내고, 보육원 출신이라는 것을 공개하게 되었지만 누군가의 관심과 후원 덕분에 지금의 내가 있다는 사실을 까맣게 잊고 살아온 것 같아 부끄러웠다. 이제는 후원을 받고 있지도 않고, 굳이 그러한 과거를 되새길 필요는 없지만 자신의 정체성을 가지는 것, 누군가의 도움을 잊지 않는 것은 온전한 자아를 형성하는 데 도움이 될 거라 생각한다.

그렇기에 누군가의 도움을 받았다는 것을 잊지 않고 자신이 받은 것을 사회에 환원하고자 하는 조명환 회장의 노력이 참으로 대단해 보였다. 자신이 후원아동이었다는 걸 밝히는 것이 조심스러울 수 있겠지만 과거를 인정하고 당당하게 살아간다면 주변으로부터 인정받을 수 있을 것이다.

나는 자라면서 감사해야 할 사람들은 너무나 많고 사람들로부터 받은 도움을 나누어야 한다는 부담도 알게 되었다. 후원아동으로 성장한 지금은 누군가를 도와주는 것이 대단한 것이 아니라 나에게 있어 당연하다는 것을 알게 된 것이다. 많은 이들이 나에게 보육원 출신이니 후배들을 도와주는 것을 보면 대단하다며 치켜세우거나 같은 배경에서 성장했으니 더 잘 알고 더 잘 도와줄 것이라 쉽게 이야기한다.

하지만 내가 고아라서 아이들을 돕는 것은 아니다. 나는 고아가 아니더라도 남들을 도울 것이다. 고아이기 때문에 다른 이들의 아픔을 더 잘 이해하고 더 쉽게, 깊게 공감하겠지만 내가 고아이기에 그들을 돕는 것은 아니라는 것을 밝히고 싶다.

그렇다면 이 글을 읽는 여러분들도 후원자가 되어야 하지 않을까? 후원아동이라는 것이 누군가에게는 숨기고 싶은 일일 수 있지만 자신의 받은 사랑을 누군가에게 흘러가도록 하는 것은 매우 뜻깊은 일이 아닐 수 없다. 당신이 후원자가 된다면 새로운 후원아동이 탄생하고 이 사회는 한층 더 밝게 만들 수 있는 기회를 만드는 것이다. 후원아동을 직접 만나지 못한다고 해도 그 아동은 항상 여러분들의 사랑으로 좋은 미래를 만들 것이라 확신한다.

나는 어리광을 부려본 적이 없다

    어리광은 누군가에게 떼를 쓰는 것으로 무언가 욕구가 충족되지 않았을 때 하는 행동이 아닌가 싶다. 주로 상대방과의 관계가 매우 친근하고 소위 만만할 때 어리광을 통해 용돈이나 다른 무엇을 쟁취하기 위해 비굴함을 무릅쓰고 하는 행동이다. 상대방 앞에서는 부끄러움도 없고 아무 불편함도 느끼지 않는 상황에서 자신의 내면을 외적으로 표현하는 것이다. 참 자연스럽고 인간을 인간답게 만들어주는 원초적인 본능이라고 생각한다.

    어리광의 또 다른 말은 애교이다. 아기가 엄마에게 표현하는 행동이라 흔히 생각하지만 애교는 연인관계나 심지어 사회생활에서도 꼭 필요한 행동이다. 상대방에게 잘 보이기 위한 행동인 애교에는 보상이 있어서 당사자를 더 멋진 지위에 올려주기도 하고 성품 역시 센스 있게 만들어준다.

　이런 어리광과 애교를 나는 잘 못한다. 애교가 자연스러운 사람도 있지만 나는 애교를 배운 적이 없다며 애교에 무감각한 이들도 있는데 그중 하나가 나이다. 해본 적이 없어 할 능력이 없다. 하고 싶지도 않다는 생각이 드는 것은 본능을 거스른 것인가 싶은 생각도 든다. 학교생활을 하다 보면 업무를 처리하다 문제가 생겼을 때 어느 정도 융통성을 가지고 여유 있게 어리광, 즉 성인으로 보면 아부를 하면서 그 갈등 상황을 슬쩍 넘어가면 되는 것도 답답하게 처리하곤 했다. 상급자에게 어느 정도 애교를 부리고 꿀에 발린 좋은 말도 하면서 잘 보이려고 해야 하는데 나는 자존심이 센 편이라 애교도 어색하다. 때문에 상대방과의 관계를 더 어색하게 만들곤 한다. 이런 뜻이 아니었는데 자칫 잘못 표현하거나 마음에 있는 말을 잘못 말해 후회하는 경우도 종종 있었다.

　더 큰 문제는 애교를 부리는 후배 교사나 어리광을 피우는 후배 교사를 싫어하는 데 있다. 나와는 다른 일반가정에서 성장하여 이쁨을 받은 티가 나는 이들이 귀엽게 애교를 부릴 때 즉 아부를 할 때에는 사실 짜증도 난다. 그들이 내가 어릴 때 하지 못한 애교를 자연스럽게 하는 것을 부럽게 생각했기 때문이기도 하다. 또 사실을 포장해 나를 치켜세우는 것이 좀 불편하기도

58
•
행복한 고아의 끝나지 않은 이야기

하다. 나는 내가 할 일에 최선을 다하고 상대방도 자신의 업무를 처리하는 관계를 중요시하는, 즉 인간적 관계형이 아니라 업무적 관계형이라 내 자신이 답답하기도 하다.

보육원에서 어리광을 부린 적이 없다. 보육원 사무실에서 야단을 치면 어느 정도 수긍하고 "알겠습니다. 좀 봐주세요"라는 표정과 말을 하면 쉽게 넘어갈 문제도 나는 입을 다물고 있었다. 청소년기 때 왜 그랬는지 나도 궁금하지만 유아기 때부터 부모님에게 장난감을 사달라며 애교를 부린 적이 없기 때문인지도 모른다. 보육원에서 후원자님들께 감사편지를 강제로 쓰라고 하는데 나는 정작 돈을 받은 적도 없는 데 왜 써야 하냐고 화를 냈다. 보육사들은 사무실 직원의 강요에 들들 볶인 것이니 우리 모두의 사이가 불편해졌다. 알고 보면 후원금은 모든 보육원생들이 나누어 사용하는 것이라 개인적으로 돈을 받을 수 없는 상황이었다. 그 상황을 모르고 나는 감사편지를 쓰지 않아 꼭 필요한 학교 준비물을 받을 수 없었다. 어리광을 부리지 않아 결국은 내가 피해를 받은 것이다. 그래서 당시에는 사무실 직원들과 사이가 좋지 않았고 나는 내 방식대로 사는 것을 좋아했다.

그리고 투정을 맘 편하게 부린 적도 없다. 그냥 화를 분출했을 뿐이지 투정은 하지 않았다. 반찬 먹기 싫어요, 자기 싫어요,

씻기 싫어요 등 의식주와 관련된 매우 기본적인 생활에 있어 나의 의사를 제대로 표현하지 못했다. 투정을 한다 하더라도 내의사를 잘 존중받지 못한 것이다. 단체생활에서 정해진 규칙에 순응할 수밖에 없었다. 인간의 가장 기본권은 보장되었지만 강제로 이루어지는 것이나 다름없는 보장은 매우 큰 불쾌감을 느끼게 하였다. 청소년기, 때로는 반항을 하고 싶을 때도 있었는데 벌써부터 삶에 대한 포기와 보육원 생활의 외면을 선택하였다. 나는 그러한 행동을 지속하진 않았지만 대부분의 아동들이 투정과 반항사이에서 고민하며 결국은 보육사와 전혀 소통이 되지 않아 이탈 행동을 하는 경우도 수없이 많다.

보육원 아이들은 애교를 주로 후원자님들에게 많이 한다. 그들은 정말로 보호아동을 사랑하고 보고 싶어서 봉사하러 왔기에 아이들의 모든 장난을 받아주었다. 아이들의 옷을 잡아당기거나 얼굴을 꼬집는 등 짓궂은 장난에도 화를 내기보다 웃으며 그 장난을 받아주었다. 왜냐하면 아이들이 평소 사랑을 받지 못해 관심을 받고 싶어서 이렇게 한다고 생각하기 때문이다. 물론 그 말이 틀리지는 않을 것 같다. 하지만 아이들은 그렇게 길들여진 것뿐이다. 마음속에 잔재된 부모에 대한 그리움과 사회적 불만들을 어리광으로 표출하면서 욕구를 해소하는 것이다. 나도 물론 어느 정도 어리광을 부렸지만 성인이 되어 후배들이 나를 반기거나 다른 후원자님들에게 하는 모습을 보면 참 부끄러울 때가 있다. 후원자님들은 아이들의 밝은 모습을 보며 보육원에서 잘 크고 있다고 오해하기도 한다. 하지만 아이들은 참 본능적이며 한편 계산적이라 후원자 중 누가 더 어리광을 잘 받아주는지 확인하고 그분과 손을 잡거나 함께 놀고 싶어 한다. 반면 보육사들은 아이들을 양육하면서 평소 절대 웃지 않던 아이가 웃거나 말을 잘 안 듣는 아이가 후원자들의 말을 잘 듣는 것을 보면서 왠지 배신감을 느낀다. 정작 길러주는 이는 난데 후원자를 더 좋아하는 것을 보고 할 말을 잃는 것이다. 하지만 함께 살면서 매일 혼내고 꾸중하는 보육사보다 아낌없이 좋은 것만 주고 돌아가는 후원자를 더 잘 따르는 것은 당연한 것이다.

어릴 적 어느 봉사자님께서 "나 다시 보러 올게"라면서 돌아간 적이 있다. 당연히 아이들은 그 말을 믿지 않지만 한편으로는 다시 올 것을 기대한다. 물론 다시 오는 이들도 많지만 그 말에 몇 달을 그리워하며 속상해하기도 한다. 애교를 부리고 싶지만 상대가 없는 상황에 처한 그 본성에는 어리광을 상대해줄 누군가가 필요한데 상황이 여의치 않은 것이 너무나 안타깝다.

2021년 12월, 아동권리협약 30돌, 아동의 대안적 양육에 관한 가이드라인 채택 10돌을 맞아 유엔총회에서 만장일치로 아동의 권리에 관한 결의를 채택했다. 가장 인상적인 것은 처음으로 '고아원'이 아동에게 해가 된다고 밝힌 것이다. 나아가 고아원은 점차 없어져야 한다는 주장도 나왔다. 또한, 이 결의에서는 보육원 시설을 방문하는 어떠한 형태의 자원봉사 활동이든 아동의 시설입소를 조장하는 데 영향을 준다고 경고한다. 유엔 가입국인 한국 정부도 물론 아동의 양육에 대한 권리 결의에 참여했다. 하지만 정작 이 사실을 아는 사람은 많지 않다. 단체로 생활하는 곳에서 아동은 본능적인 감정을 온전히 표출할 수 없다.

온전한 가정이라면 부모와 자녀와의 충분한 관계를 통한 즉 적당한 애교와 어리광, 투정을 통해 바람직한 인간성을 갖게 되고 더 나아가 사회생활에 필요한 능력을 갖게 될 것이다. 아동복지시설에서 제공하는 외형적인 것도 참 중요하지만 이러한 감정표현을 위한 소통이 부족하다면 보호아동들이 인생을 살아가면서 많은 갈등을 갖게 될 것이다. 보육원은 아이들의 의사가 존중되어야 하며 아이들도 어느 정도 애교와 투정을 부리는 노력을 해야 한다. 보육사는 아이들의 투정을 어느 정도 인정하면서 아이들을 이해하도록 노력해야 하며 아이들도 보육사의 양육에 대해 불평이 있더라도 서로 존중하면서 소통을 하는 관계가 되어야 한다.

행복한 고아의 끝나지 않은 이야기

드라마 D.P.가 주는 교훈

나는 '신의 아들'로 불린다. 군 면제를 받았기 때문이다. 현행 법상 아동양육시설에서 5년간 생활한 사람은 군대에 가지 않아도 된다. 본인이 희망하면 갈 수는 있지만 장교가 될 수는 없다. 나의 첫 책 『나는 행복한 고아입니다』에서 밝혔듯이 군인을 꿈꿨던 나는 보육원을 나온 '보호종료아동'이라는 신분 때문에 ROTC에 불합격했다. 보육원 출신이라서 겪는 여러 불편함이 있는데 진로를 선택할 때도 차별을 받았다.

20대 초반, 또래 친구들이 군복무를 하는 동안 주변에서는 "너는 언제 군대 가니?"라는 질문을 수없이 받았다. 그러면 눈치를 보며 곧 갈 거라고 얼버무렸다. 군인을 꿈꾸던 내가 군 면

63

1장-행복한 고아의 끝나지 않은 이야기

제라는 것을 밝힐 수 없는 상황이 되니 너무나 자존심이 상했다. 어쩔 수 없이 친한 친구의 해병대 기수를 우연히 알게 되어 그 이후로 누가 군대에 대해 물어보면 그 친구와 같이 해병대 739기라고 거짓말을 했다. 그 정도로 나에게 군대 문제는 매우 불쾌하고 잊고 싶은 기억이다.

얼마 전 넷플릭스 오리지널 드라마 〈D.P.〉가 큰 인기를 얻었다. 'D.P.'는 군무이탈(탈영병) 체포조의 영문 Deserter Pursuit의 약자이다. 드라마는 탈영병을 통해 군대 내 무차별적인 가혹 행위와 강압적인 상명하복 문화 등 각종 부조리를 적나라하게 묘사하고 있다고 한다.

평소 전쟁 영화는 좋아하지만 나는 군 생활을 소재로 한 드라마에는 별 관심이 없었다. 성인이 된 후 여러 모임에서 군대 시절에 대한 이야기를 나눌 때면 나는 언제나 소외되었다. 군대 이야기만 나오면 괜히 조바심도 나고 혹시나 나에게 군 시절 이야기를 묻지 않을까 불안했다. 그 정도로 군대 이야기를 하는 자리는 참으로 괴로웠다. 그래서 나는 〈D.P.〉도 시청하지 않았다. 보고 싶지가 않았다. 솔직히 〈D.P.〉가 왜 그렇게 인기를 끄는지, 사람들이 그 드라마를 좋아하는지 이유를 모르겠다. 군에서 자행되는 잘못된 관행의 개선을 바라는 마음을 대변해서일까. 아니면 그동안 우리가 알지 못했던 군에서의 구타와 가혹 행위를 군대를 다녀온 사람과 그 가족이 직간접적으로 경험하기 때문일까. 드라마 속 탈영병이 "최악 속에서 택한 최선"이라고는 항변하였다고 하는데 나는 자연스럽게 보육원 시절을 떠올린다. 왜냐하면 보육원에서도 탈영과 유사한 가출이 수없이 이루어지고 있기 때문이다.

보육원만큼 빈번하게 가출이 이루어지는 곳이 있을까? 보육원의 한 동기는 열 번 이상 가출하기도 했다. 그래도 나는 다섯 살에 보육원에 들어가 한 번도 가출을 한 적이 없다. 힘든 보육원 생활을 하면서도 모범적으로 생활하려고 노력했던 것, 끈기를 가지고 지혜롭게 살기 위해 노력했던 것에 자부심을 가지고 살아왔기에 아내에게 자랑처럼 말하기도 했다. 보육원에서 가출하면 매번 붙잡혀 와 끔찍할 정도로 매를 맞는 아이들을 보아왔다. 그들을 보며 나는 나름대로 소신이 있는 아이라 생각하며 스스로를 우월하게 여겼다고 고백한다.

하지만 그들 또한 드라마 속 탈영병처럼 최악 속에서 어쩔 수 없이 가출했다는 것을 깨닫게 된 후, 나 자신이 참으로 어리석었음을 깨달았다. 내가 가출하지 않은 것은 자랑이 될 수 없고, 그 아이들이 가출을 감행한 것은 그 당시 참혹한 보육원 생활에서 벗어나 자유를 누리고자 한 의지의 표현이었음을 알게 되었다. 또다시 잡혀 올 것을 알면서도 가출하기까지 그들이 처한 상황이 얼마나 가혹했는지를 뒤늦게나마 알게 되었다.

보육원은 단체생활이라 수많은 가혹 행위가 있을 수밖에 없다. 나 또한 생활지도원과 형들로부터 끔찍한 구타와 폭언을 당한 적이 있다. 생활지도원은 아동 여러 명을 관리하는 데 폭언만큼 효과적인 방법은 없었고 형들 역시 자신이 맞은 만큼 후배들을 때리며 자신의 스트레스를 풀곤 했다. 동생들을 노리개로 여기고 상상을 초월하는 폭력을 행사하였다.

최악의 상황에서 최선을 선택으로 가출한 그들은 과연 잘 지내고 있을까. 가출을 통해 얼마나 자신의 요구를 관철시켰고 자신의 인생을 올바르게 설계했을까. 보편적이진 않지만 중학교를 겨우 졸업한 그들은 냉혹한 사회에 나와 바닥에서 지금까지 온갖 굳은 일을 하면서 생계를 이어가고 있다. 어쩔 수 없이 가출한 그들의 삶을 누가 책임질 것인가. 보육원은 원래 힘든 곳이며 부모와 떨어져 사는 아동은 스스로 어려움을 이겨내야 된다며 보육원 폭력을 묵인한다면 그것이 과연 이 사회의 어른으로서 책임감 있는 모습일지 생각해 봐야 한다. 청년들도 군내내 가혹 행위를 이기지 못하고 탈영하는데 보육원에서 자행되는 교묘한 폭력에서 아동들이 겪는 아픔을 그동안 우리가 너무 방관한 것은 아닌지 이 사회에 물어보고 싶다.

혹자는 왜 군대와 보육원을 비교하느냐고 할 것이다. 보육원

행복한 고아의 끝나지 않은 이야기

은 국가가 아동보호를 위해 운영하는 기관으로 아동보호 관점에서 꼭 필요한 곳이지만 단체생활로 인해 어릴 때부터 온전한 인간성을 가질 수 없는 곳이다. 사생활 보호와 개인의 존엄이 실현되지 않는 곳에서 아이들은 정해진 규정과 프로그램에 맹목적으로 따라야 한다. 온전한 사랑을 받아야 하는 시기에 안정감을 유지하기보다는 주어진 환경에 순응해야 하는 것이 군대와 다를 바가 없다. 정해진 시간에 먹고 자는 것과 암암리 자행되는 폭력이 공통된다는 점에서 탈영병과 가출 아동을 비교하는 것은 큰 무리가 없어 보인다.

군대를 다녀온 어느 시청자는 〈D.P.〉를 본 후 외상 후 스트레스 장애를 느꼈다고 한다. 보육원을 퇴소한 지 20년이 지난 나도 드라마에서 보육원 내용을 접하거나 강연 시 보육원 이야기를 꺼내다 보면 그 당시의 감정이 되살아나곤 한다. 군대에서 청년들이 겪는 경험과 아이들이 보육원에서 겪는 외로움과 절박함이 어찌 다르다고 할 수 있을까. 나는 〈D.P.〉를 보지 않을 것이다. 중학교 시절 보육원에서 스무 명 넘는 형들과 살면서 집 안 청소, 도시락 설거지, 빨래 등을 하면서 겪었던 '남자의 세계'를 더는 떠올리고 싶지 않다. 군인이 되기를 원했지만 꿈을 이루지 못했던 서러운 마음이 다시 살아날 것 같고, 단체생활에서 겪은 야만적인 폭행의 기억이 떠오를 것만 같기 때문이다.

다만 〈D.P.〉를 계기로 단체생활이라는 이름하에 부조리하게 자행되는 폭력에 대해 방관자가 되어서는 안 된다는 의식이 퍼졌으면 좋겠다. 그래서 보육원에서 행해지는 폭력적인 일들도 근절되도록 관심을 가져 주기를 바란다. 강압적인 보육 지도로 인해 보육원의 아이들이 불합리하게 차별받거나 사회에 적응하지 못하는 일이 더는 발생하지 않도록 해야 한다.

행복한 고아의 끝나지 않은 이야기

변한 것과 변하지 않은 것

42년이다. 1981년에 첫 입소 후 42년이라는 시간이 지났다. 20여 년이 넘도록 보육원에 살았고, 그곳을 떠난 후에도 나는 보육원에 자주 방문한다. 그런데 변한 것이 없다. 10년이면 강산도 변한다고 하는데, 42년이면 세상이 네 번이나 변했을 텐데, 보육원은 그대로이다.

물리적인 것은 많이 바뀌었다. 입고, 자고, 먹는 것이 좋아졌다. 숙소 시설도 좋아지고 아이들이 공부하기 좋도록 개별 책상도 마련되어 있다. 마음만 먹으면 학원에도 갈 수 있다. 20년 전과는 다르게 모든 환경이 좋아졌다. 그렇다면 무엇이 그대로인가.

근본적인 것이 그대로이다. 바로 '시스템'이다. 한 명의 보육사가 여러 명의 아이들을 돌보는 시스템은 그대로이다. 여러 가지 환경은 변화했지만 근본적인 시스템이 변하지 않았다는 점이 너무나 안타깝다. 한 가지 더 아쉬운 점이 있다면 아이들의 성향이 변했다는 것이다. 내가 보육원에 살 때만 해도 한 집마다 최소 열다섯에서 스무 명이 함께 생활했다. 기본적으로 보육사님이 아이들을 돌봐주시지만, 선배들이 동생들을 나무라기도 하고 형들이 동생들을 보살펴 주기도 했다. 지금은 그보다 더 적은 인원들이 함께 생활하는데도 불구하고 각자 자기 일에만 신경 쓰고 자기 할 일만 하는 분위기이다. 친형제와 같은 분위기를 바랄 수는 없겠지만 형으로서, 동생으로서 서로를 신경 써주는 분위기를 찾아볼 수 없다. 형들이 먼저 모범적인 생활을 하면, 동생들에게 좋은 영향을 주는 그런 훈훈한 분위기를 찾아볼 수 없는 것이 바로 예나 지금이나 변한 것이 없는 점이다.

명절 때마다 후원자들과 함께 사진을 찍고, 감사의 마음을 전하고, 그러한 후원이 되풀이되는 것은 변하지 않는 풍경이다. 거기서 잘못된 점을 굳이 꼬집고 싶지는 않다. 다만 그러한 상황에서 성장한 아이들은 전과 다름없이 어려움을 겪고 고통스러워한다. 자립을 해야 하는 아이들은 사회에서 어엿한 구성으로 생활하는 데 갈등과 부침을 겪는다. 왜 그런 것일까.

정부에서는 지원금을 포함해 자립 수당, 디딤씨앗통장 등 다양한 후원 제도를 마련하고 있다. 하지만 조금 더 면밀한 검토와 지원이 아쉬운 것이 사실이다. 아이가 보육원으로 들어가기까지의 과정, 관공서 등 정부 기관에서 이를 관리하는 시스템, 보육원이 적절하게 운영되고 있는지 감독하는 기관, 고아와 관련된 시설이나 법인이 설립되고 운영되는 부분에 있어서는 보다 근본적인 변화가 필요하다.

나는 처음부터 많은 진전을 바라지는 않는다. 다만 내가 말하고 싶은 것은 보육사에게 보육원 운영을 전담하는 것이 아닌, 보다 체계적인 시스템이 필요하다는 것이다. 또한 물리적인 지원과 더불어 정서적으로 아이들이 안정감을 느낄 수 있는 장치들을 마련해야 한다. 예를 들어 아이들에게 개인 방을 제공한다든지, 후견인 제도를 활성화하는 등의 구조적인 개선이 필요하다.

30년 전과 비교해 지금은 먹는 것, 입는 것은 바뀌었을지 몰라도 근본적인 것은 바뀐 것이 없다는 것이 나의 결론이다. 어디서부터 변화해야 하는 것일까, 어떤 것이 가장 시급한 문제일지 내가 섣불리 답을 하지는 못하겠지만 아이들을 양육하는 방식, 보육원의 운영 방식은 전혀 변하지 않았다.

내 인생의 선물, 동생

2021년 8월 22일, 세상에 하나밖에 없는 나의 동생, 사랑하는 동생이 세상을 떠났다.

동생은 중학교를 졸업하자마자 사회에 나가 온갖 힘든 일을 하며 세상과 싸웠다. 대학생 형에게 용돈을 주고 조카들을 너무나 사랑한, 매 순간 최선을 다해 살아온 자랑스럽고 멋진 동생이었다. 둘도 없는 혈육의 죽음은 형인 나에게 너무나 많은 고민과 수많은 질문을 던졌다. 이제는 철저히 혼자인 존재로 살아가야 하는 상황에서 내가 어떤 인생을 살아야 할지 고민하게 된다.

사무치게 안타깝고 아픈 마음

동생은 너무도 젊은 나이에 빨리 천국에 가게 되었다. 하지만 그는 짧은 인생 동안 누구보다 치열하게, 최선을 다해 살았고 후회 없는 인생을 살았다. 나는 '그동안 함께해 줘서 고맙다'고 말하고 싶다. 그 어떤 말보다 동생에게 해주고 싶은 말이다. 함께 좋은 추억 만들고 서로에게 큰 힘이 될 수 있어서 감사할 따름이다. 그 영혼이 천국에서 영원한 안식을 누리길 바랄 뿐이다.

동생의 장례는 일산장례식장에서 치렀다. 동생이 유언을 남겼다면, 어떤 말을 했을까. 당연히 부모님에 대한 이야기를 했을 것이다. 마음이 여린 동생은 술만 마시면 엄마가 보고 싶다고 했다. 그럴 때마다 나는 "찾아줄게."라는 막연한 말만 되풀이하였다. 돌이켜보니 너무나 미안한 마음이 든다. 엄마를 찾으려고 노력은 했지만 불가능한 일이라는 것을 잘 알기에 어찌할 도리가 없었다. 방법만 있다면 나는 부모를 찾기 위해 계속 노력할 것이다. 그리고 부모를 만나게 된다면 꼭 동생이 안장된 곳에 가서 인사를 나누게 하고 싶다. 내가 비록 부모를 찾는 일에 회의적이라 해도 그건 동생을 위해 형으로서 꼭 해야 할 일이라고 생각된다.

결혼은 했지만 자식이 없는 동생을 위해 나는 상주 역할을 했다. 제수씨는 힘겨운 모습으로 조문객을 맞이했다. 동생의 빈자리를 우리는 함께 의지하며 그동안 못 푼 정을 나누며 장례식을 최대한 원만하게 치르고자 했다. 열일곱에 사회에서 만난 30년 가까운 동생의 지기들이 장례를 치르는 동안 너무나 큰 도움을 주었다. 그들이 있었기에 나 역시 슬픔을 이겨낼 수 있었고 정신적으로 큰 힘을 얻게 되었다.

나와는 길이 달랐던 동생의 어린 시절

동생은 보육원에서 함께 자란 나의 동기와 같이 사회에 나갔다. 동생은 열일곱, 내 동기는 열여덟이었다. 그들은 형 동생 할 것 없이 친구로 지냈다. 내 동기이자 친구이지만 사회에 나가서는 동생의 친구가 되어 함께 의지하면서 나 대신 형 노릇을 해주었다. 사실 내 동기는 가출을 자주 하고 공부를 싫어하는 비행 청소년이었지만 동생과 함께 지내주는 것이 고맙고 동생이 외롭지 않겠구나 싶어 안심이 되었다.

동기와 동생은 함께 배도 타고 사회에서 서로 의지하며 살았다. 그러다가 나의 동기가 30대 초반에 갑작스러운 죽음을 맞이했다. 황망한 그의 죽음에 우리 형제는 슬픔에 잠겼지만, 나는 무엇보다 고인에게 하나 있는 친동생이 가장 걱정이 되었다. 내 동생은 고인의 동생이 겪는 슬픔을 덜어 주고자 무척 노력하였다. 동생이 세상을 떠난 후 그 후배는 장례식장에서 자신이 그동안 너무나 큰 빚을 졌다며 영정 앞에서 연신 눈물을 흘리며 미안하다고 울부짖었다. 자신의 친형을 잃고 또한 자신을 끔찍이 아껴준 내 동생의 죽음 앞에 친형인 나보다 더 절규하며 울었다. 어떻게 보면 그 친구는 두 명의 형을 잃고 아물지 않는 상처를 갖게 될지도 모른다. 앞으로 나는 그의 형이 되어 줄 것이다. 보육원에서 만난 형제로서 우리는 그렇게 성장하게 될 것이다.

장례식에서 만난 사람들

동생은 열일곱에 학교를 그만두고 사회로 나갔다. 삐끼, 불법 음란물 판매, 선원, 노가다꾼 등 온갖 굳은일을 하며 살아남았다. 그때 알게 된 친구 10여 명이 동생의 비보를 듣고 전국 곳곳에서 한걸음에 달려와서 발인까지 함께해 주었다. 동생의 절친이 이렇게 많은 걸 처음 알게 되어 놀라기도 했지만, 그동안 동생이 헛되게 산 것이 아니라는 생각이 들어 한편으로는 뿌듯했다. 중학교를 갓 졸업하고 사회에 나간 동생이 그간 얼마나 힘겨운 삶을 살았는지 친구들을 통해 전해 들었다. 홀로 험한 일을 해나가며 치열하게 산 세월을 생각하니 어린 동생의 삶이 참으로 딱했다. 그러나 한편으로는 대견스러웠다.

장례식에 온 친구들은 "동생은 참 멋진 사람이었다"고 입을 모아 얘기했다. 친구들을 아끼고 유머와 의리가 있는 사내라고 했다. 친구가 힘들 때 함께 아파하고 기쁠 때 지나칠 정도로 칭찬해 주는 믿음직한 친구였다고 한다. 동생과 관련된 많은 일화 중 가장 멋진 일은 보육원에서 함께 살던 내 친구의 동생을 끔찍하게 아껴준 것이다.

또한 장례식에 찾아온 많은 분에게 여러 얘기를 들었다. 그중 가장 기억에 남는 얘기는 동생이 평소에 나를 많이 칭찬했다는 것이다. 형을 가장 존경한다는 말을 주변에 많이 했다고 한다. 동생의 휴대폰에 나의 이름은 '이선생'으로 저장돼 있었다. 만나는 지인들과 가족에 대해 이야기할 때면 형이 선생님이라고 자랑했다고 한다. 교사가 특별한 것은 아니지만 동생이 살아온 경험 속에서 학창 시절에 꾸중을 많이 하던 교사는 매우 대단한 존재였던 것이다. 술자리에서 친구들이 동생에게 "형은 선생인데 너는 뭐냐?"라며 놀리곤 했단다. 그럴 때마다 동생은 기분이 조금 나쁘기도 했겠다는 생각이 든다. 하지만 장례 기간 중 동생의 한 지인이 "성만이 형이 형보다 훨씬 착해요."라고 하는 말을 듣고 고개가 숙여졌다. 누군가 고인이 형을 최고로 존경한다고 했다더라고 얘기하자 옆 친구가 "성만이 형은 돈도 잘 빌려주고 우리를 잘 아껴준 형이었어요."라고 말했다. 그 말에 나는 전적으로 동의가 되었다.

동생의 죽음을 가장 슬퍼한 분은 단연 우리가 성장한 보육원의 원장님이다. 나는 지금도 그분을 어머니라고 부른다. 그분은 동생의 죽음 소식을 전화로 듣고 감정이 격해져 절규하듯이 우셨다. 너무도 깊은 슬픔으로 인해 행여 연로하신 그분의 건강을 해치지 않을까 걱정이 될 정도였다. 원장님은 우리 형제를 무척 아끼셨다. 내가 교사가 되기까지 기도와 격려로 늘 도와주셨고 동생이 일찍이 형과 떨어져 사는 것을 안타까워하셨다. 그렇기에 동생의 빈자리를 무척 고민해 주셨다. 물론 보육원 출신 아이들이 천국으로 가는 모습을 수없이 지켜보셨지만 이번 상황만큼은 더 애달파해 주셨다.

나 역시 그분께 동생의 부고를 알리면서 너무나 죄송했다. 원장님은 어릴 적 두 명의 오빠와 이별하게 되었다고 했다. 그래서 무엇보다 형제의 이별에 대한 아픔을 알고 있다며 나를 위로해 주었다. 나를 보고 얼마나 더 큰사람이 되려고 하나님이 이런 아픔을 주시는지 생각하라며 너는 더 큰 인물이 되고 큰 지도자가 될 것이라며 격려해 주었다.

이렇게 적지 않은 분들이 찾아와 줘 큰 위로를 받았다. 지난 날을 회상하며 동생과의 일화를 들려준 보육원 후배들이 동생을 잘 기억해 준 것이 너무나 고마웠다. 동생을 좋아한 후배, 동생과 함께 가출한 후배, 동생과 함께 도둑질한 후배, 동생과 함께 매 맞은 후배, 같은 중학교에 다닌 보육원 동생에게 맛나는 것을 준 후배 등 그들이 말해 주는 동생에 대한 좋은 이야기들은 고인을 추모하는 자리를 더 밝고 풍성하게 해주었다. 동생을 위해 울어주는 사람이 많은 것에 감사했고 동생을 기억하는 이들이 함께 모여 있음에 감사했다. 보육원 선후배를 항상 가족이라 생각했듯 보육원 가족 40여 명이 함께 슬퍼해 주었다. 이 자리를 빌려 그분들께 감사의 마음을 전한다.

장례식에서 만난 또 한 명의 고마운 친구는 보육원의 후배이다. 현재는 40대 초반이고 세 아이의 엄마가 된 그 후배는 내 동생을 좋아한 적이 있다고 말했다. 또한 형인 내가 아무리 교사라는 직업을 갖고 있다고 하더라도 자신은 내 동생이 더 대견스럽고 멋지다고 했다. 그 후배는 동생의 부고를 듣고 가장 먼저 달려와 장례 일을 밤새 도와주었다. 그녀는 1년 전 보육원에서 함께 자란 한 후배가 자살했을 때도 장례식장에서 가장 일을 많이 도와주던 장본인이다. 동생을 잃은 나에게 자신이 왜 이런 장례식장에 참석해 고인을 추모하는지를 말해 주었다.

20대 초반의 시절, 불의의 오토바이 사고로 친오빠를 잃은 후배는 그 후배는 아무것도 모를 때 장례를 치른 경험을 통해 장례 일이 남의 일 같지 않다고 했다. 특히 형제가 이별한 경우에는 특별한 공감을 자연스럽게 갖게 된다고도 말했다. 어린 시절 힘든 일을 겪었음에도 불구하고 꿋꿋하게 역경을 딛고 일어나 주변의 어려움을 겪은 사람들을 돕는 모습에 숙연한 마음이 들었다.

동생의 죽음에 대해 "형이 잘못했네요."라고 얘기하는 후배도 있었다. 동생의 죽음은 형의 책임이라는 것이다. 동생이 죽은 마당에 누구의 잘잘못을 따지는 것은 무의미하지만 나는 정말

행복한 고아의 끝나지 않은 이야기

내 책임이 큰 것인가 생각하면서도 그 말을 듣고 사실 기분이 좋지 않았다. 내가 무슨 잘못을 했단 말인가. 평범하게 동생을 잘 보살피지 못한 것과 형은 교사로서 무난하게 살면서 동생은 온갖 고생을 한 것을 비교한 것 같다. 이유야 어쨌든 동생의 죽음이 나와 무관하지 않다는 것은 나도 부인할 수가 없다. 그 후배가 나의 잘못을 이야기한 것에 동의는 하지만 그렇다고 자책감에 빠져있는 것은 동생이 원치 않을 것 같다는 생각이 들기도 했다. 27년간 동생과 나는 떨어져 지냈지만 동생은 자신의 뜻대로 원하는 인생을 살았고 형인 나의 인생을 존중해 줬다. 따라서 나의 잘못이 있지만 그 잘못이 나의 부족함을 탓하는 것은 아니리라고 생각하기로 했다.

자식과도 같았던 내 동생

이런저런 분들이 많이 오셨지만 나는 장례기간 동안 하염없이 눈물을 흘렸다. 자식을 잃은 슬픔이 이런 것인가. 눈물이 반사적으로 나왔다. 그동안 잘해 주지 못한 아쉬움, 다시는 보지 못한다는 슬픔, 부모의 사랑을 제대로 받지 못한 가여움이 합쳐져 주체할 수 없을 만큼의 정신적 고통이 몰려왔다.

동생은 나에게 자식과도 같았다. 다 큰 성인이라도 동생은 말 그대로 동생이며 나는 동생을 지켜야 하는 부모였다. 아무도 이해하지 못하는 상황이다. 이 세상에 두 형제만 있는 것도 슬프고 너무나 암담하고 특별한데 동생이 먼저 천국에 갔으니 황당하고 이해할 수 없는 운명의 장난 같다. 아무나 쉽게 경험할 수 없는 이러한 상황이 왜 나에게 닥쳤는지 도무지 이해되지 않지만 그럼에도 나는 이 상황에서 쓰러지기보다는 이러한 일로 인해 더 강해지고 누군가의 길잡이 역할을 할 수 있다고 굳게 믿는다.

생각만 해도 애처롭고 불안했던 동생의 사춘기 시절에는 매섭게 동생을 붙잡느라 때로는 매질도 하며 엄격하게 동생을 대했다. 성인이 되고 나서는 더 이상 뭐라고 혼내는 것이 미안했다. 내가 교사가 되기 위해 살아온 환경과 동생이 바닥에서 시작하여 사회에서 도태되지 않기 위해 악착스럽게 산 환경은 너무나 다르지만 언제나 동생은 나에게 풀리지 않는 숙제 같았다.

동생이 남겨주고 간 선물

나는 내 평생 처음으로 가장 큰 이별을 경험했다. 혈육이라고는 동생뿐인데 그 동생과 헤어지게 되었으니 내 자신이 참 안쓰럽기도 하다. 장례를 치르며 '왜 이렇게 힘들까'라는 생각이 들었다. 따지고 보니 나는 직장생활을 하며 수많은 장례식에 가 보았는데 정작 내 가족의 죽음은 처음 접하는 일이었다. 어린 시절 조부상이나 조모상을 경험한 적도 없고 가까운 친척의 죽음도 겪어본 적이 없었기에 동생의 죽음이 더 크게 다가온 것 같다. 보통 사람이라면 어떤 혈육의 죽음을 한두 번은 접했을 텐데 나는 처음으로 가족의 죽음을 마주했기에 다소 비현실적이라는 생각도 들었다. 그만큼 충격이 크게 느껴진 것 같다.

조문을 온 누군가 위로하며 말한다. 하나밖에 없는 동생 떠나 어떡하냐고. 동생의 부재를 나보다 더 안쓰럽게 생각하는 그들의 태도에 괜찮다고 말하고 싶었지만 자칫 예의가 아닌 것 같아 고개를 끄덕였다. 하지만 나의 생각은 다르다. 만날 수는 없겠지만 세상 어딘가에 나의 친척이 있다고 믿는다. 그들의 여의치 않은 상황 탓에 나를 만나러 오지 못할 뿐 나는 혼자가 아니라고 생각한다. 더욱이 나는 사랑하는 아내와 세 딸이 있지 않은가.

장례를 치르고 집에 돌아와 세 딸에게 삼촌의 죽음에 대해 알려주었다. 사실 동생이 천국에 갔다는 소식을 듣고 자녀들에게 언제 어떻게 이야기해야 할지 무척 고민스러웠다. 결국 장례가 끝나고 집에 돌아와 아내와 함께 자리를 만들어 아이들에게 알려주었다. 눈물이 멈추지 않았다. 아빠의 소리 없는 울음에 아이들도 함께 울었다. 아이들에게 삼촌으로서 자상하게 대해 준 동생이었기에 아이들도 무척 슬퍼했다. 나는 아이들에게 아빠가 대학생 때 삼촌이 용돈을 줬기에 지금 교사가 되었고 우리는 서로 참 많이 의지했으며 삼촌이 있었기에 지금의 너희도 있는 것이라고 이야기해 주었다. 한참을 울면서 삼촌의 죽음에 대해 이야기한 후 우리는 함께 기도를 했다. 드라마나 영화에서 나올 법한 우리 형제의 이야기는 나에게 많은 감정을 느끼게 한다. 동생

1장-행복한 고아의 끝나지 않은 이야기

은 비록 없지만, 동생을 떠올리면 행복하다. 우리 형제의 진한 이야기를 다시 쓸 순 없지만 두 형제의 따뜻한 이야기를 나는 가슴 깊이 소중히 간직하고자 한다.

이번 장례를 통해 나는 자식 잃은 부모 마음을 조금은 이해하게 되었고 특히 형제를 잃은 분들의 마음을 100% 이해하게 되었다. 힘겨운 장례를 치르고 동생을 잃은 내 마음을 스스로 어떻게 위로할지 생각해 보았다. 동생을 잊고 사는 것과 우리 가족에게 집중하는 것과 내 학교 일에 집중하는 것 등 많은 것이 떠올랐다. 기도도 해보고 스스로 감사의 조건을 찾아 매일 공책에 적어보기도 했다. 모든 것이 조금씩 마음을 단단하게 하는 데 도움이 되었다.

무엇보다 나에게 가장 힘이 된 것은 첫째 딸이다. 우리 부부는 동생이 나와 닮지 않은 이유를 궁금해하곤 했는데, 우연히도 첫째 딸이 동생과 닮은 점이 많다는 것을 발견했다. 더욱 놀라운 것은 왼쪽 허벅지에 있는 점의 위치도 같다는 것이다. 동생을 다시는 볼 수 없지만 첫째 딸의 외모를 보면 동생의 모습을 볼 수 있어서 참 다행이고 행복하다. 동생의 죽음을 통해 나는 또 다른 결심을 하게 되었다. 부모 없이 힘들게 살다가 생을 마감한 동생과 비슷한 환경에 있는 이들을 위해 내가 해야 할 일을 찾고 있다. 동생의 죽음이 헛되지 않도록 더 열심히 살아야겠다는 생각

행복한 고아의 끝나지 않은 이야기

이 드는 것은 동생에게 미안한 마음이 있기 때문인 것 같다.

동생이 나에게 베풀어준 사랑을 나는 이제 누군가에게 나눠주어야 한다. 과연 나는 어떤 의미 있는 삶을 살아야 할까. 동생이 나를 참 자랑스럽게 생각했듯 앞으로도 나는 모두에게 자랑스러운 사람이 되기 위해 노력할 것이다.

장례식은 슬프고 힘들었지만, 이번 장례를 통해 감사한 것이 너무 많다. 주변 지인들의 형제에 관심이 생겼다. 조의금을 보내준 보육원 후배에게 "너는 형제가 어떻게 되냐"고 물어보았다. 그는 혼자라고 했다. 그러다가 머뭇거리며 생각한 후 다시 이복동생이 있다고 했다. 엄마가 다른 동생이다. 하지만 연락을 안 하니 남이라고 표현했다. 애처로운 생각이 들었다. 그에 비하면 나는 동생이 있었기에 그동안 참 행복했다고 믿는다. 이 땅의 망자 중 무연고자가 많다. 특히 고아인 망자 중에 더욱 많기에 특별한 관심이 필요하지만 그들은 가족 하나 없이 외로이 생을 마감한다. 동생이 무연고자가 아니라, 내가 그의 명복을 빌어줄 수 있어 다행이라는 생각이 든다.

2020년 8월 나는 『나는 행복한 고아입니다』라는 책을 출간했다. 제목에 고아라는 말을 쓰는 것이 다소 고민되고 불편하기도 했는데 이제는 혼자라는 생각에 진정한 고아의 느낌을 알게 되었다. 이제는 진짜 고아이다. 동생의 죽음으로 인해 유일한 혈육이 없어진 진짜 고아의 마음으로 살아가며 고아의 아픔을 알게 된 것이다.

사람은 누구나 시련을 접하게 되지만 그 시련을 얼마나 잘 이겨내고 그것을 성장하는 계기로 삼느냐에 따라 제2의 인생을 살수 있다고 믿는다. 즉 보육원에서 성장한 환경을 이겨내고 동생의 죽음으로 인한 아픔도 이겨내는 것은 값진 인생을 만들어가는 기회가 될 것이다. 이 자리를 빌려 그동안 함께해 준 동생에게 정말 고맙고 사랑한다는 말을 전한다.

행복한 고아의 끝나지 않은 이야기

나의 두 친구

사람은 살면서 평생 많은 사람들을 만난다. 가깝게는 회사 동료에서부터 학창 시절의 친구, 학원, 초·중·고 때 친구, 학교 선후배 그리고 일상에서는 집 근처의 가게 주인, 아이들의 유치원 친구 엄마, 교회 식구, 동호회 사람 등등…. 하지만 가깝게 지내게 되는 사람은 그리 많지 않다. 중요한 일이 생겼을 때 우리가 찾는 이들은 주로 친구이다. 마음을 터놓고 말할 수 있는, 잘못된 길을 갈 때도 조언해 줄 수 있는, 어려운 상황에 놓였을 때 도움 받을 수 있는 사람이 친구이기 때문이다.

나는 어릴 때 "친구를 잘 사귀어야 한다"라는 말을 자주 들었다. 보육원에 살면서도 자연스럽게 친구가 많았다. 모두 10명 정도 되는 보육원 아이들로 같은 보육원에서 살고 있기 때문에 친해지지 않을 수 없었다. 같은 시설에서 같은 음식을 먹고 같은 옷을 입으며 함께 생활해서 그런지 삶에 대한 관점도 서로 비슷해졌다. 그러나 한편으로는 그들을 멀리해야 한다는 생각도 들었다. 보육원에서 자란 아이들이 갖는 나쁜 습관들 때문이었다. 보육원생만의 특성이라고 단정지을 수는 없지만, 친구들은 엄마의 사랑을 제대로 받지 못한 데서 오는 불만, 증오, 쉽게 삐짐, 아집, 배려 부족 등이 유난히 심했던 것 같다. 모든 보육원 아이들이 부정적인 모습을 보이지는 않았지만, 못 잡아먹어서 안달이 난 것처럼 서로 앙숙처럼 지내는 아이도 적잖았다.

보육원 안에서는 동기 사이에서도 서열을 정해야 했다. 서로 눈치를 보며 형들이 보이지 않는 곳에서 기 싸움을 하거나 서로 치고받는 심한 싸움도 했다. 나뿐만 아니라 동생 동기들이 싸울 때는 너 나 할 것 없이 말리는 것이 아니라 과연 누가 이기나 보자, 하는 궁금한 마음으로 지켜보았다. 단체생활에서는 어떤 형에게 잘 보이느냐가 정말 중요했다. 싸움을 잘하는 형과 친해지면 간식을 잘 얻어먹을 수도 있었고 동기들과 싸웠을 때 나름 유리한 부분이 매우 많기 때문이다. 친한 형을 믿고 더 버릇없이 친구들을 괴롭히는 아이들도 있었다.

나는 보육원 친구들뿐 아니라 다른 친구도 여럿이다. 현재의 내가 있도록 함께해 준 친구, 30년 이상을 지내 오면서 자연스

행복한 고아의 끝나지 않은 이야기

럽게 친해진 친구, 같은 종교 활동을 하면서 영적으로 나를 잘 이끌어준 친구, 고등학교 졸업 후 해마다 만나는 고등학교 친구 등이 있다. 오늘은 내가 사랑하는 이런 친구들에 대해 얘기하고자 한다.

친구가 우리의 삶에서 중요하다는 데는 누구나 공감할 것이다. 나는 최근에 친구의 소중함을 더 뼈저리게 느끼게 되었다. 느끼게 되었다는 표현보다는 친구가 나의 인생이라는 것을 깨달았다. 어떤 친구와 함께 지내느냐에 따라 인생관이 바뀐다고 하는데 나는 친구 덕분에 인생을 재발견하였고 삶을 풍요롭게 가꾸어 갈 수 있었다. 특별히 나에게 도움을 줬다거나 신경을 써 준 것도 아니다. 또 내게 일일이 조언을 하는 친구도 아니다. 그저 있는 그대로 내 인생의 나침판이 되는 친구이다. 그는 내가 보육원 출신이라는 사실을 잘 아는 초등학교 때 친구로, 이 글에서는 형교로 칭하겠다.

형교는 초등학교 처음 만났는데 처음에는 특별히 친한 사이는 아니었다. 형교는 보육원 근처 작은 가게의 아들로, 초등학교 때 전학 왔다. 참새가 방앗간을 그냥 지나가지 못하듯 가게 앞을 지날 때마다 서성이면서 가게에 진열된 과자를 보았다. '쟤는 언제든 저 많은 과자를 먹을 수 있겠구나.' 하는 생각으로 형교를 항상 부러워했다. 보육원 아이들이 자주 보육원 주변 가게에서 물건을 훔치곤 했는데 나도 다른 가게에서는 훔쳐 본 적이 있다. 하지만 차마 친구인 형교네 가게에서 물건을 훔치는 것은 맘에 내키지 않아 그곳에선 한 번도 훔친 적이 없다. 그래서 오늘날까지 형교와 함께 지내는 데 아무런 거리낌이 없다. 그때 안 훔치기를 참 잘했다는 생각이 자주 든다.

초등학교 때 나를 떠올리면 어디로 튈지 모르는 럭비공처럼 천방지축인 데다 너무나 활동적이어서 친구로 대하기가 매우 힘든 아이였다. 그런 나와는 달리 형교는 조용한 성격이었고 공부도 스스로 묵묵히 했다. 특별히 무언가 잘하는 것이 없고 무난한 성격에 문제를 일으키지 않는 지극히 평범한 성격이어서 나와는 전혀 어울리지 않았다. 단지 둘 다 기독교인이어서 가끔 교회 이야기를 잠깐 하는 정도였다. 초등학교 때는 예수님에 대해 특별히 알고 싶은 것이나 아는 것도 없었지만 먹을 것을 주거나 특별한 교회 행사를 할 때면 친구의 교회에 몇 번 가 보곤 했다. 중고등학교 시절에는 형교와 학교가 달라서 자주 만나지 못해 그저 아는 친구로만 지냈다. 만나면 인사만 하는 사이, 특별한 공감대가 없는 사이 말 그대로였다.

그러다 나와 형교는 우연찮게 같은 대학에 지원하게 되었다. 우연이라고 하기엔 적잖게 놀랐다. 내가 살던 지역에서 꽤 먼 거리인 경기도권 대학교에 지원했는데 함께 면접을 보러 가면

행복한 고아의 끝나지 않은 이야기

서 이 친구가 멀리서 나를 자주 지켜봐 주어서 가까이하면 좋겠다는 생각을 했다. 사람은 우연한 기회에 평생의 친구를 만들 수 있다는 것을 그때 알았다. 평범한 관계에서 특별한 관계로 이어지게 된 것이다. 같은 대학에 지원하는 것이 그렇게 반가웠던 이유는 이 아이가 나를 이해해 줄 친구라고 여겼기 때문일 것이다.

형교는 나와 초등학교 때 친해진 보육원의 다른 친구들과 아는 사이라 보육원에 종종 놀러왔다는 사실을 최근에 알았다. 보육원 놀이터에서 놀기도 하고 가끔 보육원을 방문했다는 것이다. 보육원생이 아닌 외부의 친구가 보육원에 자주 놀러왔다는 것이 별일 아닐 수도 있지만, 형교의 부모님을 비롯한 다른 친구들은 뭐 하러 보육원에 놀러 갔냐며 놀리거나 썩 좋은 시선으로는 바라보지 않았을 것도 같다. 내 기억으로도 내가 다른 친구들의 집에 놀러 간 적은 있어도 내가 형교를 보육원에 데려온 적은 한 번도 없었다. 그렇게 보육원에 자주 놀러 온 형교는 과연 보육원을 어떤 곳으로 생각했을까. 버려진 아이들이 사는 곳으로 인식하기보다 어린 마음에 마냥 노는 것이 좋아 방문하지 않았을까. 막연한 생각이 든다.

그렇게 친하지 않았던 우리는 초등학교 졸업 후 27년이나 지나 친해졌다. 내가 다니는 교회에 형교가 신자로 등록을 하면서

1장-행복한 고아의 끝나지 않은 이야기

자연스럽게 친해지게 된 것이다. 나는 형교가 새 가족으로 교회에 잘 정착하도록 도와주면서 제수씨와 형교의 자녀들과 교류를 하였고 옛날 생각을 하면서 종종 추억을 되새기곤 했다. 그렇게 추억을 나누며 다시 한번 인생의 재미를 느끼게 되었다.

형교는 나를 만날 때마다 내가 알지 못하는 나에 대한 이야기를 한 보따리씩 쏟아낸다. 나는 초등학교 생활이 너무나 힘들었기에 사실 별로 기억하고 싶지 않았다. 그런데 형교는 나의 과거를 너무나 자세히 기억하며 이야기해 놀란 적이 여러 번이다. 누구와 싸운 이야기, 학교에서 선생님께 혼난 이야기, 보육원 아이들의 사는 모습 등 형교의 이야기를 들으면 한편으론 부끄럽고 또 다른 한편으로는 재밌기도 했다. 내가 그다지 기억력이 좋은 편이 아니라 형교의 이야기는 마치 타임머신을 타고 여행을 떠난 것처럼 어린 시절에 겪은 어려움과 아픔을 생각나게 하고 지금의 내 생활에 감사를 느끼게 했다. 형교는 내 아내와 자녀들에게도 나의 이야기를 들려주었다. 물론 지극히 평범한 수준에서, 내 기분을 나쁘게 하지 않는 수준에서 재밌게 들려주었다. 만날 때마다 나의 에피소드를 말하는 형교를 보면 이야기보따리 장수가 따로 없구나, 라는 생각이 든다. 마치 이동식 디스크처럼 지난날 나의 모습을 저장해 놓은 디스크이니 얼마나 소중한 친구이겠는가. 나는 추억을 먹고 사는 대표적인 사람이다. 나쁜 추억이든 좋은 추억이든 그 자체가 나 자신이라고 생각한다. 그래서 쉽게 경험할 수 없는 보육원 생활을 해본 사람으로서 스스로를 객관적으로 보려고 노력하고 있다. 그리고 그러한 자세로 후배들에게 더 나은 길을 제시하려는 마음을 늘 간직하고 있다.

그 누가 몇십 년이나 지난 초등학교 시절 인연과 둘도 없는 친구로 지내는 것을 상상이라도 했을까? 물론 형교는 나를 어떻게 생각하는지 잘 모르겠다. 중요한 것은 형교는 내게 둘도 없는 친구이자 말로 표현하기 어려울 만큼 든든한 내 인생의 후원자라는 사실이다. 보육원에서는 후원자님들의 도움으로 성장했는데 이젠 평생 후원자를 얻었기에 나는 행복할 수밖에 없다.

형교는『나는 행복한 고아입니다』라는 책이 출간되었을 때 가장 먼저 사서 읽은 첫 독자가 되어 주었다. 그리고 어떤 수식어 없이 그냥 '멋지다!'라는 말 한마디로 내게 잊을 수 없는 감동을 주었다. 책을 읽은 형교는 함께 다닌 초등학교 생각이 난다고 하며, 내가 어떻게 성장했는지를 더 잘 이해하게 되었다고 한다. 혹자는 남자들끼리 무슨 뜻깊은 관계냐며 의심하기도 하겠지만 형교는 부모 없이 자란 내게 친구의 의미를 깨닫게 해준 정말 고마운 친구이다.

친구는 중요하다. 그런데 어떤 이에게는 친구란 중요한 차원을 넘어 그의 인생에 없어서는 안 될 정말 소중한 존재다. 친구의 소중함을 다시 한번 느끼게 해준 형교가 너무나 고맙다. 서로 한 가정의 가장이 되어 자녀들과 함께 여행도 다니며 오붓한 시간을 보내는 따뜻한 동행이야말로 진정한 친구일 것이다. 자녀는 부모를 보며 자란다고 하는데, 나를 잘 이해해 주는 형교를 본 나의 아이들과 나를 바라보는 형교의 아이들은 분명히 형교와 내가 만들어 가는 인생의 길을 묵묵히 따라오리라 믿는다. 그리고 언젠가는 인생의 든든한 조력자이자 친구를 만들고자 노력할 것이라는 생각도 불현듯 든다.

진형이를 처음 만난 건 7년 전이다. 내가 있는 지역으로 진형이가 체육교사 발령을 받은 것이다. 처음에는 우연히 알게 되어 새로운 환경에 적응하는 데 돕고자 하다가 그를 교회에 등록시키는 일까지 하게 되었다. 7년이 지난 지금도 자주 만나 수업 논의도 하고 연구대회에 함께 출품하기도 하고 아이들 이야기도 서슴없이 하는 동료 교사이다. 나보다 7살이나 어리지만 생각하는 것은 매우 어른스러워 진형이와 나는 격의 없이 지낸다.

진형이를 많은 친구 중에서 두 번째로 소개하는 데에는 특별한 이유가 있다. 교직 생활 13년 만에 내가 보육원 출신임을 밝힌 첫 번째 동료 교사이기 때문이다. 독자분들이 앞의 글을 읽어보셨다면 내가 보육원에서 살았다는 사실을 딱히 숨기지도,

그렇다고 특별히 자랑하지도 않는 것을 알 것이다. 동료 교사로서 함께 학교의 업무 이야기만 하면 되는데 나는 무슨 마음으로 내가 보육원 퇴소생이라는 과거를 진형이에게 알렸을까, 여전히 의문이 든다.

진형이는 대학원에서 상담을 전공했다. 그 사실을 알게 된 나는 '이 사람이면 믿을 만하고 한편으로는 도움을 받을 수도 있겠다'고 생각했던 것 같다. 교직 생활을 하면서 숨기고 있었던 보육원 퇴소생이라는 과거를 처음으로 말하면서 내가 어떻게 성장했는지, 얼마나 힘들게 성장했는지를 이해받고 싶었던 것 같다. 우리는 사회생활을 하다 보면 상대방이 어느 출신인지 부모님이 무슨 일을 하시는지 등 개인의 사적인 것에 관심을 많이 두는 경향이 있다. 아니 관심이라기보다는 대화를 하다 보면 자연스럽게 부모님에 관해 이야기해야 하는 상황에 자주 직면한다. 사람이 성장하는 데는 부모의 역할이 절대적이기 때문이다.

여러 활동을 함께 하면서 자연스럽게 친해진 우리는 가족 이야기를 안 할 수가 없었다. 가족 이야기를 하지 않으려면 거리를 두면 되겠지만, 인위적으로 관계에 거리를 둔다면 서로의 만남이 더욱 무미건조해질 수 있기에 자연스러운 상황에서 내가 성장한 보육원을 소개했다. 그러자 놀라운 변화가 일어났다. 그 전까진 누구에게도 말하지 않았던 아픈 기억, 부모에 대한 이야기를 할 때 숨기고자 했던 마음속의 서러움과 응어리가 한 번에 사라지는 기분을 느꼈다.

13년간 교직 생활을 하며 가까이 지낸 동료 교사가 얼마나 많았겠는가? '나 알아봐 주세요. 나는 이러한 환경에서 성장했습니다'라고 알리고 싶었다. 교직 생활을 하면서 교사들과 수업 이야기 외에 부동산, 자녀 교육, 세상 돌아가는 이야기를 하다 보면 매번 부모님 이야기를 자주 했기에 나는 그냥 부모가 없다고 바로 알려주는 것이 편하겠다는 생각이 들었다.

어떤 교사가 결혼을 하는데 부모님께서 무엇을 주셨다는 둥, 휴일에 부모님을 찾아뵙고 왔다는 둥 부모님과 관련된 이야기를 할 때마다 나는 내심 긴장할 수밖에 없었다. 그래서 때로는 거짓으로 부모님은 사회복지사라고 말할 수밖에 없었다. 그럴 때마다 성인이 되어서도 거짓말을 하는 스스로가 너무나 싫었고 당당하게 말하지 못하는 내가 너무나 부끄럽게 느껴졌다. 상황이 이러했으니 진형이에게 내가 보육원에서 성장했다고 말하는 순간 나의 서러움이 눈 녹듯 사라진 것이다. 나보다 어린 동생에게 과거를 이야기했다는 것에 나 자신도 놀랐지만 지금도 후회는 없다. 오히려 더 당당하게 되었고, 나를 바라보면서 자랑스럽게 생각하는 것 같아 커밍아웃한 것에 대해 아쉬움이나 후회는 전혀 없다.

4년 전, 진형이가 근무하는 학교에 내가 자랐던 보육원의 학생이 입학했다. 가끔 진형이를 만날 때마다 그 아이를 잘 지도해 주면 좋겠다고 부탁했다. 앞으로 어떤 일이 생길지 아무도 모르지만 그 아이에게는 진형이라는 든든한 후원자가 생긴 것 같아 안심이 된다. 아이는 보육원생이라는 사실을 숨기고 싶을지 모르지만, 진형이는 나를 이해해 준 것처럼 그 아이도 잘 이해하고 바르게 이끌어 주리라고 믿기 때문이다. 진형이를 떠올릴 때마다 사람이면 누구나 그저 내 모습을 있는 그대로 바라봐 줄 존재가 필요하다는 것을 새삼 느낀다. 내가 굳이 보육원에서 성장했다는 과거를 고백했던 것도 그와 같은 이유에서였을 것이다.

나를 인정해 줄 사람이 꼭 많을 필요는 없다. 긴 인생은 아니지만 살다 보니, 누군가 나를 이해하고 믿어줄 때에는 과감하게 자신의 이야기를 털어놓고, 솔직하게 다가가는 것이 필요하다는 것을 깨달았다. 나의 속내를 진형이에게 당당하게 이야기함으로써 나도 진형이를 더 이해하고자 하는 마음이 생겨났다. 또한 진형이에게 관심받고자 했던 마음은 오히려 진형이에게 관심을 더 기울이는 마음으로 바뀌었다. 나는 이러한 변화가 너무나 놀라울 뿐이다.

사람이라면, 특히 직장인이라면 매일 8시간 동안 같은 직종의 사람들을 마주한다. 성인이 되어 자신을 이해해 줄 사람을 만나기는 희박한 일이지만 참으로 의미가 있다. 나는 이것을 진형이를 통해 느끼게 되었다. 버젓한 직장에 다니더라도 누구나 숨겨진 아픔이 있기에 터놓고 이야기할 사람이 필요하며, 행복을 찾기 위해서는 자신을 있는 그대로 인정해 줄 수 있는 사람이 필요하다는 것을 진형이는 내게 알려 주었다. 나는 진형이라는 또 한 명의 가족을 얻은 것 같다. 친형제처럼 서로 아껴주는 사이가 된 것이 너무나 큰 축복이고 행복이다.

행복한 고아의 끝나지 않은 이야기

나를 때린 당신, 잘 살고 있나요?

나는 아는 사람이 많다. 아는 사람이라고 해야 하는지, 가족이라고 해야 하는지 잘 모르겠지만, 유독 가족 같은 친구, 선배, 후배가 많다. 그 이유는 바로 보육원에서 자랐기 때문이다. 보육원은 적게는 스무 명에서부터 많게는 오륙십 명까지 정말 많은 사람들과 함께 사는 곳이다. 이렇게 아는 사람이 많다 보니 그들과 관계된 많은 사건에 대해 듣게 된다. 가출하는 사람, 학교에서 싸우는 사람, 과자가게 물건을 수시로 훔치는 사람 등 여러 사람의 사연을 듣고 싶지 않아도 어쩔 수 없이 알게 된다.

우리가 사는 세상이 그러하듯 보육원에도 각양각색의 인간 군상이 있다. 초등학교 때 함께 살았던 형은 유도를 배워 힘이 굉장히 셌다. 한 유도관에서 보육원 아이들을 대상으로 유도를 무료로 가르쳐 주셨는데 그 형이 많은 보육원생 중에서 뽑혔다. 실력도 있었다. 그때부터 불행은 시작되었다. 그는 유도관에서 배운 기술을 유도를 전혀 배우지 못한 우리에게 써먹기 시작했다. 메치기를 당하기도 했고 낙법을 배우지도 않은 우리는 그저 모든 충격을 몸으로 받아야 했다. 그럴 때면 몸도 아파서 힘든데, 아파하는 우리를 보며 즐거워하는 형의 모습에 어린 마음에도 너무 짜증이 났다. 그 사악한 모습이 아직도 눈에 선할 정도이니 말이다. 더욱 절망적이었던 것은 그렇게 늘 당하기만 하고 짜증 나는 상황이, 그 심한 괴롭힘이 언제 끝날지 모른다는 것이었다. 유도로 시작된 괴롭힘은 아이들을 이불 속에 가둬 놓고 발로 밟는 장난으로 이어지곤 했다. 매일 저녁마다 당하는 괴롭힘을 막아 줄 사람은 아무도 없었다. 그게 끝이 아니었다. 아이들은 매주 그 형의 유도복을 빨아 줘야 했다. 물에 젖어 무거워진 유도복을 찬물로 빠는 것은 여간 어려운 일이 아니었다. 옷이 두꺼워 솔로 밀기도, 손으로 짜기도, 빨랫줄에 널기도 힘들었다. 내 옷도 아닌 남의 옷을 매주 빨아야 하는 그 상황이 나는 너무도 억울하고 답답했다. 그 형은 유도를 전공하여 고등학교에 갔다. 하지만 강압적인 훈련을 참지 못하고 자퇴하고 말았다. 결국 보육원도 퇴소하게 되었고 사회에 나가 다른 친구들과 함께 그럭저럭 하루하루를 살아갔다.

행복한 고아의 끝나지 않은 이야기

그러던 어느 날, 20대 초반이던 나이에 형이 죽었다는 이야기를 들었다. 사인은 폐암이었다. 나도 불쌍하게 성장했고, 나를 포함함 아이들을 많이도 괴롭혔지만 그래도 그가 참 불쌍하다는 생각이 들었다. 왜 폐암에 걸렸는지, 혹시 우리를 많이 괴롭혀서 하늘에서 데려간 것은 아닐까 하는 생각이 들기도 했다. 비록 우리를 괴롭힌 형이지만 그의 죽음은 우리에게 참으로 큰 슬픔을 안겨주었다. 나는 그 형의 장례식에 가지는 못했다. 보육원 측에서 알려주지 않았을뿐더러 아마 알았더라도 선뜻 용기를 내지 못했을 것 같다.

아이러니하게도 가끔은 그 형이 보고 싶다는 생각이 든다. 비록 나를 때린 형이지만 우리는 가족처럼 함께 자랐기 때문이다. 그 형도 보육원에서 자라면서 상처를 많이 받았고 아픔도 많았을 것이다. 그가 비록 잘못을 했더라도 나는 그를 용서한다. 내가 성인이 되어서도 그 형을 용서하지 않는다면 결국은 나에게 어떤 모양으로든 나쁜 영향이 미칠 것이다.

오늘따라 많은 이들이 생각난다. 극단적인 선택을 하고 떠나버린 동생, 술을 마시고 봉지를 덮어 쓰고 죽은 친구, 고깃배를 타고 바다에 나갔다가 죽은 형, 오토바이를 타고 가다 사고사를 당한 형 등이 생각난다. 내겐 가족 같은 보육원 식구가 많았기에 이렇게 가슴 아픈 사건들도 많은 것 같다.

내가 살던 보육원은 남자집, 여자집이 따로 있었고 초등학생

1장-행복한 고아의 끝나지 않은 이야기

이 모여 있는 곳과 중고등학생이 모여 사는 집이 있었다. 중고등학생 남자집에는 25명 정도가 함께 살았다. 남자들만 있는 집이라 위계질서가 무시무시했다. 간혹 초등학교 때 보육사 엄마의 말을 잘 들으면 중고등학교 집으로 가지 않는 경우도 있었지만 나는 말을 잘 듣지 않아 초등학교를 졸업하자마자 바로 형들이 사는 곳으로 거처를 옮겨야 했다. 형들이 있는 집은 본관으로 불렸는데 매일 청소를 해야 하고 도시락 봉사, 속옷 빨래, 형들 안마 등 너무나 힘든 삶이 시작되는 곳이었다.

나는 본관에서 하루도 빠짐없이 형들에게 맞았다. 또 매일 저녁이면 집합 시간에 형들에게 온갖 욕을 들으며 아무 이유 없이 몇 시간씩 무릎을 꿇고 있기도 했다. 아침에 일어나 밤에 잠자리에 들 때까지 형들의 수발을 들었다. 마음대로 밖에 나가 놀 수도 없었다. 지옥 같은 시간이었다. 곤히 자다가도 새벽같이 일어나 라면을 끓여야 했고, 한겨울 새벽에 속옷만 입은 채로 밖으로 내몰려 차렷 자세로 서 있기도 했다. 몽둥이나 의자, 연탄집게 등 온갖 도구로 맞았으며 여러 번 기절하기도 했다. 얼마나 많이 맞았던지 다음 날 아침에 일어나면 제대로 걸을 수도 없을 때도 많았다. 중1 때 체구가 작아서 운동을 싫어했던 나였는데 어떤 형이 강요해서 골키퍼를 한 적이 있다. 그런데 고3 형이 공을 세게 차서 나를 맞추는 바람에 덤프트럭에 치여 죽는 듯한 느낌을 받은 적도 있다. 죽고 싶다는 생

행복한 고아의 끝나지 않은 이야기

각이 들 만큼 너무나 참혹한 생활을 한 것이다.

가장 괴로웠던 것은 성적인 장난이었다. 남자의 중요 부위를 만진다거나 자신의 성기를 만지도록 하는 것은 너무나 수치스러웠다. 청소년기에 짓궂은 장난을 자연스럽게 하긴 하지만 지나칠 때가 많았다. 성적 수치심도 들었지만 형들의 강압적인 분위기, 그리고 이것이 끝나지 않을 것이라는 사실이 너무나 괴로웠다. 누구에게도 그 사실을 털어놓을 수 없다는 것이 나를 더욱 불행하게 하였다.

형들은 왜 그렇게 동생을 괴롭히고 때렸을까? 폭력의 악순환은 자연스럽게 이루어졌을까? 생각해보면 그 이유는 그들이 아직 올바른 도덕성을 갖추지 못한 소년들이었기 때문이다. 제대로 교육해 주고, 인성을 길러줄 수 있는 존재가 없었기 때문이다. 당하는 아이들 또한 형들에게 배운 방식 그대로 단체생활을 유지하는 것이 그 조직을 안정되게 만드는 것이라고 체념적으로 습득했기에 보육원에서의 폭력은 끊이질 않았다.

그런데 나는 왜 그런 형들이 가끔 보고 싶은 것일까? 그렇게 미워한 형들이 보고 싶은 이유는 아무래도 나의 과거처럼 그들 역시 힘들게 생활한 것을 누구보다 잘 알기 때문이다. 40대 중반이 된 내가 그 시절 그들을 떠올리면 참 불쌍하다는 생각이 들기도 한다. 힘들게 살았고 제대로 기술을 배우지 못하고 사회에서 얼마나 고생했을지를 생각하면 누구나 가해자이며 피해자라는 생각이 든다. 큰 아픔이 있는 아동들이 모여 지내는 곳이 온전하기를 바라는 것은 어찌 보면 욕심일 것이다.

나를 때린 형들을 만나보고 싶다. 그들은 지금 어떻게 살아가고 있는지, 그들 역시 지난 보육원 생활을 생각하면서 사는지, 자신의 행동에 대해 어떤 생각을 하고 있는지, 무엇보다 한 가정의 가장으로서, 아이들을 낳았다면 부모로서 어떤 삶을 살아가고 있는지 궁금하다. 교육자로서 나는 한 인간의 발달에 관심이 많다. 그 형들이 부모 없이 성장하여 자녀들을 돌볼 때 어떻게 대하는지 어떤 자녀관과 교육관을 갖고 있는지 궁금하다. 정확하게 말하자면 보육원에서 성장한 사람은 어떤 미래를 살고 있으며 어떤 인생을 사는지 알고 싶다. 그래야 우리 후배들에게 인생 설계 방법을 보다 명확하게 알려 줄 수 있기 때문이다.

행복한 고아의 끝나지 않은 이야기

부모님 전상서

나는 다섯 살에 부모와 헤어졌다. 보통은 다섯 살 때의 기억이 있을 법도 한데 나에게는 전혀 기억이 없다. 왜 그럴까. 헤어짐의 상처가 너무 커서인가? 아니면 보육원 생활이 너무나 즐거워서, 재밌었기에 모두 다 잊은 건가. 혹은 어차피 부모는 나를 찾지 않을 것이라는 생각에 의식적으로, 혹은 무의식적으로 기억에서 지워진 것일까.

부모에 대한 기억이 없는 것이 다행인지, 혹은 불행인지는 잘 모르겠다. 조금이라도 더 생각이 난다면 아마도 그리움은 더욱 짙어졌을 것이다.

부모가 보고 싶기는 하지만 생각은 조금 바뀌었다. 지금 내가 부모를 찾는다면, 부모는 일흔이 넘은 노인일 것이고, 지금의 내 나이보다 훨씬 어렸을 때 나를 버린 셈이 되는 것이다. 내 부모가 나를 버렸을 때의 나이보다, 지금의 나는 더 나이 먹고, 성장해 있다. 나는 이제 부모를 이해하려고 한다. 그리워하는 마음이 클수록 마음 속 원망은 더욱 쌓여만 갈 것이다. 나는 나답게, 내 인생은 주도적으로 살자. 내가 가진 나름의 인생철학이다.

어느 방송사 인터뷰에서 "부모를 용서했느냐"는 질문을 받았다. 나는 "부모에 대한 기억이 없어 용서할 필요가 없다"고 대답했다.

보육원에서 성장할 때 명절이 되면 함께 사는 친구들이 친가족의 집에 가거나 친지들이 보육원에 방문하는 것을 보았다. 선물을 받기도 하고 용돈을 챙기는 친구들을 보며 부러워도 했었다. 하지만 언젠가부터 썩 부럽지 않았다. 가끔 아이들을 만나러 오는 사람들, 당연한 듯 헤어짐을 겪는 친구들을 보면서 '참 가슴이 아프겠다'고 생각했다. 나를 버린 부모의 상황을 다 이해할 수 없지만 어쩔 수 없는 상황이었겠지, 라는 막연한 생각을 한다. 뉴스에서 연일 변두리 어느 한적한 곳 화장실에 신생아를 유기한 사건을 들을 보면 무척이나 힘들어진다. 왜 그런 참혹한 사건이 눈에 밝히는지 가슴이 답답할 뿐이다. 드라마를 보면 출생의 비밀이 흥미의 소재로 다뤄진다. 대부분은 이상한 결말이다. 서로 형제였느니 말도 안 되는 출신배경을 연출하는 것을 보면서 나는 '차라니 내 출생의 비밀을 모르는 것이 천만다 행이다'라는 생각이 들기도 한다.

나는 이제 살아생전에 부모를 만날 수 있겠다는 생각은 하지 않는다. 그렇다고 해 그분들이 절대 찾아오지 않을 것이라는 것 도 장담하지 않는다. 언젠가 인연이 되면 만날 수도 있겠지만 나는 지금의 생활이 너무나 만족스럽고 행복하다. 그저 생부모에게 말하고 싶다. 나는 정말 잘 살았고 앞으로도 잘 살아갈 것이라는 것이다. 나처럼 부모와 떨어져 사는 아이들을 돕고 더 이상 보호아동들이 발생되지 않는 사회를 만들기 위한 최선의 노력을 다할 것이다. 어느 누구보다 보호아동을 더 이해할 수 있는 나의 이력이 나에게는 큰 자산이기에 나는 이 길이 사명이라고 여겨진다.

한편으로는 생부모가 나를 생각하면서도 얼마나 보고 싶을까, 라는 생각도 든다. 어쩌면 교도소에 들어가 나를 만나고 싶어도 만날 수 없는 상황이 아닐지, 약물중독자이기에 만나기를 꺼려하거나, 아니면 갑작스러운 사고로 부모 둘 다 사망하진 않았을까 하는 생각도 든다. 상상을 좋아하기에 이런 생각을 하면 재미도 있다. 분명한 것은 그들이 나를 버린 것을 확실히 후회하고 있을 것이다. 나는 그것으로 만족한다.

생부모가 부디 잘 살고 있기를 바란다. 그래야 나 역시 마음이 편할 것 같다. 혹자는 자신을 버린 부모를 원망할 수도 있지만 나는 진심으로 나의 생부모가 새로운 인생을 잘 살고 있길 바란다. 혈연중심 사회에서 가문이 없다는 것이 때로는 매우 불편하다. 하지만 나는 내 가문을 새롭게 만들어가는 일이 매우 뿌듯하고 위대한 일이라 생각한다. 이 세상에 낳아준 부모에게 감사하다.

행복한 고아의 끝나지 않은 이야기

그땐 미처 알지 못했던 것들

보육원에 살 때 아프기라도 하면 아픈 아이들과 함께 봉고차를 타고 20분 정도 거리에 있는 병원에 갔다. 그마저도 정신을 놓고 놀다가 봉고차를 놓치기라도 하면 병원 진료를 받지 못했다. 병원에 도착해 차에서 내리면 주변 사람들이 '저 아이들은 누구인가'라는 호기심 어린 눈길로 우리를 쳐다보았다. 예방주사를 맞아야 할 때면 수십 명이 우르르 병원으로 가서 주사를 맞기도 했다. 보육원 아이들을 몇 번 만나 얼굴이 익은 간호사들은 보육원아이들이 왔다며 더욱 반겨주었다.

중학생이 되어 가끔 병원에 갈 일이 생겨도 병원비는 내지 않았다. 1종 의료보험 혜택을 받았기 때문이다. 나는 병원비를 한번도 내본 적이 없었기에 우리나라는 참 좋은 나라구나, 라는 생각을 했다. 대학을 졸업하고 사회생활을 하면서 의료보험이라는 것에 대해 이해하게 되었다. 국민들의 세금과 직장인의 경우라면 직장 보험을 통해 의료 혜택을 누린다는 것을 깨달은 것이다. 나는 공무원 신분으로 사회생활을 시작해 큰 어려움이 없었지만 보육원 후배들은 조금 달랐다. 제대로 된 직장을 잡지 못해 의료보험 혜택을 받지 못한 이들이 매우 많다. 게다가 주거지도 불분명하고 근근이 아르바이트를 하다가 결국에는 기초생활 수급자로 전락하는 경우가 많다. 어릴 때 1종 보험자가 결국 수급자가 된 것이 불행 중 다행인 건지, 아니면 끝이 보이지 않는 구렁텅이로 빠져드는 것은 아닌지 절망스러운 생각도 든다. 어디까지 국가가 도와야 하는지, 후원아동들이 스스로 일어나는 데 국가의 도움이 오히려 방해가 되어 자립 능력을 키우지 못하는 건 아닌지 고민이 된다.

급식의 추억도 있다. 어릴 때 내가 다녔던 초등학교에는 급식소가 있었다. 보육원에서도 물론 밥은 먹었지만 나는 늘 허기가 졌다. 용돈도 넉넉지 않았기에 간식을 사먹는 건 꿈도 꿀 수 없었다. 그래서 학교 점심시간을 늘 애타게 기다렸다. 점심시간이 되면 급식소에서 밥과 반찬을 받아 배식을 받아먹었는데 나는 매번 두세 번을 받아먹었다. 주변시선은 아랑곳하지 않았다. 먹는 것만큼은 누구의 눈치도 보지 않은 것이다. 하지만 중학교에 가자 상황은 달라졌다. 내가 다닌 중학교에는 급식소가 없었다. 중학교 때에는 도시락을 싸가지고 다녔는데 내 도시락은 친

행복한 고아의 끝나지 않은 이야기

구들의 것과 너무나 비교되게 초라하기 그지없었다. 점심시간만 되면 항상 숨어서 밥을 먹거나 일부러 배가 아픈 척 밥을 안 먹기도 했다. 새삼스럽게 초등학교 시절이 그리웠다. 나중에 안 사실이지만 1980~90년대에는 초등학교에 급식을 운영하는 곳이 거의 없었다. 급식소가 있는 초등학교는 내가 자랐던 지역에서 단 한 곳뿐이었던 것이다. 지나고 보니 초등학교 때라도 급식소가 있는 초등학교를 다닌 일은 너무도 다행이었다.

한 달에 한 번 이발 봉사를 해주시는 분들이 보육원에 오셨다. 짧은 시간에 많은 아이들의 머리 손질을 해야 하기에 모두 같은 스타일로 머리를 잘랐다. 보육원 퇴소 후 처음 미용실에 가서 커트를 하는데 커트 비용이 그렇게 비싼 줄 처음 알게 되었다. 내 돈을 내고 머리를 자르려니 괜히 돈이 아깝다는 생각도 들었고 새삼 예전 이발 봉사를 와주신 분들의 노고가 생각나 한없이 감사한 마음이 들었다.

진로를 결정할 때 도움을 주신 학습 지도 후원자님의 도움도 평생 잊을 수 없다. 매주 정기적으로 날짜를 정해 공부를 가르쳐주러 방문하셨는데, 회사원 신분임에도 불구하고 꾸준히 몇 년을 쉬지 않고 오신 분이다. 그분과 함께 몇 년을 공부하다 보니 나도 자연스럽게 공부에 흥미를 갖게 되었다. 시간내기가 만만치 않다는 이유로, 공부를 싫어하는 아이들을 강제로 가르치는 것이 어렵다는 이유로 교사가 된 이후에 학습 봉사를 하겠다는 다짐을 지키지 못했다. 이제야 그분들의 수고가 얼마나 헌신적이고 대단한 것이었는지 깨닫게 되었다.

그땐 미처 알지 못했지만, 지금 알게 된 것들이 있다. 그 가운데 가장 값진 깨달음은 지금까지 내가 바르게 성장한 이유가 나의 노력과 더불어 수많은 후원자 분들의 도움이 있었기에 가능한 일이었다는 것이다.

모든 고아를 대변할 수는 없다

유튜브를 운영하는 나는 각종 댓글을 만나게 된다. 그중 어느 구독자가 댓글로 "니가 뭐 잘났다고 보육원 출신인 것을 공개했냐? 나는 50대 중반인데 사회생활을 하면서 공개할 때마다 서러움과 차별만 당했다. 공개하지 마라. 공개하면 반드시 후회할 것이다. 그리고 세상에 보육원 출신으로 잘된 사람은 당신보다 더 많다. 뭐 그렇게 잘난 척하냐?"라는 글이었다. 그 댓글을 보고 처음에는 너무나 화가 나고 당황스러웠다. 내 영상을 많이 안 보는 줄 알았는데 심심찮게 다양한 사람들이 보고 있다는 것을 알게 되었다. 즉 힘들게 살면서 보육원 출신인 것을 숨기지만 마음 한편에는 아픔을 이야기하고픈 사람을 찾고 있거나, 자신의 보육원 환경이 내가 경험한 것보다 훨씬 더 힘들고 어려웠다면 그것을 더욱 호소하려고 한다는 것도 알게 되었다.

제목에서 알 수 있듯 나는 이 땅의 모든 고아들을 대변하는 것은 아니다. 결코 그럴 수도 없다. 자칫 그렇게 받아들이는 사람이 있을까 봐 너무나 조심스럽다. 세상 어느 단체든 역사가 오래되고 당사자들로 이루어진 전문가 집단이 있으면 권위 있는 단체로 성장하지만 고아 단체는 전국에 4개밖에 없을 정도로 매우 적다. 그리고 보육원 출신 복지전문가가 턱없이 적어 당사자들의 이야기를 전문적으로 알릴 수 있는 기회가 없는 것이다.

나는 수용인원이 150명 정도 되는 보육원에서 성장하였다. 보육원생 수에 따라 시설에 들어오는 후원금이 달라진다. 또 보육원 시설장의 마음가짐에 따라 아이들이 겪는 심리상태가 달라진다. 아동양육시설인지 그룹홈인지, 가정위탁에 의해 사는지에 따라 아이들의 사연이 다 다르다. 보육원이 기독교재단인지 불교재단인지에 따라 다르고 담당 보육사의 양육환경에 따라 보육원에 대한 인식이 다르다. 그리고 아이들이 몇 살에 보육원에 들어갔는지 왜 들어가게 되었는지에 따라 아이들의 가치관과 인생관도 다르다. 이러한 무수히 많은 조건으로 인해 보육원에 대해 생각하는 분노의 마음, 용서의 마음, 사랑의 마음, 인정하는 마음들이 다 다르고 그 마음으로 인해 퇴소를 하고도 새로운 사람들과 만나면서 세상을 배워가는 방식들이 차이가

행복한 고아의 끝나지 않은 이야기

있는 것이다. 그래서 아동복지시설 퇴소생들이 말하는 우리나라의 보육정책과 자립수당, 자립정착금에 대한 생각들이 다를 수밖에 없다. 어떤 친구들은 정부에서 주어지는 자립수당에 만족할 수 있고, 어떤 친구들은 그 금액에 대해서 불만을 가질 수 있다. 또 그저 주어진 것을 받기만 원하는 아이들이 있고, 자신이 버려진 것에 대해서 부인하는 아픔이 너무나 컸기에 보육원과 관련하여 뭔가를 바꾸려는 마음 자체를 내지 않는 사람도 있기 때문에 나의 말이 모든 고아들의 생각을 대변해 줄 수 없는 것이다.

유튜브를 한 지 1년이 지났지만 나와 함께 보육원에서 성장한 친구들 중에도 보육원 이야기를 하는 것을 부담스러워하고 꺼려하여 왜 이런 방송을 하고 있는지 이해를 할 수 없다고 말하는 이들이 있다. 그들은 내가 일단 교사라는 신분이 있으니까 그렇게 당당하게 얘기하는 것은 아니냐고 하며 나 역시 여러 가지 어려움을 느끼며 부끄러움을 가지고 있다고 말해도 쉽사리 납득을 하지 못하기도 한다.

힘들게 사는 우리 고아 당사자들의 목소리를 누군가가 대신해서 내지 않으면 보호대상아동들은 계속 생겨나게 될 것이고 이들의 아픔을 제대로 대변해 주지 못하면 온전한 자립을 이룰 수 없는 악순환의 구조가 계속될 것이기 때문에 영상에 출연하는 것이다. 즉 처음에 얘기했다시피 모든 고아들의 이야기를 대변할 수는 없지만, 이런 얘기를 하지 않으면 아무도 모르기 때문에 나와 많은 사람들이 자신의 이야기를 계속 나누어야 한다고 생각한다. 좀 더 지혜롭게 좀 더 당당하게 더 멋있게 살아가기 위해서 자신의 이야기를 나눌 필요가 있다.

나는 보육원 출신인 것을 공개하고 잃은 것이 많다고 느낀다. 하지만 더 용기를 내야 되는 부분들이 많다. 이런 얘기들을 함께 나누면서 어떤 어려움이 있는지 그리고 이 사회에서 보호대상아동들을 생각하는 데 있어 고아들은 어떤 노력을 해야 하는지 고민해야 한다. 나도 고아를 대변하기 위해서 영상을 찍고 공부를 하다 보니 우리 보호대상아동들의 권리는 어디까지인가, 어떤 권리가 있을 것인가 고민하면서 결론적으로 정부에서 이 분야에 대해 연구하는 이들이 필요하며 고아에 대한, 보호대상 아동들에 대한 정체성을 정립해 나가야 한다고 느꼈다.

조금이라도 연구자들에게 도움이 된다면 내가 하는 일에 대해서 큰 보람을 느낄 것이다. 결혼한 보육원 출신이라는 관점에서 앞으로도 계속 아이들을 바라볼 것 같다.

내가 이 땅의 모든 보호대상아동들을 대변할 수는 없다. 이런 활동을 통해서 그들을 더 이해하고 그들이 어떻게 성장했으며 어떤 피해를 당하지는 않았는지, 그들의 인권은 잘 실현되고 있는지, 그리고 자립을 하면서 어떤 부분이 힘든지 등의 얘기들을 함께 나누면서 넓은 생각으로 더 좋은 정책을 마련하기 위해 노력할 뿐이지 어떻게 모든 아이들의 이야기를 다 대변할 수 있겠는가?

바라기는 더 많은 보호종료 청년들 그리고 현재 보육원에서 생활하고 있는 아이들이 유튜브를 통해서라도, 신문을 통해서라도 자신의 생각이나 현재 어려움을 함께 나눌 수 있는 용기를 내었으면 좋겠다.

어린 미성년자인 아이들이 자신의 삶을 공개하여 어떤 부당한 대우를 받지는 않을까 생각할 수도 있겠지만 나는 절대 그렇지 않을 것이라고 생각한다.

앞으로도 모든 보호대상 아동들의 이야기를 다 대변할 수는 없겠지만 그들의 목소리를 하나하나씩 모아서 전체의 목소리를 내도록 하는 것이 나의 역할이고 해야 할 일이다.

2장

보육원 바로 보기

보육원이란

보육원은 어떻게 운영되는 걸까?

보육원이 존재하게 된 건 정말 오래되었다. 보육원이 없었다면 고아들은 거리에서 구걸하며 다리 밑에서 거주하는 등 대한민국은 참으로 사랑이 사라진 곳이 되었을 것이다. 이 땅의 모든 가정이 온전하면 좋겠지만 사람이 살다 보면 어찌 좋은 일만 있을까? 부부끼리 싸우기도 하고 미성년자들이 혹한 마음에 교제하다가 아이를 갖게 되면 어쩔 수 없이 아이를 내어 버리는 상황이 생기지 않을까? 여러분과 여러분 지인은 이런 일을 겪지 않을 거라고 어떻게 장담할 수 있을까?

이렇게 버려질 수 밖에 없는 아이들이 가게 되는 보육원은 대부분 사설로 운영된다. 그리고   정부는 「아동복지법」에 따라 아

행복한 고아의 끝나지 않은 이야기

동양육시설을 감시·감독하고, 보육원에서는 아동을 관리하고 보살핀다. 정부가 시설을 감독한다는 것은 시설이 정부 방침을 따라야 한다는 뜻이다. 만약 정부가 아동양육시설을 제대로 감독하지 않으면 시설은 시설의 장이 마음대로 운영한다. 만약 나라에서 올바른 보육정책을 추진하고 있지 않다면 그 피해는 누구에게 갈까? 당연히 보호아동일 것이다. 우리는 올바르게 보육정책을 펼쳐 어쩔 수 없이 버려지는 아이들이 원가정으로 원만하게 돌아가게 하고, 나아가 더는 고아가 발생하지 않게 해야 한다.

사실 아동양육시설은 보육사들의 어려움을 해소해 주기보다는 정부 감독자의 눈치를 보며 운영된다. 나라에서 양육비를 지원하기 때문에 정부 기관의 눈치를 볼 수밖에 없다. 현실과 동떨어진 정책으로 인해 보육사들이 제대로 아이들을 보살필 수 없는 상황이 발생한다. 예컨대 보육사들은 아이들에게 웬만한 작은 욕도 할 수 없다. 욕은 하면 안 되지만 아이들을 지도할 때 어느 정도 훈계가 되는 지도 방법은 필요하다.

나도 자녀들이 터무니없이 누군가에게 욕을 한다거나 지켜야 할 기본 생활 습관을 지키지 않으면 호되게 혼을 낸다. 훈계도 적절히 올바르게 해야 하는 것인데 요즘 보육원에서는 혼을 낼 수가 없다. 혼을 못 내니 아이들을 무미건조하게 다룰 수

밖에 없다. 보육사님들의 관심과 사랑을 받아야 할 나이에 아이들은 자신의 인권을 내세우며 본인의 삶이 가장 중요하다고 여기고 보육사에게 욕을 하거나 반항을 한다. 이를 본 나이 어린 동생들도 보육사를 무시하며 자신의 권리를 내세우고 용돈을 함부로 사용한다거나 아르바이트하러 갈 때 인사도 안 하고 가는 등 걷잡을 수 없는 상황으로 보육원의 양육지도 체계가 무너지고 있다. 운영뿐만이 아니라 양육에서도 보육사들은 어려움을 겪고 있는 것이다.

우리는, 보육원을 어떻게 바라보아야 할까?

무엇보다 보육원에 대한 편견을 버려야 한다. 보육원의 아이들은 부모가 없어서 무언가 부족한 친구들이라는 생각은 옳지 않다. 뭔가 부족한 아이는 평범한 가정에서도 얼마든지 생겨날 수 있다. 그리고 앞서 언급한 것처럼 보육원에 있는 모든 아이들이 인생을 막무가내로 사는 것은 아니다. 주어진 환경에서 최선을 다하며 자신의 인생을 잘 개척해 나가는 보호종료아동도 수없이 많다. 더러는 삶을 비관하여 자살을 하거나 은둔형 외톨이처럼 살아가는 사람도 있지만, 끈기를 갖고 자신의 길을 뚜벅뚜벅 걸어가는 사람이 더 많다.

더 놀라운 사실은 따로 있다. 보육원에 있는 아이의 절반 이상이 친부모가 어디에 사는지 알고 있다. 어디에, 어떻게 살고 있는지 안다고 해서 항상 교류가 있는 것은 아니다. 아이들은 부모를 만나고 싶어도 부모의 허락이 없으면 원가정, 즉 부모가 사는 곳에 방문할 수가 없다. 암담한 현실이다. 부모는 바쁘다는 핑계로 아이의 방문을 꺼린다. 재혼한 부모는 이러지도 저러지도 못하는 상황에서 이복형제와의 만남을 거북해하며 원자식을 멀리 한다. 친부모 중 아빠 집에도, 엄마 집에도 편하게 방문하지 못하는 아이는 세상에는 나 혼자라는 생각에 하루하루 절망 속에서 살아간다.

아동양육시설로는 보육원과 가정위탁, 그룹홈이 있다. 다양한 관리체계를 통해 보육을 효율적으로 하기 위해서이다. 그러나 관리하는 인원수가 다를 뿐 지원 체계는 모두 비슷하다. 인원수가 적을수록 아이들을 관리하기가 수월하다. 그러나 나는 좀 더 비판적인 시각에서 보육시설을 논하고자 한다. 모든 시설이 그렇지는 않지만, 나는 보육시설장이 시설을 운영하는 방식과 아이들을 대하는 마음에 의심이 들 때가 여러 번 있다. 또한 보육사들의 양육 태도가 너무나 올바르지 못한 상황을 목격하기도 했다. 물론 일반 가정의 부모들도 아이를 양육하면서 때리기도 하고 혼내기도 하다가 결국 후회하기도 한다. 하지만 보육 관련 전문가인데도 아이들을 감정적으로 대하거나 직업적으로 무미건조하게 다루는 모습을 여러 번 목격했다. 또는 뉴스를 통해 시설장들의 파렴치한 모습을 접하기도 했다.

시설장의 무분별한 ADHD 약물 사용, 후원 물품 탈취, 운영비 횡령, 시설보육사의 아동 성폭행 등 이루 말로 다 표현하기 힘든 일들이 지금도 이 땅에서 자행되고 있다는 것이 너무나 슬플 뿐이다. 내가 모든 시설을 다 비판하는 것은 아니지만, 정부의 안일한 감독으로 인해 이 땅에 버려진 아이들이 한 명이라도 피해를 본다면 누구도 그 책임을 회피할 수 없을 것이다.

보육원의 이성관계

한 남자가 한 여자를 좋아하고 한 여자가 한 남자를 좋아하게 되는 그 자연스러운 성에 대한 관심, 타인에 대한 배려, 존중. 보육원에 있는 아이들은 어떠한 이성상을 가지고 있을까?

나는 보육원에서 단체 생활을 하면서 단체 행사를 많이 경험했다. 단체로 남녀가 함께 예배를 드리고 (보육원에서 모두 함께 가는) 여행도 가고 일상생활 속에서 항상 (이성들과) 마주치면서 심한 장난도 치고 가벼운 장난도 치며 성장하였다.

특히 항상 같이 생활하다 보니 자연스럽게 누군가를 좋아하기도 하고 또 누군가를 좋아하다 보면 친구와 같은 여성을 좋아하게 되는 난처한 경우도 있고, 그런 자연스러움으로 인해서 눈치를 보는 경우도 있었다.

나의 경우 보육원의 누나들을 개인적으로 좋아했다. (편하게 대해주고 먹을 걸 많이 줘서) 몇 번 사귀었는지는 비밀이다^^ 반면 이성에 전혀 관심이 없는 친구들도 있다. 여자에 대해서 자연스럽게 생겨나는 욕구를 절제할 수 있고 여자친구, 남자친구를 사귀지 않는 친구들도 있었다.

보육원 밖에 있는 여자 친구들과 사귄 적은 있느냐고?

나는 있었다. 하지만 대부분 보육원 아이들은 너무나 많은 부담 때문에 보육원 밖에 있는 아이들하고는 잘 사귀지 않는다. 보육원에 산다는 것이 드러났을 때 감당해야 하는 뒷감당이 두려워서 사귀지 않는 것이다.

지금부터 이야기할 이성관에 대한 것은 나의 개인적인 생각임을 미리 밝힌다.

어릴 때로 돌아가 보자. 교육학을 통해 아시겠지만 우리가 남성상을 그릴 때는 아버지를 바라보고 여성상을 그릴 때는 어머니를 바라본다.

어릴 때의 여성상, 남성상은 명확하게 정해진 것은 없지만 여러분들이 일반 가정에서 성장했다면 아버지를 보면서 남자는 저렇게 이런 모습 저런 모습이구나, 어머니는 저런 여성상을 가지고 있구나 하는 것을 자연스럽게 습득한다. 그 남성상, 여성상은 우리가 성장하면서 남녀가 연인으로 연애를 할 때 마음속에 크게 작용을 한다.

행복한 고아의 끝나지 않은 이야기

올바르지 못한 여성상을 가진 이들은 여성에 대한 불신을 가지고 사귀지만, 여자친구와 헤어졌을 때 생기는 좌절감 때문에 여자친구가 술을 좋아하고 정말 바람직하지 못한 행동을 하거나 (사귀는 사람에게) 사기도 치고, 여러 가지 좋지 못한 모습을 보일지라도 여자친구와 헤어지지 못하는 경우도 있다. 과연 어릴 때부터 온전한 가정에서, 부모가 있는 가정에서 성장하지 못한 아이들은 어떤 연애를 할까? 라고 생각해 봤을 때 상당히 큰 어려움을 겪었으리라 생각을 한다.

무엇보다 심리적으로 남성상, 여성상에 대해 명확한 기준이 없어 자연스럽게 느끼는 이성에 대한 감정, 이성에게 다가가는 방법, 이성과의 자연스러운 만남 등에 있어서 어릴 때의 위축됐던 마음 때문에 부담을 느끼거나 이성에 대한 두려움이 생길 수도 있고, 자신감의 부족으로, 헤어졌을 때의 두려움으로 인해서 이성 관계를 잘못할 가능성도 있지 않을까 하는 생각이 든다.

또 사귀더라도 결혼을 앞두고 부모님이 없다는 이유 하나만으로 프로포즈를 거절당하지 않을까 싶은 두려움 때문에 쉽게 결혼을 결정하지 못하고 사귀지 못하는 경우도 있지 않을까 싶다.

분명한 사실은 어릴 때 아빠나 엄마를 통해서 배우는 남성상 그리고 여성상은 일평생 한 인간의 관계 특히, 이성 관계를 결정하는 데 절대적이라는 것이다. 여러 가지 이성 관계에 대해서 말씀을 드리지만 나 스스로도 명확한 이성관을 가진 것은 아니다. 그럼에도 (제가) 일단은 결혼을 했고 아내와 사랑하며 살고 있기 때문에 나쁘지 않은 이성관을 가지고 있다고 생각하고 싶다.

짧게 말씀을 드리면 어릴 때부터 성에 대한 욕구는 누구나 다 가지고 있다. 프로이드를 비롯한 심리학자들이 얘기하는 구강기, 항문기, 남근기, 잠복기를 통한 성에 대한 관심도 누구나 다 가질 수 있다. 성에 대한 욕구가 잘 해결되어야 하고 성에 대한 지식을 습득하여 성범죄를 예방하여야 한다. 성에 대한 올바른 가치관을 정립하여야 하는데 보육원에는 부모님이 계시지 않아서 그런 교육이 좀 부족하지 않았나 하는 생각이 든다.

결론적으로 말씀드리면 보육원에 있는 아이들은 올바른 남성상, 여성상을 가져야 되고 그것은 보육원의 보육사를 가급적 남성 한 명, 여성 한 명으로 배치하는 방식으로 이루어져야 할 것 같다. 나의 첫째 아이를 보면서 고민해 보면 아직까지는 우리 아이가 샤워를 하고, 샤워하고 나와서 옷을 입을 때에도 나를 크게 의식하지 않지만 조금 더 자라 성에 대해 관심을 가졌을 때는 자신을 낳아 준 친모로부터 성에 대한 인식을 배워 나가는 것이 가장 옳다는 생각이 든다.

혹시라도 보육원에 있는 아이들이 성에 대해 관심을 가지게 된다면 외부 전문기관에 의뢰해 성교육을 제대로 해 주고, 또한 궁금한 것들에 대해 자세하고 명확한 기준에 의해서 즉각 성교육을 하여 앞으로 성장하여 성인이 되어서 여성 혹은 남성을 만나고 새로운 가정을 꾸리는 데 어떠한 어려움도 겪지 않도록 한번 보육원 관계자들이 고민을 해보시길 바란다.

　정말 올바른 이성관과 성에 대한 가치관을 가져서 좋은 배우자를 만나고 멋진 가정을 만들어 가는 것은 너무나 중요하기 때문이다.

명절에도 사라지지 않는 외로움

올해도 어김없이 명절이 찾아왔다. 해가 갈수록 조용하게 느껴지는 명절이지만 나에게 조용한 명절은 그다지 낯설지가 않다. 한 가정의 가장이 되었지만 명절을 기다리며 친지들을 보고 싶은 마음도 들지 않는다. 물론 처가 식구들을 만나는 것은 언제나 설레지만 명절이라고 해서 딱히 기분이 좋아지지는 않는다. 보육원에서 자란 나는 명절을 명절답게 보낸 적이 없기 때문이다

명절이 다가오면 보육원도 바빠진다. 보육원 선생님들은 명절을 앞둔 2주 전부터 그야말로 쓰나미처럼 몰려오는 후원자님들의 정성 어린 선물을 받고 의례적인 표정으로 사진을 찍고는 찾아오신 분들에게 연신 감사의 인사를 한다. 후원자님들의 표

정에도 공통점이 있다. 자연스러운 듯 부자연스러운 듯 인사를 한 다음 못내 아쉬움 마음을 비추며 돌아간다. 어른들의 인사이지만 어린 나로써는 왜 저렇게 공손하게 서로를 존대하면서 인사하는지 잘 이해가 되질 않았다. 어떤 후원자님에게도 밝게 웃으면서 인사하는 원장님의 모습이 아직 눈에 선하다. 다 우리를 위해서, 후원자 관리를 위해서 한 일이라곤 하지만 나라면 절대 할 수 없는 모습에 원장님이 대단해 보였다.

가끔은 후원자님들과 억지 사진을 찍어야 한다. 선생님들만 사진을 찍으면 인원수가 얼마 되질 않기 때문이다. 특히 어린아이가 많아야 후원자님들은 많은 아이를 도왔다는 생각에 뿌듯함을 느낄 테고, 우리의 불쌍한 모습이 사진에 들어가야 앞으로 후원을 더 많이 받을 수 있다는 보육원 나름의 전략이지 않았을까 하는 생각이 든다. 아무튼 사진을 강제로 찍어야 한다는 건 꽤 부담이 되었고, 간혹 잘 모르는 후원자님이 내 어깨에 손을 얹거나 강제로 안아 들 때는 온갖 짜증이 났다. 하지만 보육사님들의 강요에 의해 이루어진 사진 촬영을 할 때는 될 수 있으면 후원자님과 친한 모습을 보여야 했기에 우리는 당연한 듯 길들여질 수밖에 없었다. 사진을 찍기 위해 저 멀리서 놀고 있는 아이들을 부르기도 했는데, 한창 놀이에 빠져 있었던 아이들로서는 사진 찍기가 얼마나 싫었을까 하는 생각이 든다.

그렇게 2주간 온갖 일들이 일어나고 개인, 회사, 여러 자선단체를 통해 보육원에 들어온 물건은 창고에 차곡차곡 쌓인다. 우리는 가장 좋은 선물이 무엇인지 눈여겨보며 언제쯤 그 선물을 받게 될지 기다렸다. 그렇게 명절 당일이 되었다. 이상하다. 특별한 선물이 없다. 선생님들이 선물을 다 가져간 것인가? 그 선물은 누구의 것인가? 후원자님이 우리에게 왜 바로 주지 않는지 원망스러울 뿐이다. 기대했던 마음은 실망과 원망, 서글픔으로 가득찬다. 그래서인지 명절 분위기를 더 느낄 수가 없다.

나는 천애 고아이다. 천애 고아란 부모님의 흔적을 전혀 모르는 아이라는 의미이다. '세상에! 아직도 그런 사람이 있다니!'라고 생각하는 분도 계시겠지만 사실이다. 부모님을 찾으려고 노력하고는 있지만 주민등록번호가 정확하지 않아 여러모로 쉽지 많다. 천애 고아이기에 나는 명절이라도 친지 집에 가지 못했다. 가끔 나를 후원해 주신 분의 집에 방문하긴 했지만 명절은 거의 시설에서 지냈다. 명절이 되면 친부모가 아닌 삼촌이나 고모, 할머니 등과 연결된 아이 대부분은 시설을 벗어나 가족의 품으로 갔다. 그 가족들과 며칠 밤을 보낸 후 용돈을 갖고 시설로 돌아왔다. 그런 아이들의 이야기를 들어 보면 가족 집을 방문했을 때 흔쾌히 반겨주는 분도 있지만 많은 아이는 큰 보람도 없이 돌아오곤 했다. 그래도 나는 어딜 다녀온 아이들을 보면서 마냥 부러워했다. 용돈이라도 받아온 아이들은 다른 이들의 부러움을 사며 한 달가량 의기양양하게 지냈다. (그러고 보면 보육원생 간에도 엄연한 차이가 존재했다.) 용돈이 있는 친구에게 붙어서 간식이라도 얻어먹으려고 온갖 가증스러운 행동을 한다. 그것이 보육원이 삶이다. 가끔은 받아온 용돈을 아무도 모르는 곳에 숨겨 놓지만 절대로 돈은 오래가지 않는다. 같은 집에 사는 선후배들은 무슨 동물처럼 온갖 레이더를 동원하여 친구들이 없을 때 훔쳐 가곤 한다. 그 사실을 알게 된 친구는 한숨만 내쉬며 속만 태울 뿐 특별히 찾질 않는다. 어차피 누가 가져가 이미 다 써 버렸을 것을 알기 때문이다.

여러분은 외로움을 느껴본 적이 있는가?
어떤 외로움인가? 혼자 여행한다든지 하는 식으로 스스로 선택한 외로움이 대부분일 것이다. 고아가 느끼는 외로움과는 너무 다르다. 고아에게 외로움은 비참하게 다가온 감당할 수 없는 짐 같은 것이다. 막다른 낭떠러지에 있는 듯한 기분, 세상에서 내 편은 아무도 없는 것 같은 공허함, 세상의 모든 고민을 혼자 짊어진 듯한 무게감 등 고아라서 느끼게 되는 외로움은 아픈 상처를 더 곪게 하는 질병과도 같다.

보육원생에게 외로움이란 무엇일까?
간혹 고아가 등장하는 드라마에서 아이가 외롭고 처량하게 연못에 돌을 던지는 장면을 연출하는데 참으로 피상적이다. 한 아이가 외로움을 느낀다는 것은 매우 절망적인 일이다. 대부분의 아이들은 호기심이 많고 활동량이 많아 잠시도 가만히 있지 못하는데, 어린아이가 무념무상의 상태가 된다는 것은 매우 드물고 너무나 불쌍하고 처량한 모습이 아닐까 싶다.

보육원생이 느끼는 외로움이란 일반적인 외로운 감정과는 차이가 있다. 온종일 친구들과 뛰어놀고 많은 후원자님을 만나는데도 외로움을 느끼는 것은 보육원과 보육원 밖, 즉 평범한 가정과의 차이 때문일 것이다. 외로움을 따로 떼어 놓고 보육원을 이해할 수는 없다. 외로움은 그리움이 축적되어 생겨난다. 부모의 선택으로 보육원에 맡겨진 아이들은 부모에 대한 그리움을 항상 가슴 한구석에 지니고 산다. 그렇지 않은 아이들은 부모에 대한 그리움이 좌절로 변하고 그 좌절은 분노로 이어지지만 결국은 현실을 냉정하게 받아들이고 자기 자신이 혼자라는 사실을 자연스럽게 알게 되면서 그 감정은 외로움의 형상을 지니게 된다. 필자는 친동생이 있었지만 항상 외로움을 느꼈다. 부모가 없는 상황에서 즉 족보가 사라진 상황에서 친동생과의 관계는 큰 의미가 없는 것처럼 느껴졌다. 나 자신이 살아가는 데 이겨 내야 할 외로움이 너무나 컸기에 나는 그 외로움을 벗어 버리고자 노력하였다.

외로움은 정말 고통스러운 감정이다. 때론 외로움을 통해 나 자신을 냉정하게 살펴보고 내가 처한 상황을 이성적으로 바라보지만, 기본적으로 매우 잔인한 감정이기 때문이다. 보육원 후배 중 한 명은 외로움으로 인해 작년에 스스로 목숨을 끊기도 했다. 외로움의 정도가 가벼우면 누구나 이겨낼 수가 있다. 하지만 그 정도가 엄청나게 크게 되면 쉽게 이겨내기가 어렵다. 또한 사람마다 외로움을 이겨내는 정도가 다른 만큼, 보육원이라는 같은 환경에서 나름 평범하게 생활하는 아이도 있지만 매우 작은 외로움에도 스스로 자책하며 절망하는 아이도 많다.

아이들이 외로움을 표현하는 방식은 다양하다. 말을 안 하는 아이, 외로움을 숨기려고 가식적으로 웃는 아이, 짜증을 내는 아이, 사람을 피하는 아이 등 다양한 모습으로 나타난다. 보육원에서 함께 사는 친구로서, 형으로서 그들을 보고 있으면 나 자신의 외로움을 극복하기가 힘들더라도 가끔은 그들과 함께 웃으면서 외로움을 별일 아닌 것처럼 대수롭지 않게 여겨야겠다는 생각이 들기도 했다.

보육원 아이들은 외로움을 이겨내기 위해 보육원 친구들과 철없이 무절제하게 논다. 공부를 하지 않고 노래방이나 PC방에 간다. 때로는 아르바이트를 하면서 공허함을 채우려고 한다. 학생 때 어느 정도야 놀 수는 있지만, 노는 시간을 제대로 정하지 않고 시간 가는 줄 모르고 놀다 보면 어느새 퇴소해야 하는 시기가 다가온다. 그제서야 퇴소 후의 준비를 하려다 보면 이미 늦었음을 깨닫고 뼈저리게 후회할 수밖에 없다.

　나는 이러한 외로움을 잘 이겨내야 퇴소 후 사회에서 그 누구와도 소통할 수 있고, 의지를 갖고 자립할 수 있다고 말해주고 싶다. 필자는 대학에 가서 외로움이 얼마나 무서운지 깨달았다. 항상 보육원에서 단체생활을 하다가 혼자 자취방에 살다 보니 이른바 '멘붕'을 느끼게 되었다. 공황장애 같은 감정이어서 사람을 만나기가 겁나고 만사가 귀찮아지는 느낌을 받았다. 당시에는 너무도 고통스럽고 힘들었다. 무엇이 그리도 힘들었을까 돌이켜보면 그동안 시끌벅적한 곳에서 생활한 탓이었다. 결혼을 한 지금도 가끔 혼자 있으면 옛날 보육원 생활이 생각난다. '나는 누굴까? 나는 혼자였어.'라는 생각에 젖어 외로움과 고독함을 느끼곤 한다. 퇴소한 지 오래된 지금은 외로움을 장난감처럼 가지고 놀 정도로 외로움과 친숙해졌지만 이렇게 되기까지 많은 노력이 필요했다.

행복한 고아의 끝나지 않은 이야기

보육원에서 자행되는 인권침해

나는 교사이지 인권전문가는 아니기에 인권에 대해서 내가 아는 수준은 일반적이다. 장애인, 탈북자, 다문화 가정을 이루고 사는 사람들에 대한 인권, 이 정도로 아는 것이 전부다. 학교에서 근무하기에 교권에 대해서는 자주 들어왔다. 교권은 말 그대로 교육할 권리에 대한 것이다. 정상적인 교육활동을 방해하는 학부모나 학생으로부터 교사의 수업권을 보장하기 위한 교권이 필요하다는 것은 피부로 느끼며 잘 알고 있었다. 학교에서도 최근 학생들의 학교생활 참여도를 높이고 행복한 생활을 보장하기 위해 학생 인권을 민감하게 반영하고 있는 실정이다.

언론에서는 장애인 인권에 대한 소식을 자주 소개한다. 사람으로서 누려야 할 당연한 권리가 보장되거나 지켜지지 않고 있음을 뉴스를 통해 알 수 있다. 어떻게 보면 사회적 약자들의 보편적인 권리와 평등한 삶을 추구하기 위한 인권 보장 노력이 사회를 더욱 아름답게 하는 것은 부인할 수 없다. 나아가 인권보장이란 회사에서 부당하게 요구하는 업무지시나 음주 강요, 그리고 성희롱 등 인격을 침해하는 모든 것들을 내포하고 있으니, 인권의 중요성에 대해서는 누구도 간과할 수 없을 것이다. 심지어 교정시설에 있는 재소자를 위한 인권보장을 위해 면접 교섭이라든지 시설 개선까지 보장하는 시대인 만큼 우리 사회는 이제 인권이 보편화되었다는 것을 알 수 있다. 결국 인권이라는 것은 인간의 존엄성을 보장하고 자율적인 인격체로서 존중받으며 언제나 어느 곳에서나 공정하게 대우받을 권리를 말한다.

또한 최근 난민들을 도와주는 단체의 아름다운 선행들을 미디어를 통해 접하게 되었다. 모국에서의 불가피한 인종차별과 정치적인 탄압을 피해 목숨을 걸고 타국으로 이동하는 그들의 고된 피난길을 돕는 이들을 보면서 난민들의 인권 보장을 위해 난민들도 당연히 누려야 하는 것이 있음을 알게 되었다.

내가 이렇게 인권에 대해 장황하게 이야기한 이유는 보호아동의 인권에 대해 이야기를 꺼내려고 하기 때문이다. 책 출간을 위해 글을 쓰면서 자연스럽게 나의 과거를 되돌아보고, 그럴 때마다 스스로의 어리석은 모습이 떠올랐다. 그때의 나는 정말로 아무 생각 없이 살았다는 생각이 든다.

돌이켜 보면 참으로 안타깝지만 그 당시에는 맞는 것이 어떤 것인지도 몰랐고, 맞으며 크는 일을 당연하게 받아들였다. 또한 사회에서 부모가 없는 아이가 무시당하는 것은 당연한 일이라 생각했다. 심지어 보육원에 있는 아동을 일컬어 '보호아동'이라 지칭하고, 이 아이들이 퇴소 후에는 '보호종료아동'이라고 구별된다는 것도 나중에 알았다. 사회에서 특별한 지원도 받지 못하고 홀로 막막하게 살아가야 하는 것이 우리의, 고아의 당연한 운명이라 생각하고 받아들였다. 왜 그렇게 무지하게 안타까운 현실을 인정하며 바보같이 살았는지 참 부끄럽다.

보육원은 감옥과 비슷하다고 생각해 본 적이 있는가? 아무 잘못도 없는 아이들이 단체로 수용되어 정해진 규칙에 의해서 살아가는 환경은 자율성을 말살시키고 인간으로서 당연히 누려야 하는 행복추구권을 박탈하는 것이다. 그렇다면 보육원 아이들이 누려야 하는 권리들은 무엇이 있을까? 사실 어느 인권단체의 '보호아동의 자유 박탈'이라는 주제의 보고서를 보면서 나의 무지함을 또 한 번 발견하게 되었다. 보호아동의 자유가 무엇인가를 고민하면서 보호아동으로서 내게 형성된 모든 인격들이 거의 자유 박탈과 관련이 있음을 알게 되었다.

2021년 4월 21인 국가인권위원회에서는 보호종료아동이 자립 과정에서 취업, 주거, 교육 등 다양한 어려움을 겪는 현실을 개선하기 위해 현행 보호종료아동 자립지원정책이 나아가야 할 방향과 구체적 과제를 보건복지부장관, 국토교통부장관, 고용노동부장관에게 권고하였다. 대략 3만여 명에 가까운 아동이 부모의 빈곤, 실직, 학대, 사망 등 다양한 사유로 아동양육시설, 공동생활가정, 가정위탁 등 형태로 보호받는 중인 가운데, 2019년 기준 2,587명의 아동이 만 18세에 도달하여 자립능력 유무에 관계없이 보호조치가 종료되어 사회생활을 시작하게 되는 것은 인권과 관계있다는 것을 발표한 첫 사례인 것이다.

보건복지부 자료에 따르면, 2016년 보호종료아동의 기초생활수급 경험은 40%이고, 평균 대학 진학률은 52%에 머무르며, 월평균 수입은 123만 원이라고 한다. 이처럼 보호종료아동 상당수가 어려운 환경에서 생활하는 것으로 알려지면서 인권위는 현행 보호종료아동 자립지원 정책이 보호종료 이전의 단계에 중점을 두고 있으며, 금전적 지원 위주로 운영되고 있다고 판단하였다. 이를 보완하기 위해 보호종료아동의 개인별 필요에 맞는 지원 기반을 마련하고, 자립에 필요한 실질적 지원이 이루어질 수 있도록 법·제도를 개선할 필요가 있다고 보았다.

인권위의 이번 발표는 보호종료아동의 자립지원을 위한 더 나은 기반 마련을 위한 실질적인 개선에 초점을 두고 있다. 주

행복한 고아의 끝나지 않은 이야기

거환경을 개선하고, 심리적 안정을 취할 수 있는 환경을 조성하고, 중·장기적 직업훈련 프로그램 마련 및 취학지원 확대하는 것 등 그동안 실질적으로 이루어지지 않은 점에 대해 인권적인 측면을 보완하라는 유례없는 발표이다.

위의 발표를 보면서 많은 사람들이 그동안 보호종료아동들의 인권에 대해 얼마나 무지하고 무관심했는지 반성할 필요가 있다는 생각이 들었다. 지금이라도 이들을 바라보는 관점이 인권 친화적으로 바뀌게 된 것은 참으로 다행이다. 누구나 누려야 하는 기본권이 주어지지 않고 거리에 내몰리며 처절하게 힘든 싸움을 해야 했던 그들을 우리는 최소한의 양심을 갖고 바라보아야 할 것이다.

2021년 7월 13일에 정부는 보호종료아동 지원 강화방안을 발표하였다. '더 나은 내일로 함께 내딛는 첫발'이라는 부제처럼 더 밝은 미래를 위해 보호종료아동들을 돕는 지원 방안이 하루 빨리 마련되길 희망해본다. 특히 이번 지원강화 방안 중 가장 고무적인 것은 보호종료아동이 아닌 자립준비청년으로 용어를 개정하겠다는 점이다. 그들을 보호와 지원의 수동적 대상이 아닌 우리 사회의 주역인 청년 세대이자 자립의 주체로 인식하도록 한 것은 너무나 좋은 일이다. 앞으로도 이러한 지원을 통해 동등한 출발 기회가 보장되고 언제 어디서나 자립을 지원받을 수 있는 전국 단위의 지원체계를 구축하여 실질적인 자립 역량을 키워나가도록 정책이 마련되어야 한다.

한편 최근에는 동물권의 보장을 위한 사회의 노력이 이어지고 있다. "다른 생명체의 고통을 알고도 방치하는 사회는 올바른 사회가 아니다"라는 메시지를 전하며 동물과 인간이 더불어 살아가는 사회를 만들기 위해 정치권과 사회단체에서 노력 중이다. 그들은 한 사회가 동물권을 보장하는 정도는 그 사회가 약자를 대하는 가장 민감한 척도가 될 수 있다고 주장한다. 또한 동물권은 인권을 확장한 개념이며 비인간인 동물 역시 인권에 비견되는 생명권을 지니며 고통을 피하고 학대당하지 않을 권리 등을 지니고 있는 개념이라고 설명하기도 한다. 고통받는 동물을 방치하지 않기 위한 노력을 하는 것이다. 다 맞는 말이다. 동물에 대한 생각의 변화를 보면서 나는 보호아동에 대한 인권을 생각하지 않을 수 없었다. 나도 동물을 사랑하지만 과연 동물만큼 보호아동들도 온전히 보호받고 있는지 혼란스럽다. 지나친 비약일 수도 있지만 동물만큼 보호아동이 인정받고 존중받지 못하고 있다는 것은 나만의 생각일까? 아닐 것이다.

단적인 예를 들어 보자. 국내에 동물보호단체는 수없이 많지만 보호아동을 위한 단체는 한 손가락에 꼽는다. 수많은 동물보호단체는 동물학대에 대해 체계적으로 구조 · 보호할 수 있도록, 전국의 지방자치단체 위탁 동물보호센터를 일제 점검하고

행복한 고아의 끝나지 않은 이야기

관리·감독을 강화하라고 주장한다. 강아지나 고양이 등 과거 애완동물이라 불렸던 동물들은 이제 반려동물로 인식된다. 인간과 함께 서로에게 즐거움을 주고 함께 살아가는 시대이다.

반면에 보호아동의 인권과 건강한 삶을 위한 목소리를 내주는 단체가 거의 없다는 것은 그동안 이들을 위함이 형식적이었음을 보여주는 것이라는 생각이 든다. 지금은 약자를 위한 각 분야의 인식의 변화가 필요한 시기이다. 더불어 아이들이 가정에서 격리되어 혼자 보육원에서 장기보호되며 퇴소까지 한 번도 부모를 만나지 못해 정서적 학대를 당하는 일이 다시는 없어야 한다.

과거보다 동물권에 대한 인식이 많이 발전한 것처럼 이제는 보호아동들에 대한 적극적인 관심과 인식 개선이 필요하다. 보육원에 있는 아이들의 인권이 소중히 다뤄지고 보호종료아동의 힘든 주거불안과 취업난들을 인권적인 측면에서 조명해 그들이 도움의 대상이 아닌 자립의 당사자로서 당당하게 세상을 살아갈 수 있기를 소망해본다.

시설은 감옥이다

제목이 좀 섬뜩하다. 참혹한 현실을 말하고 있다. 이런 제목
으로 인해 자칫 많은 사람들이 보육원 아이들을 더 혐오하거나
차별하거나 또 경멸 섞인 말을 하거나 하는 그런 일이 없기를
진심으로 바란다. 허나 시설은 감옥이다. 감옥이 어떤 곳인가.
사회와 격리되어야 하는 사람들을 모아 놓는 곳 예를 들면 교정
시설이라고 할 수 있다. 여기서 말하는 시설은 정확히 보육원
시설인데, 나는 개인적으로 시설이란 말을 좋아하지는 않는다.
나중에 용어에 대한 정의를 하겠지만 시설이라고 하면 보육 시
설도 될 수 있고 장애인 시설도 될 수 있고 교정시설도 될 수 있
어 명확하지 않다. 또 사람들은 일단 보육 시설이라고 하면 좀
좋지 않은 이미지를 가지고 있는 것 같다. 알코올중독 시설이나
에이즈 예방 시설 등도 있어서 부정적으로 비춰지는 것 같다.

행복한 고아의 끝나지 않은 이야기

그런데 왜 시설이, 보육원이 감옥이냐? 그곳에서 보육사님들이 때리는 것은 아니지만 (예전에는 많이 때렸다. 지금은 인권때문에 전혀 때릴 수가 없다. 욕도 못하고. 아무튼 보육원이 너무나 많이 좋아졌다.) 그럼에도 감옥이라고 얘기하는 것은 기본적으로 단체생활이기에 단체로 움직여야 하고 같은 밥을 먹고 같은 옷을 입고 같은 용돈을 받고 같은 장소에서 같이 자야 되는 등 통제받으며 살아야 하기 때문이다. 일반가정의 경우 가정내 지켜야 할 규칙이 있지만 효율적이고 융통성 있게 돌아가는 반면 보육원은 그렇지가 않은 것이다. 요즘은 아르바이트할 사람은 아르바이트도 하고 학교를 늦게 갈 사람이 늦게 가거나 보육사님들의 말을 하나하나 따르지 않는 자율적인 분위기가 형성되고 있음에도 불구하고 그곳은 감옥이다. 아이들을 긍정적으로 변화시키고 스스로 자립을 하는 데 도움을 줄 수 있는 자율성이 아닌 어떤 큰 그림 내에서 구속된 제한된 자율이 맞다.

암담한 현실 앞에서의 자유, 18살이 되면 퇴소해서 자율성을 가질 수 있지만 정서적으로 메마른 상황을 통해서 형성되는 우울감, 그래서 좀 섬뜩하고 참혹하지만 시설은 감옥이라는 표현을 썼다. 모든 시설이 죄를 지어서 들어가는 감옥은 아니다. 공부하기 위해서 들어가는 기숙형 학교나 기숙형 도서관, 독서실도 있다. 하지만 그런 것도 결국 시설이며 제한된 규정을 지키고 그 가운데서 자신의 목표를 성취하기 위해서 가는 것이다.

2장-보육원 바로 보기

단지 시설은 타의로 들어가는 것이고 다른 시설들은 자의로 들어간다는 차이이다. 영화를 보면 교정시설에도 모범수가 있다. 보육원에서 모범적으로 행동을 하는 아이들도 있을 테고, 자기 마음대로 행동하는 학생들이 있을 것이다. 어떻게 보면 사회에 그냥 버려져 있는 것보다 또 그런 시설에서 함께 모여 생활하는 것이 더 안전하고 아이들에게 도움이 될 수도 있다. 그럼에도 불구하고 시설은 종국에는 없어져야 한다. 천천히 제도적인 것들을 보완할 수 있는 정책, 온전한 가정에서 살아갈 수 있는 정책이 필요하다.

오늘의 제목은 좀 섬뜩했다. 허나 시설에서 지나친 규제를 하지 않더라도, 결국 제한된 규정을 지켜야 하기 때문에 감옥이라고 표현할 수밖에 없는 것이다. 그 감옥이 좋은 점도 있다. 재워주고 먹여주고 입혀주는 것도 있으니까.

시설은 보호가 이루어지고 아이들이 사회와 부모로부터 격리되어 있지만 행복을 꿈꿀 수 있는 감옥이다. 뭔가 앞뒤가 맞지 않는 말 같지만 행복을 만들어가는 감옥이라고 기억하면 될 것 같다. 그렇다고 시설에 들어가는 아이들이 무슨 죄를 지어서, 문제가 있어서 들어가는 것이 아님을 여러분들이 꼭 기억해주길 바란다. 어떤 문제를 일으킬 소지를 가지고 있는 아이들이 있는 곳이 절대로 아니다. 우리는 흔히 구분 짓는 것을 상당히 좋아한다. 나도 모르게 쓰는 차별의 언어. 벌레충이나 맘충 등등 한 끗 차이로 생겨나는 차별의 언어. 그렇기에 '시설아이'라는 말은 사라져야 하는 것이다.

초등학교 때 담임선생님께서 급우들이 있는 자리인데도 자주 "보육원생 앞으로 나와보세요. 손드세요." 하며 차별적인 언어를 사용하지 않는 것이 참으로 중요하다. 타인의 존엄을 해치는 말, 타인을 향한 비하, 조롱, 경멸이 넘치는 세상에서 그렇게 하면 안 된다. 우리는 보육원 아이들에 대해서 공감하고 배려하는 그런 모습, 이해하는 모습들, 그런 모습들을 가져야 한다. 왜? 우리는 모두 너와 나와 함께, 우리라는 단어 속에서 우리라는 세계 속에서 함께 살기 때문이다

보육원생만이 누릴 수 있는 특혜

보육원 생활이 좋을 거라고 생각하는 이들이 많다. 맞다 좋은 점이 있다. 하지만 만약 그렇게만 생각한다면 보육원 생활을 누구나 한번 해 보길 권유해본다. (웃음) 보육원에서 21년을 살면서 느낀 것은, 보육원은 없어져야 되고 감옥 같은 곳이라는 것이다. 보육원을 도와주시는 분들 또 보육원을 운영하시는 시설장님 그리고 아동복지법을 다루고 있는 보건복지부 대한민국에서 내가 얻은 것은 무엇이 있을까? 보육원에 살아야지만 얻을 수 있는 것? 사실 보육원을 떠나서 전 세계적으로 버려지는 고아가 얼마나 많을까 생각해 보면 나는 대한민국에서 태어난 것만으로도 축복을 받았다고 생각한다.

우선 보육원에서 얻은 것 중 가장 먼저 생각나는 것은 주산이

행복한 고아의 끝나지 않은 이야기

다. 그래서 지금도 두 자리 수 덧셈 암산을 할 수 있다. 5학년 때부터 후원을 해 주신 원장님이 계신다. 2년 가까이 다녀서 2급 암산 자격증을 땄다. 암산을 통해서 초등학교 수학 경시대회 학교대표로 나갔고 또 중학교 수학은 아주 쉽게 풀었다. 그래서 고등학교 자연계로 진학하게 되었다. 주산을 너무 잘 가르쳐 주셔서 시설에 있지 않았다면 그렇게 잘 배우지 못했을 것 같다. 그 당시에 사회적으로 주산을 배우는 분위기가 깔려 있었지만 보육원에서 주산을 가르쳐 주었던 것은 분명 내게 베풀어진 은혜였다. 다음으로 축구를 했다는 것이다. 내가 축구를 잘하는 것은 아니지만 매일매일 형들과 축구를 하고 단체생활을 하면서 운동에 정을 붙였다.

이 글에서는 보육원의 안 좋은 점보다도 좋은 점을 얘기하고 있다, 그래서 보육원에 대한 환상을 가지기보다도 '그렇게 생각을 하고 있구나' 정도로만 알아주시면 될 것 같다. 우리는 보육원에 있으면서 대통령 하사품을 받았다. 초등학교에서 중학교 1학년 정도까지는 대통령 하사품을 받은 것 같다. 설 명절에 지급되던 그 선물 세트가 지금도 눈에 선하다. 팔 길이만 한 크기의 선물세트 안에는 평소에는 절대로 먹어볼 수 없는 과자들이 있었다. 이것을 받는 것만으로도 나라에서 우리에게 관심을 가지고 있구나 하는 생각에 명절이 기다려졌다. 아무나 받을 수 없는 대통령으로부터 받는 하사품. 대통령의 의도가 어떠했는지 모르겠지만 그래도 그 당시에 아동을 사랑하는 마음이 있었기 때문에 특별히 하사품을 준 것 같다. 과자를 서랍에 넣어놓고 한 달이나 두 달 동안 먹은 기억이 난다. 보육원생들만 받을 수 있는 그런 특혜였다. 이 외에도 이마트나 여러 단체에서 평소 먹을 수 없는 비싼 빵, 소위 말하는 유통기한이 하루나 이틀 남은, 그래도 충분히 맛있는 빵들을 보내줘 많이 먹을 수 있었고 때마다 이곳저곳에서 과일 후원을 해 주셨다. 물론 그 당시에는 먹어도 먹어도 배가 고팠지만 다양한 후원물품을 많이 접해 봤다는 것이 가장 기억에 남는다.

내가 보육원생으로 누렸던 또 하나의 특혜는 여행을 많이 갔다는 것이다. 후원자님들과 함께 단체 여행으로 1월 1일 새해 첫날 금오산 등산, 황악산 정상 등산, 가나안농군학교 교회 수련회, 성탄절 행사 등을 함으로 많은 경험을 했다. 30년 전에도 보육원 안에만 있으면 사회적 관계를 형성하는 것에 어려움이 있다는 인식이 존재했던 것 같다. 그것을 알고 많은 분들께서 한 명 두 명 아니면 단체로 복지협의회나 봉사단체에서 인원을 선발해 여행을 다니면서 다른 보육원에 있는 아이들과 만나게 해 주기도 하고 일반가정의 아이들과 함께 놀기도 하면서 다양한 체험을 할 수 있도록 해 주셨다. 바닷가도 많이 가고 여행을 많이 다녔다. 그것이 많은 도움이 되었고 지금도 보육원이 그렇다.

코로나 이전에는 에버랜드나 놀이동산 등 우리 같은 보육원생들이 가기 힘든 곳에 자주 가기도 하고 수영도 하러 가는 등 정말 부러울 정도로 단체여행을 많이 갔다. 여러 단체에서 보육원에 있는 아이들 중 두세 명을 선발해서 해외 봉사나 해외 교육 활동 등을 위해서 미국도 보내 주고, 베트남도 보내 주는 기회가 많이 있다. 보통의 가정에서 지원받지 못할 정도의 특혜를 받고 있다. 특혜다. 다른 보육원생들이 별것 아니라고 생각할 수도 있지만 나는 특혜라고 생각한다. 그리고 각종 다른 학원에 다닐 수 있도록 지원해 주거나 장학금 혜택을 제공하기도 한다.

나는 경상북도사회복지협의회에서, 그다음에는 현대아산재단에서 장학금을 받았고 대학 때도 장학금을 받았다. 장학금을 받을 수 없는 일반 대학에 다니는 학생들이 학자금대출을 받아 학교에 다니는 경우도 있는데 그에 비하면 보육원생들은 아주 특혜를 받고 있다는 생각이다. 부모가 없다는 것은 가장 안타까운 일이다. 그러나 보육원에 있는 아이들에게만 주어지는 그런 혜택들도 있다. 이런 혜택에는 어떤 것이 있는지 한번 알아보는 것도 나쁘지 않고 그 혜택 가운데 본인들이 누릴 수 있는 권리, 누려야 하는 것들, 본인에게 도움이 되는 그런 작은 것에도 만족하고 감사하며 사는 것이 앞으로 자립을 해서도 도움이 될 것이다. 하지만 절대 오해하지 말길 바란다. 보육원이 일반가정보다 훨씬 더 좋겠네, 그런 생각은 금물이다. 세상의 모든 아동은 가정에서 성장해야 한다.

고아는 부모를 잊어야 할까?

부모를 잊으라고 강요당하는 아이들

내가 보육원에 들어간 것은 다섯 살 때다. 당연히 부모에 대한 기억은 잘 나지 않는다. 어릴 때에는 어렴풋이 보육원 생활을 즐겼던 것 같다. 부모를 마냥 그리워하기보다는 고단한 생활 가운데에서도 주는 대로 먹고 입으며, 하라는 대로 하는 것을 당연하게 받아들였다. 머리가 커진 유년기에는 보육원 친구들과 뛰어다니며 꾸러기 같은 시절을 보냈다. 딱히 부모를 그리워하지도 않았고, 나를 찾지 않는 부모에 대해서도 크게 낙담하지 않았다. 다른 친구들도 마찬가지였으니까.

열 살 때쯤인가 내 앞으로 누군가 포도를 보내왔다. 고모라는 사람이 보낸 거라고 들었지만 나는 고모라는 사람이 누구인지,

행복한 고아의 끝나지 않은 이야기

나와는 어떤 관계인지를 전혀 몰랐기에 그냥 '그러한 사람이 있구나'라고 생각하고 만나고 싶어 하지도 않았다. 6학년 때는 할머니로부터 왔다며 크리스마스카드를 전해 받기도 했다. 정상적인 아이라면 반갑고, 기뻐해야 하는데 당시 나는 할머니가 누군지도 모르고, 만나본 적도 없었기에 궁금해하지 않았다.

그리워하거나 왜 나를 만나러 오지 않는지 생각해 본 적도 없다. 성인이 되어 부모를 찾아보자 결심한 후 경찰서에 가서 이런저런 이야기를 나누는데 왜 내가 어릴 때 때 고모와 할머니에 대해 궁금해하지 않았을까 하며 뒤늦게나마 무척 후회했다.

그런데 곰곰이 돌이켜 보면 어릴 적 부모에 대한 생각을 하지 않았던 이유는 다른 데 있었다. 바로 보육원의 교육 때문이었다. 보육사들은 끊임없이 아이들에게 부모를 잊으라고 했다. 그건 지금도 크게 다르지 않지만, 이제 와서 사정을 살펴보면 한편으로는 고개가 끄덕여지기도 한다.

보육원에 처음 입소한 아이들은 불안을 느낀다. 새로운 사람들과 환경 속에서 왜 자신이 보육원에 들어왔는지 영문도 모른 채 살아간다. 물론 갓난아이 때 들어온 경우에는 자신의 의지와는 상관없이 보육원이 세상의 전부인 양 받아들이기도 한다. 돌이 지나서 엄마라는 존재를 알게 된 후에 보육원에 입소하면 누구나 부모를 그리워한다. (물론 학대로 보육원에 들어온 아동은 예외다.)

그래서 아이가 처음 보육원에 들어오면 운다. 그야말로 끝없이 운다. 그동안 애착이 형성된 절대적인 존재인 부모와의 분리로 인한 불안감과 절망감이 그 아동을 끝없는 나락으로 떨어뜨린다. 절망적인 환경에서 누구인지도 모르는 사람이 자신의 보호를 책임지고 있는 것이 마냥 어색해서 끝없이 불안을 호소한다. 말을 할 줄 모르는 아이는 울음으로 자신의 불안을 표현하고 말을 할 줄 아는 아이는 침묵으로 자신의 처지를 체념하며 절망한다.

마냥 우는 아이를 돌보는 보육사도 마음이 찢어질 듯한 아픔을 느낀다. 왜 보육원에 들어왔는지 알고는 있지만 그대로 다 설명해 줄 수가 없기 때문이다. 아이가 또다시 상처받을 수도 있기 때문이다. 부모가 미성년자이든, 알코올중독자이든, 이혼 부모이든 부모에 대한 존재를 알려주는 것은 그 아이가 앞으로 보육원에 적응하는 데 조금도 도움되지 않음을 오랫동안 보육원에서 근무하면서 알게 되었기 때문이다. 그리고 보육사는 아이가 부모를 빨리 잊기를 바란다. 그래야 그들이 보육원 생활에 순응하기 때문이다.

하지만 순응하는 것이 과연 옳은 것인지 우리는 다시 한번 생각해 봐야 한다. 순응하는 것이 과연 아이의 정서에, 심리 발달에 도움이 되는지 생각해 볼 필요가 있다. 보육사는 슬픔에 젖어 있는 아이가 빨리 회복할 수 있도록 도와주지만 아이는 아무

것도 들을 수가 없다. 보육사는 애처로운 그들의 모습을 보며 마냥 답답해하기만 한다. 간혹 "부모님이 너를 버렸기에 다시는 찾으러 오지 않는다"고 말하는 보육사도 있다. 맞는 말이지만 너무나 가혹한 말이다.

아이는 버려진 것이 맞다. 하지만 그 말이 얼마나 끔찍한 말인지를 현실적으로 받아들일 만한 힘이 없다. 그래서 더욱 슬픈 현실이다. 과연 보육원에 버려진 아이는 부모를 잊어야 할까? 그렇다. 나도 잊어야 한다고 생각한다. 논리는 그렇다 하더라도 부모의 존재는 쉽게 잊히지 않는다. 나는 부모를 잊는 것은 불가능하기에 억지로 잊게 하기보다는 자연스럽게 부모의 존재, 그들의 부재를 받아들이는 것이 정서적으로 더욱 도움이 될 것이라고 생각한다.

좀 더 따뜻한 시선으로 바라봐 주세요

오래전의 일이다. 유엔총회의 아동권리에 대한 결의와 관련하여 한 변호사가 고아원은 아동을 보호하지 못하고, 아동에게 해가 되며, 점차 없어져야 한다는 입장을 밝힌 적이 있다. 더 나아가 이러한 시설에서의 자원봉사활동이나 선의의 방문이 아동의 시설 유입을 조장하는 해악을 끼칠 수 있음을 경고했다. 나는 그 글을 읽으며 망치로 머리를 한 대 맞은 기분이었다. 이윽고 수만 가지 생각이 들었다. '21년간 산 나의 집, 나의 고향과 같은 곳이 없어져야 한다니…. 내 집이 없어지면 나는 명절 때 어디를 찾아가야 하나. 나를 키워준 보육사들과의 관계는 어떻게 될까. 오랫동안 어머니라고 부르며 우리를 아껴준 그들이 무슨 잘못을 했단 말인가. 우리나라의 보육정책은 무엇이 잘못됐는가.' 이런저런 생각으로 머리가 너무나 복잡

행복한 고아의 끝나지 않은 이야기

해졌다. 무엇보다 보육원이 없어져야 하고, 보육원을 돕는 자원봉사와 후원이 해악을 끼친다는 신선한(?) 주장에 대해 곰곰이 생각해 보았다. 그는 대체 왜 이런 주장을 하는 것일까?

그의 주장을 들으며 내가 당혹스러웠던 이유는, 어쩔 수 없이 보육원에서 자랐는데, 보육원이 없어져야 한다는 말이 마치 보육원생들이 잘못된 삶을 살도록 유도하기 때문이라고 추궁하는 것처럼 느껴져서였다. 보육원이 나에게 해를 끼쳐서 내가 이 모습으로 살아가는 것처럼 느껴져 매우 불편했다. 과연 보육원에서 자랐기에 내 삶이 더 불행해진 걸까. 내가 과연 일반 가정에서 성장했다면, 지금보다 더 만족스러운 삶을 살 수 있는 걸까. 많은 생각이 들었다.

더군다나 자원봉사활동이나 선의의 방문이 아동의 시설 유입을 조장한다는 글은 너무 충격적이었다. 선한 마음으로 보육원 아동에게 관심을 갖고 후원을 하는 것이 오히려 아동에게 해를 끼친다고 말하다니…. 대체 어떤 사고 방식으로 그렇게 결론을 내린 것일까. 참담한 심정이었다.

돌이켜보면 보육원에서 생활할 때 자원봉사자들의 방문이 마냥 좋지만은 않았다. 집에서 편히 쉬고 있는데 강제로 불려나와 후원자와 사진을 찍게 하거나 불시에 봉사자가 집에 들어와서 청소를 해줄 때 너무나 짜증이 났다. 머리를 잘라주는 분, 짜

장면을 만들어주는 분이 오면 너무나 반가웠지만 어린 마음에 다른 분들의 자원봉사는 너무나 불편했다.

그렇다면 자원봉사자와 후원자는 어떻게 구분될까? 복지 전문가는 아니지만 도움을 받으며 성장한 입장에서 감각적으로 느낀 것은 자원봉사자는 오셔서 청소나 학습지도 등 어떤 활동을 해 주시는 분이며 후원은 물품 후원, 봉사 후원, 재정 후원 등을 아울러 말하는 것이다. 따라서 자원봉사도 후원의 일부인 셈이다.

물품 후원으로 참 많은 종류의 물건이 보육원에 들어왔다. 일반적으로 가정에서 사용되는 모든 가전제품이며 학습에 필요한 문구며 라면을 비롯한 음식물 등이 들어온다. 내가 가장 좋아한 후원 물품은 빵이었다. 대형마트에서 유통기한이 얼마 남지 않아 팔지 못하는 빵을 시설에 가져다주었다. 평소 쉽게 먹지 못하는 빵이 들어오는 날을 손꼽아 기다린 기억이 있다. 가장 많이 들어온 것은 라면과 휴지였다. 라면과 휴지는 부피가 커서 기념사진을 찍기에 좋은 효과가 있었기 때문이다. 후원이 가장 많이 들어오는 시기는 명절 기간이다. 정치인부터 지자체 단체장, 기업체, 자원봉사 단체 등 수많은 곳에서 보육원에 방문한다. 그들은 왜 그렇게 사진 찍는 것을 좋아했던지. 우리는 무표정으로 자주 사진을 찍었다. 그들이 어떤 마음으로 방문하였든지 그들의 의미 없는 말과 인사에 무심하게 대꾸하

행복한 고아의 끝나지 않은 이야기

곤 했다. 헤어질 때마다 "다음에 또 올게"라는 말을 들으면 우리는 형식적인 인사말이라고 생각했고 얼른 그들이 가길 진심으로 바랐다.

보육원에 방문했던 그들은 과연 어떤 마음으로 돌아갔을까? 보육원에 사는 아이들이 참 불쌍하다는 생각을 하지 않았을까. 간혹 자녀를 데리고 방문하는 분들도 있었다. 특히 같은 학교에서 다니는 친구의 뜻밖의 방문은 우리를 너무나 당혹스럽게 하였다. 예쁜 옷을 입고 부모님의 손을 잡고 보육원에 온 그들을 어떻게 대해야 할지 참으로 난감했다. 그들은 왜 자녀를 데리고 보육원에 방문했을까? 아이들에게 너보다 힘들게 사는 아이들이 있다는 것과 부모가 좋은 일을 하고 있다는 것을 알려주기 위함이었을 것이다. 보육원을 일반 가정이라고 생각해 보자. 만약 여러분의 집에 모르는 사람이 자원봉사를 온다면 여러분의 심정은 어떨지 생각해 봐야 한다. 특별한 때만 으레 방문해 사진을 찍는 단체장들이나 자녀를 데리고 온 자원봉사자들은 과연 누구를 위해 후원한 것일까? 자신들의 의를 나타내기 위함이었을까 아니면 정말 아이들을 위해서였을까?

국가에서 지원하는 보육원 운영비는 1인당 60만 원가량이다. 한 아동을 위해 시설 운영비, 인건비, 식비 등으로 사용하는 데 충분한 금액은 아니다. 따라서 보호아동은 가장 기본적인 생활을 유지할 수 있는 정도로 살아간다. 진로를 위한 학원 등록비나 졸업식이나 생일날 주어지는 특별 용돈 같은 것은 없다. 문화생활을 할 수 있는 여가활동비도 턱없이 부족하다. 내가 성장한 1980년대 초반에 비해 지금은 보육원 환경이 너무나 좋아졌지만 그럼에도 풍족한 상황은 아니다. 하지만 일반인 중에는, 아동학대가 있는 가정이나 부모의 실직과 사망으로 형편이 매우 어려운 가정을 보면 오히려 보육원 환경이 더 낫다고 생각하는 이들도 있는 듯하다. 혹자는 보육원의 아이들이 소년소녀가장 보다는 낫지 않느냐는 말도 한다.

모두의 삶이 힘들 수 있다. 아동은 처한 각자의 형편에 따라 자신들만의 고민과 아픔을 견디며 살아가고 있다. 단순히 보육원 아동과 다른 어려움에 처한 가정의 아동을 비교하는 것은 올바르지 못하다. 다만 모든 아동이 건강하고 밝게 성장해야 한다는 것은 분명한 사실이다. 또한 소년소녀가장이든 형편이 어려운 가정의 아동이든 언제나 보육원에 입소할 수 있다는 사실을 전제한다면 우리는 더욱 보육원 환경을 주시해야 할 것이다.

이 글을 통해 오해하지 않길 바란다. 모든 후원과 자원봉사가 나쁜 것은 아니다. 앞에 언급했듯 보육원에는 운영비가 넉넉하지 않다. 여러 기부 단체와 봉사 단체의 후원 없이는 현재 보육원의 운영이 너무나 어렵다. 일반 가정처럼 넉넉하게 제공하는 것을 바라는 것은 아니지만 아이들이 만족할 정도의 여건을 마련해 주기 위해서는 우리 사회의 따뜻하고 지속적인 지원이 반드시 필요하다.

하지만 후원에도 차별이 있다. 후원이라는 것은 주는 사람의 의지에 따라 장소가 달라진다. 시설장의 의지와 인품에 따라 후원하는 사람의 마음이 달라진다. 후원을 위해 방문한 분께 어떻게 대하느냐에 따라 연속적인 후원으로 이어질 수도 있고 단기로 끝날 수도 있다. 따라서 시설장의 능력에 따라 아동에게 제공되는 환경이 달라지는 것이다. 지역에 따라 후원하는 이들의 홍보가 잘되는 곳을 방문하기도 한다. 이런저런 선호도의 차이에 따라 보육원에 들어오는 후원이 너무나 큰 차이가 나는 것은 공정하지 못하다. 결국 아이들이 피해를 보는 것이 참 안타깝다.

여기까지 읽은 독자라면 도대체 후원을 하라는 것인지 하지 말라는 것인지 혼란스러울 것이다. 후원하는 것이 보육원의 존속을 도와주는 것이고 후원을 안 하면 아이들이 결핍을 느끼며 살게 되는 것은 분명해 보이기 때문이다.

결론적으로 나는 후원을 하되 보육원 아이들의 성향을 잘 파악해서 후원하고, 후원하는 시설에서 후원금을 올바르게 사용하는지 주시해 주는 것도 필요하다고 말하고 싶다. 종종 후원금 착복과 보육원 종사자에게 업무 외 강제 노동을 지시하는 경우 혹은 아동 노동 착취 등의 비리가 발생할 수 있기 때문이다. 한 가정에서 일어나는 일에 대해 이웃이 속속들이 알 수 없듯이 우리는 보육원에 발생하는 온갖 문제를 다 알 수는 없다. 여러분도 알다시피 보육원은 매우 폐쇄적인 공간이다. 어떤 후원이 들어오게 되더라도 소수의 직원이 그것을 관리하고 후원 물품은 의무적으로 기록하지 않아도 된다.

2021년 시흥시 소재 인터넷 커뮤니티 운영자 및 시민이 어느 아동보호시설의 이사장의 배임과 횡령 의혹과 관련하여 수원지방검찰청 안산지청에 고발장을 접수한 것처럼, 우리가 후원하는 시설을 잘 지켜보아야 한다. 고발한 이들은 오랫동안 그 시설에서 봉사활동을 하거나 후원금 등을 지원해 왔던 시민이었다. 그들이 진정한 보호아동의 보호자인 것이다.

체육교사이자 한 가정의 가장이며 세 딸의 아버지로 사는 나는 분명 성공한 사람이라고 생각한다. 보육원 퇴소 후, 그 어렵다는 자립에 성공했으니 말이다. 분명 아동기, 청소년기의 후원자님들의 도움으로 여기까지 오게 된 것은 부인할 수 없는 사실이다. 그때 후원해 주신 분들 중 몇 분은 현재도 어머니로 여기며 관계를 유지하고 있다. 후원자들의 도움 없이는 절대 대학도 졸업하지 못했을 것이다. 참으로 감사할 따름이다.

보육원 후원은 지속적으로, 전방위적으로 이루어져야 한다. 폐쇄된 곳에서 후원 물품의 쓰임이 다소 투명하지 못하더라도 우리는 후원을 해야 하며, 아울러 올바르게 사용되고 있는지 한 번 더 눈여겨보아야 한다. 조심해야 하는 것은 시설에 대한 공허한 비판만으로는 당면한 문제를 해결할 수 없다는 사실이다. 시설 자원봉사자나 방문객의 선의에 대한 폄하도 멈춰야 한다. 더 많은 사람이 시설에 들러 봉사하고 후원해야 한다.

보육원을 더 인간적인 곳으로 변화시키기 위해 과도한 비판보다는 조금 더 따뜻한 시선으로 바라봐주기를 바란다. 우리의 자녀와 마찬가지로 보육원의 아이들도 이 사회에서 존중받으며 성장해야 하는 귀한 존재로 인지해 주었으면 한다.

3장

당신이 생각해 본 적 없는 것에
대한 질문들

가족의 의미

생모와 친모

고등학교 때 친구네 집에 가면 친구 어머니를 어떻게 불러야 할지 몰랐다. 아주머니라고 불러야 할지 이모라고 불러야 할지 몰라서 우물쭈물했다. 그런데 대학생 때 우연히 친구들이 다른 친구의 어머니도 '어머니'라고 부르는 것을 보고 자연스럽게 나도 어머니라고 부르기 시작하였다. 특별히 시골에서 포도농사를 하는 친구 집에 함께 가서 일손을 도와주면서 친구 어머니를 나도 어머니라고 불렀던 일이 기억에 남는다. 우리나라 문화가 정이 많다는 게 새삼 느껴졌다.

나는 한 번도 '우리 엄마'라는 말을 해 본 적이 없다. 보육원에서는 '엄마'라는 단어를 사용하지 않았다. 보육사를 '선생님'으로 불렀다. 나이가 지긋한 보육사님은 '할머니'라고 부르기도 했다. 깜짝 놀랐을 때도 "엄마야!"라는 말을 해 본 적이 없는 것을 보면 '엄마'라는 단어의 의미조차 제대로 몰랐던 것 같다.

이렇듯 일반 가정에서 성장하지 못한 나에게 엄마라는 단어는 생경스럽다. 세상의 모든 어머니가 지닌 모성애를 자녀가 받을 때의 느낌을 나는 알지 못한다. 한 사람이 세상 사는 방법을 알려주는 모델이 되고 인생에서 가장 큰 버팀목이 되는 존재와 함께 살지 못한 이들에게 엄마라는 존재는 보통 사람이 인지하는 엄마와 다르다.

나는 그동안 뿌리를 찾기 위해 고군분투해 왔다. 뿌리를 찾아서, 부모의 온전한 보살핌을 받지 못한 이들이 겪는 결핍을 채울 수 있는 방법과 부모와 헤어진 이들이 아픔을 극복할 수 있는 방법을 알아내 보려고 많은 생각을 하였다. 뿌리를 통해 자신의 존재를 온전히 발견하고 부모가 자식에게 올바르게 처신하지 못한 것의 대안을 제시하고자 하였다. 하지만 뿌리 찾기가 잃어버린 시간에 대한 보상을 과연 얼마나 해 줄 수 있을지는 의문이다. 또한 한 사람에게 뿌리가 그토록 중요한 것일까 하는 의구심도 들곤 한다. 자기 뿌리를 모른다 하여 몰락의 길로 가는 것은 아니지 않을까 싶다.

3장-당신이 생각해 본 적 없는 것에 대한 질문들

그간 나는 나를 낳은 엄마를 찾고 싶다는 말을 쉽게 했었다. 그 사람에 대한 그리움과 뿌리에 대한 본능적인 갈급함 때문이었을 것이다. 그런데 어느 순간 과연 그 엄마라는 사람이 나를 만난다면 즐거워할까? 라는 의문이 들었다. 왜 나는 그 사람을 찾고 싶은 것일까? 그것은 우리 사회에서 가족의 의미를 잘못 규정했기 때문일 것이다.

고아원에서 자라오며 지금까지, 그리고 고아권익연대 활동을 하면서 나는 친권을 가진 자들의 바르지 못한 행태를 많이 봐왔다. 심지어 구미에서 있었던 어떤 사건에서는 친모가 누구인지를 밝혀내는 수사도 있었다. 친부모의 책임감 없는 양육 태도, 부모의 자격을 의심케 하는 황당한 일도 많이 봐왔다. 미혼모로서 아이를 양육할 수 없어서 보육원에 아이를 맡기거나 불가피하게 자녀를 다른 사람의 손에 의탁하는 상황에서 과연 부모의 역할은 어떻게 규정해야 할까?

세상에는 다양한 의미의 어머니가 있다. 자식을 직접 낳은 유전학적인 어머니는 생모(生母)이고, 아버지가 사별이나 이혼과 같은 이유로 새로 결혼하여 맞이한 어머니는 '의붓어머니, 계모, 새어머니'라고 부른다. 입양된 가정의 어머니는 '양어머니', 입양하지는 않았더라도 후견이 되어준 분은 '수양어머니'라고 한다. 그리고 친권을 갖고 있는 '친어머니'가 있다. 즉 생물학적인 관

행복한 고아의 끝나지 않은 이야기

계뿐만 아니라 사회적 관계의 어머니도 있는 것이다.

　그렇다면 친권(親權)은 무엇일까? 친권이란 부 또는 모가 미성년자인 자녀를 보호·교양하고 그 법률행위를 대리하고 재산을 관리하는 권리와 의무를 말한다. 즉 법률상 친자(부모-자녀) 관계가 있으면 그 효과로서 당연히 발생되는 것이다. 그래서 흔히 어른들은 친권을 부모가 자녀에 대하여 가지는 절대적 지배권으로 이해한다.

　하지만 '권리'만이 아니라 자녀를 보호·감독하고 양육해야 한다는 의무도 강조되어야 한다. 대한민국 「민법」에서는 2005년 개정을 통하여 "친권을 행사함에 있어서는 자의 복리를 우선적으로 고려하여야 한다"(민법 제912조)라고 규정함으로써 자녀의 복리가 친권 행사의 기준임을 명백히 하고 있다. 즉, 친권은 자녀를 건전하게 육성하도록 친권자인 부모에게 부여된 의무임과 동시에 친권자는 친권을 행사함에 있어서 타인의 간섭을 받지 않을 권리가 있다. 이처럼 친권에는 권리와 의무, 이 두 가지가 모두 포함된 것이다. 친권자에게 권리뿐만 아니라 의무도 있다는 사실은 매우 중요한 의미를 시사한다. 보호자의 역할에 대한 이 규정이 과연 아이들에게는 어떻게 작용할까? 결론적으로 봤을 때, 친권의 의무를 다하지 못하는 이들이 너무나 많다. 그렇기에 친권에 대한 규정은 상황에 따라 재정립되어야 한다.

보육원에 아이를 맡기고 나서 아이를 만나러 오지도 않는 이들에게 친권이 주어져서는 안 된다. 부모의 역할을 다하지 못하는 이들은 친권을 주장할 권리가 없다. 그들은 자녀를 방임하고 있는 범법자라고 할 수 있기 때문이다.

나는 초등학교 때 내가 보육원에 사는 것을 알게 된 친구들로부터 "너, 엄마 있어?"라는 질문을 자주 받았다. 가끔 싸울 때는 "엄마도 없는 자식이"라는 욕을 듣기도 했다. 그럴 때마다 '엄마가 없는 게 왜 그렇게 약점이 될까'라는 생각을 했다. 엄마가 없다는 것이 나에게는 자연스러운 것인데 왜 그들은 그 사실을 약점처럼 이용하려 하는지 화가 났다. 입양을 한 어느 분의 이야기를 들은 적이 있다. 입양아동에게 어느 친구가 "너희 엄마, 진짜 엄마니? 가짜 엄마니?"라고 물었다는 것이다. 어릴 때부터 아이들은 자기 엄마에 대한 집착이 있다. '피는 물보다 진하다'는 편견을 갖고 있는 것이다. 아동기부터 엄마에 대한 인식이 잘못되었다는 사실이 너무나 안타깝다.

앞서 이야기한 나의 뿌리 찾기의 대상은 나를 낳은 분이다. 생부모는 아이를 낳은 부모이고 친부모는 친권을 가진 부모이며 진정한 부모는 아이를 키워준 부모이다. 유전자를 물려준 것만으로는 부모라고 할 수 없다. 생부모에 대한 집착은 아이들에게 상처를 안겨줄 수 있다.

엄마라는, 가족이라는 단어의 직관적인 의미를 이제 좀 더 다양하게 받아들일 때가 된 것 같다. '가족'은 자신을 낳은 사람만을 가리키지 않는다. 오히려 자신을 키워준 사람이 더 진정한 의미의 가족임을 우리는 알아야 한다.

3장—당신이 생각해 본 적 없는 것에 대한 질문들

'고아'를 어떻게 부를까?

고아에게도 인생은 있다

문득 독자 여러분께 묻고 싶다. 평소 당신은 고아를 어떻게 부르는지, 아니, 그전에 고아에 대해 어떻게 생각하시는지. 언어는 생각의 집이라는 말이 있듯이, 여러분이 고아를 어떻게 생각하는지에 따라 그 호칭은 달라질 것이다.

불과 2년여 전, KBS에서 방영된 〈사랑은 뷰티풀 인생은 원더풀〉이라는 드라마에서 이런 대사가 나온다. "고아 새끼라더니 아주 그냥 쓰레기구만 쓰레기. 고아 새끼들은 어떻게든 티가 나요. 티가 나!" 드라마를 직접 보지는 않았지만, 당시 꽤 인기가 있었다는 건 알고 있었다. 그런데 어떤 고아분이 우연히 이 대사를 듣고 기분이 상해 방송국에 사과 요청을 하였다는 신문 기사를 접한 적이 있다. 드라마 작가분이 극의 전개를 위해 이 대사

행복한 고아의 끝나지 않은 이야기

를 쓴 것을 이해하지 못하는 것은 아니나 고아 당사자로서는 이 대사가 듣기에 어지간히 불편했을 것 같다. 기사를 보면서 나는 '왜 이런 대사를 썼을까?' 하는 궁금증이 들었다. 나아가 앞으로 어떻게 해야 이 사회에서 '고아 새끼'라는 말이 자연스럽게 들리는, 이런 인식을 어떻게 바꿀 수 있을지 고민하게 되었다.

'고아 새끼'라는 말을 뜯어보자. 그건 무슨 의미일까. '쓰레기', '티가 난다'는 표현은 어떻게 받아들여야 할까.

누군가 "저 사람은 고아랍니다"라고 할 때 당신이 그 자리의 당사자라면 기분이 나쁘지 않을 사람은 없을 것이다. 직장이나 학교에서도 나에 대해 잘 알지도 못하는 누군가가 "이성남 씨는 고아 출신입니다."라고 나를 소개한다면, 나부터도 기분이 상할 것이다. 고아에 관한 강연을 하거나 공식 행사에서는 그렇다 쳐도, 그렇지 않은 자리에서 '고아 출신'이라고 나를 소개한다면 기분이 상하는 것은 물론이고 무례하고 부당한 대우를 받는다 생각할 것이다. 고아라는 단어 자체를 싫어하는 보육원 퇴소생들도 많으니 그 말을 사용할 때는 신중해야 한다.

그런데 여기에 '새끼'라는 말을 붙이게 되면 상황은 어떻게 될까? '새끼'를 사전에서는 "(속되게) 어떤 사람을 욕하여 이르는 말"이라고 정의한다. 예를 들면 "망할 놈의 새끼"라고 말할 때가 그렇다. 비인격적인 표현임은 물론이고 혐오스러운 말로 상대를 무시할 때 쓰는 호칭이 새끼이다. 고아 새끼라는 말은 너무도 부

3장—당신이 생각해 본 적 없는 것에 대한 질문들

도덕하고 양심이 결여된 단어다. 그런 표현을 사용하는 것 자체가 매우 폭력적인 태도이다. 인간을 인간답게 바라보거나 사람으로서 품격 있게 바라보지 않고 차별하고, 편견을 가진 자세라 할 수 있다.

'고아 새끼'라는 말은 내가 어릴 때 종종 듣던 말이다. 친구들과의 사소한 싸움으로 어른들께 꾸중을 듣게 되면 일반 가정의 어른들로부터 고아 새끼라는 말을 들어왔다. 지금도 당시의 기분이 생생할 만큼 치가 떨리도록 화가 나고 억울했다. 고아라는 말의 뜻도 제대로 몰랐는데 거기에 새끼라는 말까지 들으니 어른이 된 지금도 이렇게 화가 나는데, 당시 어린 마음에 얼마나 상처를 받았을까 생각이 든다.

어떤 드라마에서 누군가 "장애인 새끼!"라는 대사가 나왔다면 아마도 그 드라마는 장애인 비하 발언으로 큰 소동이 일어났을 것이다. 지금은 장애인에 대한 인식도 많이 개선되었고 법적으로도 장애인에 대한 차별을 금지하고 이를 어길 때에는 법적 조치를 내리고 있다. 장애인을 사회적 약자로 인식하고 보호하는 것이다. 그런데 이 사회에는 장애인들 말고도 정신적으로 고통을 호소하는 고아원 아이들이 많다. 그리고 그러한 아픔을 돌보지 못하고 그대로 성장하여 어른이 된 사람들이 많다. 고아라는 이유로 마음의 장애를 얻는 것이다. 그들을 더 감싸 주고 안아

주지는 못할망정 방송에서 고아를 비방하고 비난하여 고아에 대한 선입견이 강화되도록 하는 것은 인간의 도리가 아니다.

'쓰레기'라는 표현도 마찬가지다. 대체 고아가 뭘 잘못했길래 그런 말을 들어야 하는가. 고아에 대한 혐오와 폭력, 소외된 약자에 대한 철저한 외면의 태도가 그대로 담긴 표현이다. 사회에서 인정받을 수 없는, 누구에게도 필요치 않고 도움이 되지 않는 존재로 고아를 표현한 것이다. 미디어에서 장애인이 부당한 대우를 당하면 여러 시민 단체에서 이들을 위해 항변한다. 하지만 고아들은 그들을 대변해 주는 사람이 없다. 나는 고아에 대한 이러한 차별적 시선과 냉대, 사회의 현실이 그대로 반영되어 드라마의 대사로 탄생했다고 생각한다.

하지만 가슴에 손을 얹고 생각해 보자. 부모와 함께 살지 않았다는 이유만으로 고아가 쓰레기라는 말을 듣는 것이 과연 온당한 일인지, 아무것도 할 수 없는 초라한 사람인지 말이다. 고아들에게도 주어진 인생이, 살아가야 할 삶이 있다. 비록 어려운 환경에서도 이를 극복하고자 노력하는 이들이 내 주위에도, 이 세상에도 너무도 많다.

우리 스스로는 고아를 어떻게 부르고 있는지, 그리고 앞으로 이 사회는 고아에 대해 어떤 이름을 붙여야 하는지 생각해 보자.

고아가 불쌍한가요?

버려진 아이 vs 발견된 아이

고아를 소재로 한 드라마를 보면서 항상 불편한 마음이 든다. 제작자가 고아의 심정을 잘 모르고 만든 티가 나기 때문이다. 하지만 일반인들은 속사정을 모를 테니 드라마를 본 사람들은 고아에 대한 잘못된 편견만 짙어진다. 더욱이 그로 인해 보호아동이 이 세상을 살아가는 데 더 큰 걸림돌을 만든다. 모든 드라마가 그런 것은 아니지만, 적어도 지금까지는 그래 왔다.

그런데 일전에 어느 책을 읽다가 너무나 신선한 충격을 받게 되었다. 나는 그동안 내가 버려졌다고 생각했는데, 반대로 그 책에서는 (고아인) 나는 누군가에 의해서 발견되었다고 말하고 있었다. 강연할 때 나를 소개하기를 보육원 근처 어느 가게 앞

행복한 고아의 끝나지 않은 이야기

에 버려졌던 사람이라고 말하곤 했는데 사실 이런 표현은 내 상황을 더욱 절박하고 비참하게 만든 것이다. 생부모가 사람들이 잘 다니지 않는 한적한 곳에 나를 버리지 않고 아이들을 보호하는 시설과 가까운 곳에 버렸다는 것은 마지막까지를 나를 지켰고 누군가가 길을 가다가 울고 있는 어린 나를 발견하기를 바랐다는 것을 깨닫게 되었다. 즉 나는 버려진 아이가 아니라 지켜졌고 발견된 아이이다.

이 단순한 발상의 전환, 보호아동을 '버려진 아이'가 아니라 '지켜진 아이'나 '발견된 아이'라고 표현하는 것은 우리가 앞으로 보호아동을 바라보는 인식에 큰 변화를 불러 올 것이라 생각한다. 생부모와 이별했지만 새로운 가족을 만나 안정된 삶을 살아가는 아이들을 우리는 앞으로 버려진 아이라고 생각하거나 부모를 잃었기에 불쌍한 아이라고 여기는 것을 지양해야 할 것이다.

사람들은 보호아동을 '시설 아이'라고 부르기도 한다. 초등학교 때 단체로 병원 진료를 받을 때, 보육사들이 우리를 '시설 아이들'이라고 표현했다. 왜 우리가 사는 곳을 시설이라고 하는지 의아했다. 시설이 무엇인지 궁금했다. 그 '시설 아이'라는 말이 듣는 사람에게는 어떻게 인식될까? 정신병원처럼 우리에게 무슨 문제가 있어서 보육원에서 살게 된 것으로 보이지는 않았을까. 그래서 보호아동을 부르는 호칭이 중요한 것이다.

3장-당신이 생각해 본 적 없는 것에 대한 질문들

우리는 아동양육시설에서 사는 아이들을 과연 어떻게 생각하고 어떻게 부르고 있는지 살펴봐야 한다. 아이들을 바라보는 생각이 언어 표현으로 인해 변질되고 있기 때문이다. 부모와 함께 살지 않는다고 해서 버림받았다고 생각하는 이들을 쉽게 만날 수 있다. 가족이 없다고 해서 과연 그들이 버려진 것일까? 세상이 보호아동을 소외된 아이들로 인식하는 것이 과연 어떤 영향을 줄지를 우리는 한 번쯤 생각해 봐야 한다.

시설 아이라는 말 외에도 '홀로 남겨진 아이', '홀로 된 아이'라고 부르는 이도 있다. 과연 혼자가 되면 안 좋은 것인가? 나는 혼자라 더 편하게 성장한 것 같다. 만약 일반 가정에서 생부모와 함께 성장했다면 어땠을까? 과연 지금보다 더 멋지게 살아가고 있을까? 교사를 하고 있을까? 사춘기를 잘 보냈을까? 그것은 잘 모르겠지만 혼자였기에 더 좋은 추억을 갖게 되었고 혼자서 나의 인생을 결정한 것이 오히려 나에게 도움이 됐을 수도 있다. 그렇기에 보호아동을 '홀로 된 아이'라고 부르면서 부모와 떨어져 살면 불행해진다는 인식도 바꾸어야 한다. 어떤 이에겐 허무맹랑하게 들릴 수 있지만 내 경험을 반추해 보면 이상한 이야기도 아니다.

어떤 이는 보호아동을 소외된 아이, 주변의 도움이 필요한 아이로 바라보기도 한다. 부모와 분리된 아이들이 온전히 성장할 수 없고 사회에서 적응하는 데 어려움을 겪는다는 자신의 생각

행복한 고아의 끝나지 않은 이야기

에 사로잡힌 것이다. 일반 가정에서 성장했다고 해서 모두 사회에 잘 적응하는 것은 아니며 한 인격체로서 온전한 성품을 지니게 되는 것도 아니다. 우리는 그동안 범죄자나 노숙인 중 무연고자가 많으며 보육원 출신이 많다는 사실에 보육원 출신이 잠재적인 사회부적응자라고 여긴 것은 아닐까? 반대로 생각하면 많은 사람이 그렇게 당연하게 여겼기에 보호아동이 사회에게 잘 적응하지 못하고 세상의 편견과 싸우다가 지쳐 삶을 포기하게 된 것은 아닐까?

이 땅에 존재하는 보호아동은 동정의 대상이 아니다. 연민을 가질 필요도 없다. 장애인의 경우에는 비장애인이 무언가 도와준답시고 한 행동이 오히려 그들을 불편하게 하기도 한다. 예를 들어 태어날 때부터 지체장애를 가진 분에게 "살아가는 데 불편한 게 많으시죠?"라고 물어보면 그들은 잘 모르겠다고 답할 것이다. 왜냐하면 평생 장애 없이 살아본 적이 없기 때문이다. 이처럼 갓난아이 때부터 생부모와 함께 살지 못한 이들은 그런 삶의 불편함을 느끼지 못하고 살아간다. 그런데 사회에서 그들을 가엽게 바라보니 자연스레 불쌍한 아이라고 생각하는 것은 아닐까.

나는 이 사회에게 묻고 싶다. 보호아동이 홀로 삶의 거친 파도와 싸우며 살아가는 것을 존중하며 그들의 인생에 동행해 주고자 하는 마음을 갖고 있었는지 말이다. 보호아동이 도움을 필요로 하는 것은 맞지만 도움을 받는 대상이라고 해서 뭔가 부족

3장-당신이 생각해 본 적 없는 것에 대한 질문들

함이 있는, 동정해야 하는 대상이 아니라고 생각한다. 도움의 손길을 건네는 선한 마음은 너무나 귀하지만, 그 선한 마음이 변질되어 선행이 오히려 보호대상아동에게 불편함을 느끼도록 하면 안 된다.

보호 아동이란 우리가 동정해야 하는 대상이 아닌 우리가 사랑해야 하는 존재이다. 특별한 환경 속에서 어려움을 이겨내는 아이들이다. 그리고 부모 없이 성장하지만 일반 가정의 아이들처럼 마음껏 뛰어놀며 인생을 즐기는 아동이라고 생각한다. 부디 이러한 따듯한 시선으로 그들을 봐라봐 주기를 바란다.

행복한 고아의 끝나지 않은 이야기

당신의 아버지가 고아라면?

세 자녀 중 막내가 여덟 살 때의 일이다. 해마다 정리해 둔 아기 때 앨범을 가지고 왔기에 예전 사진들을 보면서 추억에 잠기게 되었다. 첫째와 둘째와 달리 바쁘다는 핑계로 막내와 시간을 많이 보내지 못한 것 같아 내심 미안한 마음이었는데, 예전 사진들을 보면서 훌쩍 자란 아이를 보니 세월의 무상함을 다시 한 번 느꼈다.

그림 그리는 걸 좋아하는 둘째는 어느 날 집에서 온라인 수업을 하면서 그림을 하나 그려왔다. "아빠, 이거 어때? 잘 그렸지?" 하며 신이 난 딸아이의 그림을 보면 꽤나 소질이 있어 보여 칭찬을 해주곤 하는데 그럴 때마다 어찌나 기뻐하며 행복한 표정을 짓는지 나도 덩달아 기쁜 마음이 든다. 만약 이 아이에게 그림을 그려도 보여줄 사람이 없다면, 열심히 그린 그림에 칭찬 한 마디 받지 못한다면 아이는 얼마나 실망할지 차마 상상이 되지 않는다.

중학생인 첫째는 공부에 대한 질문을 종종 한다. 요즘은 영어 공부에 열심인데, 쉬운 단어라도 깜빡할 만한 단어들을 내게 물어보며 공부를 하니 자연스럽게 대화도 늘어가고 아빠에게 질문하면 쉽게 답을 알 수 있다고 생각하니 공부에 더욱 재미를 들이는 것 같다.

결혼 이후 가정을 꾸리고 세 아이들이 태어나 지금까지 15년 넘는 시간동안 아이들과 아빠, 부모 자식의 관계에서 참으로 수많은 일들이 일어났다. 우리 집은 대부분 즐거운 일, 기쁜 일들로 웃음이 가득하지만 때로는 엄격한 아빠로서 아이들이 그릇된 길로 나아가지 않도록 이끌어 주는 것도 나의 역할이다. 나는 항상 아이들에게 기쁨을 주는 아빠가 되고 싶다. 하지만 살다 보면 늘 마음처럼 되지 않는 것이 가장의 역할이기도 해서 후회를 할 때도 있다.

문득 아이에게 부모란 어떤 존재일까, 라는 생각이 들었다. 이런 아이들에게 내가 없었더라면, 부모가 없었더라면 아이들과 나누는 평범하지만 소중한 일상은, 또 추억들은 어떻게 되는 것인가. 갑자기 조금 아찔해졌다.

추억이란 그리 대단한 것은 아니다. 소소한 일상을 함께 누리는 것, 그 안에서 웃음 짓고 때론 눈물도 지으며 함께인 것을 다행으로, 추억이 만들어진 것에 감사하게 생각하는 것이 아닐까. 만약 그런 추억을 나눌 부모가 없다면, 그 누구와도 아무런 추억도 나눌 수 없다면 그 자체로 매우 슬프고도 충격적일 것이다. 아이들이 걱정 하나 없는 얼굴로 환하게 웃을 때면 안도감을 느끼지만 한편으로는 나도 어린 시절에 저렇게 환하게 웃었던 적이 있을까, 생각을 해본다. 후원자 분들께 정말 큰 선물을 받았을 때 환하게 웃어본 적은 있지만 나의 어린 시절은 좀처럼 웃을 일이 없었다. 지금의 이러한 나의 밝은 에너지는 어릴 때의 어두운 기억을 만회하고자, 더욱 긍정적으로 살아가고자 노력한 결과라고 할 수 있다.

아이들에게 밥이나 물건을 사주는 것보다, 아빠의 따뜻한 칭찬 한마디가 이들을 웃게 하고 가까운 곳에 함께 지낸다는 사실만으로도 안정감을 전해 준다. 결국 부모의 역할이 매우 중요한 것이다. 자식을 키우는 부모라면 응당 가져야 할 책임감에 대한 이야기만을 하는 것은 아니다. 부모 중심이 아닌 아이를 중심으로 생각하는 자세가 꼭 필요하다는 말을 하고 싶다. 부모라면 당연히 자녀들을 지극정성으로 아끼고 사랑하겠지만, 혹시라도

3장-당신이 생각해 본 적 없는 것에 대한 질문들

이혼을 앞두고 있거나 이런 저런 이유로 아이들을 보육원에 맡기려고 고민하는 부모도 분명 있을 것이다.

나는 무엇보다 아이들과의 정서적인 관계, 유대감을 꼭 가지라는 말을 해주고 싶다. 칭찬을 아끼지 말고, 아이들과 감정을 공유하는 유기적인 관계를 갖는 것이 아이의 인격 형성에, 나아가 아이의 인생 전체에 너무도 크고 중요한 영향을 미친다고 생각한다.

나의 아이들을 통해 나는 지난날 나의 모습을 반추해 본다. 참으로 불행한 삶이라는 생각이 들기도 하지만 나의 아픔보다는 우리 아이들의 밝은 모습을 보며 '내가 인생을 잘못 살지는 않았구나'라는 보람과, 안도감을 느끼기도 한다. 평범하지만 행복하게 일상을 함께 나눌 수 있는 아빠, 때로는 친구 같은 아빠, 궁금한 것이 생기면 늘 가까이 있어 물어볼 수 있는 아빠. 아이들에게는 나의 과거보다 지금이, 아빠의 딸인 것이 더 중요하고 행복하다고 말한다.

나는 정말 행복한 고아이다.

어떤 마음으로 봉사하세요?

이번 지면에서는 봉사에 대해 이야기해 보고자 한다. 정확히는 봉사를 '당하는' 입장에 대해 말이다. 그간 우리 사회에서는 봉사를 하는 사람에 대한 조명을 해왔지만 단 한 번도 봉사를 '당하는' 입장에 대해서 이야기하는 것을 본 적이 없는 것 같다.

나는 보육원에 살면서 무수히 많은 자원봉사자를 만났다. 그들을 자주 만나다 보니 그들을 대하는 나름의 기준도 세워졌다. 아니 자연스럽게 후원자님들을 바라보는 시선이 형성된 것 같다. 친삼촌이나 친이모 같은 편안함이 느껴지는 분이 계신가 하면 너무 격식을 차리며 거리를 두면서 대하는 분도 많이 만나 보았다.

친삼촌 같은 분은 고아인 우리의 형편을 너무나 잘 알고 있었

3장-당신이 생각해 본 적 없는 것에 대한 질문들

다. 그분들도 보육원에서 자란 것은 아닐까 하는 생각이 들 정도였다. 반면 우리에게 큰 부담을 주지 않기 위해 격식을 차려 존대하는 분들은 왠지 불편했다. 돌이켜보면 그분들은 아이들에게 자칫 상처를 주지 않으려고 노력한 것이란 생각이 들어 왠지 씁쓸하다.

후원자님들은 봉사 후 돌아갈 때 어떤 생각을 했을까? '오늘도 보람되었다. 내가 더 재미가 있었어. 다음에 또 와야지.'라고 생각할까? 혹은 아이들에게 열심히 봉사했지만 별로 감사하는 마음이 느껴지지 않아 실망한 나머지 다른 시설로 가거나 다시는 방문하지 않는 분도 있진 않았을까?

돌이켜보면 고아원 원장님은 항상 자원봉사자와 함께 있기 전에도 예의를 지킬 것을 당부하고, 함께 있을 때는 눈총을 주며 멀지 않은 곳에서 우리를 감시하곤 했다. 우리는 말이나 행동에서 어떤 실수도 보여주지 않기 위해 눈치를 봐야 했다. 특히 학습지도 자원봉사자가 오거나 보육원 바깥을 청소할 때 그랬다. 쉬고 싶은 마음이 굴뚝같았지만 강제로 봉사자들과 함께 시간을 보내기도 했다. 자원봉사자 분들이 보육원에 대해 좋지 않은 감정을 느끼게 되면 원장님 입장에서도 난감한 상황이 되니 어찌 보면 당연한 일이었다.

봉사자들은 가끔 우리를 데리고 시설 밖으로 산책을 가거나 박물관에 가기도 했다. 물론 봉사자들과 함께하는 시간이 즐겁지 않은 것은 아니었다. 하지만 늘 즐거울 수는 없었다. 열 번 중 단 한 번이라도 아이들이 자신의 의사와는 상관없이 봉사자와 시간을 보내며 불편함을 느낀다면, 그때부터는 봉사의 의미가 조금 무색해진다. 봉사자가 여성인 경우에는 더 고집을 피우거나 괜히 짜증을 내기도 했다. 아이들은 시설 밖을 나가 가게에서 비싼 물건을 사달라고 하거나 시설장의 허락 없이 다른 곳으로 놀러 가자며 보채기도 했다. 생각해 보면 그런 상황에서 봉사자는 얼마나 난감했을까? 아무리 순수한 마음으로 봉사를 왔을지라도 그런 아이들을 만나게 되면 괜히 방문했다는 회의감이 들었을 것이다. 평소 순수한 사랑을 받지 못한 아이들은 어떻게든 봉사자를 괴롭히고자 안달을 부렸다. 봉사자들은 아이들이 어떻게 행동하더라도 혼내지 못하는 상황에서 적잖게 당황했을 것이다.

솔직히 말하면, 보육원생들은 언제 다시 볼지 모르는 봉사자에게 그들의 진심을 보여주진 않는다. 가끔 정기적으로 방문하는 심리상담 선생님과는 마음을 터놓고 이야기할지 모르지만 자원봉사자와는 어느 정도 거리를 유지한다. 자원봉사자 중에는 귀가하면서 "다음에 또 올게!"라고 하는 분도 계신다. 그중 절반 정도는 다시 방문하지만 아이들은 나머지 절반 정도가 오지 않는 것에 새삼 분노하며 희망을 잃어버린다.

3장―당신이 생각해 본 적 없는 것에 대한 질문들

봉사라는 게 이렇게 쉽지가 않은 것이다. 그럼에도 불구하고 고아원은 수많은 자원봉사자들, 후원자들로 북적인다. 이런 분들은 어떤 마음일까? 천성적으로 마음이 천사 같은 분인가? 아니면 주변 시선과 사회적 지위로 인해 의무적으로 봉사하는 것일까? 누군가의 권유로 봉사하는 것일까? 어떤 이유에서건 나는 봉사라는 것이 매우 아름답고 고귀하다고 말하고 싶다.

봉사는 우선 말 그대로 자원해서, 보수 없이 이루어진다. 종류도 다양하다. 학습지도를 비롯한 간호 봉사, 청소 봉사, 미용 봉사, 음식 봉사 등 우리 생활은 물론이고 더 나아가 생명과 직결된 분야도 있다. 봉사가 없는 세상이란 더불어 살지 않는, 즉 이기심이 가득한 세상이라고 할 수 있다. 봉사로 인해 사람이 살고 봉사로 인해 세상은 아름다워지고 살맛나는 세상이 된다. 봉사는 부자든 빈자든, 외모가 준수하든 준수하지 않든, 시간이 있든 없든 간에 누구나 할 수 있는 것이다.

봉사의 과정이 험난하고, 때로는 기대하지 않았던 일들을 겪더라도 나는 봉사의 결과는 이루 말할 수 없이 크며, 봉사자 자신에게도 큰 위안과 힘이 된다고 생각한다. 도움을 받는 사람들과 함께 시간을 보내다 보면 상대적으로 자신의 모습에 감사하다는 생각을 자연스럽게 하게 될 뿐 아니라 약자에 대한 이해심과 배려심을 지닐 수 있기에 봉사는 봉사자에게도 더할 나위

없이 좋은 기회가 된다.

이렇게 장점이 많은데도, 사람들은 왜 봉사를 하지 않을까? 아마도 그건 막상 봉사를 하려고 하니 기회가 없고 자신감이 생기지 않기 때문일 것이다. '내가 무슨 봉사를 해!'라고 생각하거나 '다른 사람들이 많이 하는데 뭘 나까지 해야 하나.'라고 하면서 자신을 합리화하곤 한다.

그러면 누가 자원봉사(후원)를 할 수 있을까? 결론은 누구나할 수 있다. 하지만 쉽게 할 수는 없는 것 같다. 쉽게 할 수 없다곤 해도 한 번 하기가 힘들지 한 번 하고 나면 의례적으로 행할수 있다. 철이 없던 어린 시절, 고아원을 방문한 봉사자들에게곱지 않은 시선을 보내기도 했고 괜한 심술도 부려보았지만 되돌아보면 봉사자와 함께하는 시간은 우리에게 참으로 큰 도움이 되었고 사회성을 형성하는 데에도 영향을 준 축복의 시간이었다고 생각한다.

"잘 키웠네"라는 말의 불편함

　학교에서 동료 선생님들과 대화를 나누던 어느 날이었다. 한 선생님이 자녀분이 경찰관이 되었다는 소식을 전하자, 다른 분들은 환호성을 지르며 "아들 참 잘 키웠네"라고 얘기했다. 나는 어딘지 모르게 마음이 불편했다. 왜 불편한 마음이 들었는지 곰곰이 생각해 보았다. 그 아들이 경찰의 꿈을 꾸고 공부를 열심히 해서 경찰이 된 것이 아닌가. 물론 부모가 자식의 뒷바라지도 하고 물심양면으로 애를 썼겠지만 자식의 성취가 부모가 잘 키운 덕이라고 생각하는, 자식이 부모의 부속물이라 여기는 인식이 여전히 팽배하다는 생각이 들어 왠지 씁쓸한 마음이 들었다.

　어린아이들이 부모님 이야기를 자주 하는 것처럼, 성인이 되

행복한 고아의 끝나지 않은 이야기

어서도 사람들은 자식 이야기를 많이 한다. "저 사람은 부모복이 있다."라고 말하는 것만큼 '자식 복 있는 사람'이라는 말도 종종 듣는다. 부모복이라……. 그렇게 따지면 나는 부모복은 없는 사람이다. 누군가의 자식으로서 어엿하게 성장해 그간의 노고에 보답을 할 부모가 없기 때문이다.

나의 경우 사람들은 내가 교사 된 것을 보고 스스로 열심히 해서 "잘 자랐네"라고 초점을 나에게 맞춘다. "저 보육원 사람 잘 키웠네" 같은 말은 하지 않는다. 내 사정을 모르면 "부모가 잘 돌봐줬네"라고 말한다. 사실 친부모로부터 전혀 도움을 받지 않은 사람들에게도 이러한 상황은 직장에서 많이 펼쳐진다. 선생님들 중에도 부모님으로부터 물려받은 것들이 많은 분들은 자신 있게 얘기를 한다. 흔히 인간관계, 우리의 사회생활에서 즐겨 하는 얘깃거리이다.

명절에 어느 부모님이 선산에 가서 벌초를 하고 누구를 만나기 위해서 어딜 가고 대부분 얘기들이 관계 중심의 이야기들이다. 우리나라는 흔히 많은 사람들이 자식이 잘 결혼하거나 좋은 직장을 가지면 "잘 키웠네"라고 얘기를 한다. 그 아이가 공부를 열심히 하고 노력한 거에 대해서는 잘 생각을 하지 않고 부모님의 (헌신적인) 역할이 더 의미 있고 중요하고 공이 있다고 보는 것 같다. 내가 생각하는 내 관점의 이야기가 될 수도 있지만 그런 현실을 보면 조금 서글프다. 내가 감내하고 너무 민감하게 받아들이지 않아야 할 부분이라고 생각한다.

어느 날 학교에서 어떤 선생님이 부모님이 아프셔서 병원에 자주 가는 모습을 보았다. 그러한 모습을 보면서 한편으로는 부러우면서도 한편으로는 내게는 그런 무거운 짐이 없어 다행이라는 생각도 들었다. 나는 개인적으로 어른이 안 계시기 때문에 (물론 나에게 관심을 가져주신 후원자님 그리고 엄마로 모시는 분들 많이 있지만) 이런 가슴 아픈 일을 경험할 일은 없다. 어머님을 모시고 병원에 가고 또한 지극정성으로 보살피는 것을 보면서 이런 부도덕한 마음이 들기도 하지만, 나의 이런 정체성을 스스로 알아가고 발견하면서 아내와 장모님, 장인어른에게 내가 어떻게 대해야 하는지를 한 번쯤 생각해 보는 계기가 되기도 한다. 살아가면서 다른 사람들의 모습을 통해 나는 나로서 어떤 존재인지를 생각하고 내 인생을 펼쳐나가는 것은 중요하다. 가끔씩 친구들 그리고 지인들의 부모님이나 할아버지 할머니들이 돌아가셔서 조문을 갈 때마다 인간사회에서 이루어지는 이러한 상부상조하는 관계 속에서 왠지 소외감을 느끼기도 한다. 당연히 많은 분들을 위로하여 드려야 하는 상황임에도 불구하고 같은 도움을 받을 없기에 나는 조금 다르구나 하는 생각을 해 보면서 가끔씩은 나를 보살펴준 보육원의 원장님께서 하늘나라에 가게 되면 얼마나 많은 분들에게 연락해야 할까? 학교에서는

행복한 고아의 끝나지 않은 이야기

공식적으로 어떤 휴가를 쓸 수 있을까? 그런 생각을 해보았다.

　글을 쓰면서 상대적으로 생각하는 나의 비교의식, 주변 친구들의 부모님이 돌아가셨을 때 생각하는 것들을 마주보게 되면서 내 마음속에 혹시 열등의식이 있는 것은 아닌지 당혹스럽다. 하지만 이런 것들을 빨리 인지하면 인지할수록 나에게 상처가 되지 않고 고민이 되지 않을 거라는 생각이 든다. 보육원 출신 고아가 아니라면 생각하지도 못할, 경험하지도 못할 그리고 하지 않아도 되는 생각들을 함께 나누는 것은 앞으로 인생을 살면서 내가 겪는 수많은 갈등을 보다 적극적으로 받아들이고 더 나아가 이 땅의 모든 보호종료아동들이 겪는 문제들을 함께 나누며 마음의 짐을 덜고 세상 속에서 당당하게 살아가길 바라는 마음이 간절하기 때문이다.

3장-당신이 생각해 본 적 없는 것에 대한 질문들

고아를 무시하는 당신에게

단호하게 외쳐본다. 고아라고 무시하지 마라.

고아를 무시하는 사람들이 있다. 물론 보육원생들, 고아들을 사랑해 주시는 분들이 더 많다는 것도 알고 있다. 그러나 아직도 몇몇 사람들은 고아를 무시하고 차별하고, 보육원 아이들에 대해 편견을 가진다. 그렇게 살아가는 사람들이 있기 때문에 강력하게 외쳐보는 것이다.

고아라고 무시하지 마라. 여러분들이 만약 부모님과 함께 살고 있다면, 부모가 있는 분이라고 한다면 한 가지 알아둘 것이 있다. 고아들도 분명 누군가의 사랑을 받고, 부모에 의해 세상에 태어난 사람이라는 것이다.

그들이 자라온 환경을 봐주길 바란다. 어렵지만 버티고, 고통스럽지만 참고 견디며 멋지게 성장해 자립해 나가는 과정을 봐주기를 바란다. 이들의 삶에 관심을 가진다면, 고아들을, 보육원 퇴소생들을 결코 무시할 수 없을 것이다. 우리 주변의 고아와 보육원생들, 힘들고 연약한 자들에게 아무런 관심을 가지지 않고 이들을 소외시킨다면 그것은 결국은 우리 모두의 책임이다.

내가 지나친 동정이나 연민을 바라는 것이 아니다. 인간 대 인간으로 대해주기를 바라는 것이다. 함께 살아가는 세상에서 다양한 사람들이 있고, 우리가 도울 수 있는 부분은 없는지, 어려움은 없는지, 큰 부담을 갖지 말고 가벼운 마음으로 이들을 바라보고 다가가기를 바라는 것이다.

고아라고 무시하지 말라는 메시지는 단지 일반인들을 향한 것이 아니다. 최근 뉴스에 보육원의 아동 학대 실태가 보도되었다. 한 보육사가 아이들에게 "내가 잘 대해주니 네가 사람인 줄 아느냐"며 말을 잘 듣지 않으면 정신병원에 보내겠다고 아이들을 협박했다는 뉴스였다. 사회복지를 공부한 이들조차도 사회복지에 대한 개념을 정확히 이해하지 못하고 있는 점이 참으로 안타깝고 경악스러웠다. 또한 복지의 개념을 자신이 선의를 베푼다는 관점으로 이해하는 무지를 보며 참담한 심경이 들었다. 아무리 사회복지 전문가라도 아이들이 겪는 아픔을 올바르게 이해하지 못한다면 고아를 무시하는 행동을 하게 되는 것이다.

　우리 주변에는 고아들이 많다. 고아는 자신의 잘못으로 고아가 된 것이 아니다. 고아라고 쉽게 무시해서는 안 된다. 이 글을 읽는 분들 중에 부모님이 돌아가셨다면, 여러분도 고아일 수 있다. 성숙한 사회를 만들기 위한 관심과 사랑이 필요한 소외된 이들에게 마음을 조금 내어주는 일은 우리 모두를 행복하게 할 것이다.

사람은 누구나 실수를 한다

2020년, 3학년 담임을 맡았다. 교사 업무의 꽃은 담임 업무이기에 코로나 상황임에도 최선을 다해 아이들의 학교적응과 고등학교 진학을 위해 노력하였다. 담임이 하는 많은 일 중 하나는 가정통신문을 배부하는 것이다. 아이들이 부모님께 전달을 잘하지 않기에 항상 종례시간에 꼭 가정통신문을 전달하도록 여러 번 안내한다. 그러던 어느 날 아이들에게 "반드시 엄마에게 사인 받아오세요"라고 평소와 같이 말을 했다. 하지만 그 말은 나의 큰 실수였다. 우리 반에는 보육원에 사는 2명의 학생이 있었는데, 그 학생들에게는 엄마가 함께 있지 않았기 때문이다.

나는 평소 고아 출신으로서 보호아동에 대한 차별과 무지로 인한 혐오발언에 대해 큰 거부감을 갖고 있었으며 여러 번 고아인식개선에 대한 특강을 하기도 했기에 고아차별발언에 대해 무척 조심하였다. 하지만 대부분 일반 가정에서 성장하는 학생들을 교육하다 보니 무심결에 '엄마'라는 단어를 사용한 것이다.

물론 학교현장에서 많은 교사들이 아무렇지 않게 부모님 직업을 물어볼 정도로 부모님 이야기를 하며 생활지도를 위해 물어보는 것은 정당한 교육활동이라고 할 수 있다. 하지만 가정통신문을 나눠주면서 "보호자(양육자)에게 사인 받아오세요"라고 하는 것이 더 바람직하지 않았을까? 라는 생각이 든다.

우리 반 아이 중 아빠와만 사는 학생, 삼촌과 함께 사는 학생, 할머니와 사는 학생도 있는데 '부모님'이라 지칭하는 것을 불편하게 받아들이는 학생들이 있다는 것을 뒤늦게 깨닫고 무척 후회를 했다.

초등학교 시절 학기 초 가족관계를 조사하는 것은 의례적인 행사였다. 담임선생님께서는 가족관계를 통해 학생들의 심리와 정서를 파악하는 것이 가장 손쉬운 방법이었을 것이다. 가정의 배경을 통해 부모의 직업을 통해 아이들의 학습수준과 생활습관 등을 사전에 파악하여 교육하는 데 최선의 방법으로 사용하셨을 것이다. 하지만 그때마다 나는 참으로 불편했다. 부모님 칸의 아버지 칸에는 보육원 원장님 성함을, 어머니 칸에는 사모님 성함을 적었다. 직업은 목사와 사회복지사였다. 틀린 내용은 아니지만 내심 부끄러웠다. 두 분의 생년월일을 적다 보면 정말

행복한 고아의 끝나지 않은 이야기

적어야 하는지 매번 망설이기도 했다.

어느 담임선생님은 부모가 없는 사람은 손을 들라고도 했다. 당시에는 주뼛주뼛하며 손을 들긴 했다. 당연히 손을 들어야 하는 줄 알았는데 지나고 보니 담임선생님의 고아 감수성이 참으로 없었다는 생각이 든다. 다양한 가정환경에서 성장한 아이들이 있음에도 불구하고 일괄적으로 조사를 하면서 왜 학생들의 마음을 제대로 읽지 못하였을까? 라는 생각이 든다. 그분들은 의도적으로 한 일이 아니겠지만 결국 아이들에게 조금의 아픔과 수치심을 유발한 것이다.

학교의 모든 교육과정은 정상적인 가정에서 생활하고 있는 학생들을 대상으로 하는 문화에 기반하고 있다. 그래서인지 보육원 아이들은 학교 교육을 따라가는 데 큰 어려움을 겪는다. 문화적 결핍이나 체계적인 학습지도의 부재로 인해 읽기 능력도 부족하거나 선행지식이 없어 학습에 흥미를 갖지 못하는 아이들도 많은 것은 당연한 결과일 것이다. 특히 교사들 대부분은 부유한 가정에서 유복하게 성장한 배경을 가지신 경우가 많다고 생각된다. 부모의 정성 어린 관심으로 어릴 때부터 줄곧 바른 생활을 하여 우수한 성적으로 교사가 된 분들이 고아 감수성을 갖게 되는 것은 쉬운 일이 아닐 것이다. 그래서인지 아이들이 학교에서 겪게 되는 부정적인 경험들이 필연적으로 일어나는 것 같다.

학교 교육활동 중 학부모와 함께 하는 행사들이 종종 있다. 운동회에서 아빠와 손잡고 달리기, 학부모 교통봉사 등, 학부모들이 활동하면 그 자녀는 학교에서 자연스럽게 눈에 띄게 된다.

교사들은 학교에 관심이 많은 학부모의 자녀들에게 유독 관심을 갖고 가르치기에 아이들은 학교에서 큰 행복감을 얻는다. 반면에 학부모가 없는 아이들은 여러 행사에서 배제되어 특별한 관심도 받지 못하고 소외감을 느끼게 된다. 무엇보다 보육원에서 준비해 주지 않아 불가피하게 수업 준비물을 가져오지 못했을 때 교사들이 왜 준비를 하지 못했냐며 꾸중을 할 때에는 쥐구멍에라도 들어가고 싶기도 하다.

5월이 되면 어버이날에는 특별 행사를 한다. 부모님께 편지 쓰기이다. 보호아동은 누구에게 편지를 써야 할까? 나는 매번 거짓으로 편지를 썼다. 친구들이 편지를 쓰는 동안 딴짓을 하면서 성의 없게 쓰는 편지시간이 참으로 괴로웠다. 친구들이 감사의 마음을 담아 정성껏 편지를 쓰는 모습을 보면서 한편으로는 부모님께 사랑을 받을 그들에게 부러움도 생겼다. 더 괴로웠던 것은 부모님 안마하고 도장 받아오기였다. 학교에서 하는 것도 짜증났는데 집에 가서 안마를 하고 확인까지 받아오라고 하니 어이가 없었다. 대충 보육사께 하고 확인을 받은 적이 있다. 좋은 행사이지만 보호아동에게는 슬프고 답답한 행사가 아닐 수 없었다. 더 나아가 나를 버린 부모에 대한 원망까지 생기게 하는 행사라 더 가슴이 아프다.

　또한 친구들도 보호아동들에게 실수를 한다. "너희는 왜 매일 같은 옷을 입고 학교에 와?" 보육원에 살면서 후원으로 들어온 옷을 입고 학교에 가니 친구들이 궁금해하는 것은 당연한 것이다. 또한 "같은 옷을 입고 오니 너희 무슨 관계야"라고 묻기도 한다. 외모가 다르니 형제는 아닌 것 같은데 같은 시간에 같은 옷을 입고 등교하는 것을 보며 도대체 왜 함께 사는지 궁금해하며 결국 하교할 때 보육원까지 따라와 구경하는 친구도 있었다. 좀 못된 아이들은 "너희 엄마 가짜 엄마지"라며 놀리기도 했다. 그보다 더 비통한 것은 "너희 진짜 엄마는 어디 있어? 너희 엄마가 너 버린 거 아니니"라며 놀리는 것이었다. 그럴 때마다 도저히 참을 수 없었다. 그래서 나를 방어하고 다시는 그런 이야기를 못하도록 친구들과 싸우기도 했다. 화를 못 이겨 싸우긴 했지만 문제는 그 다음부터이다. 선생님은 싸운 아이들의 부모님을 학교로 오라고 하시며 내교 상담 진행을 자주 했다. 우리는 억울함에 싸워 시비를 먼저 건 친구들보다 잘못이 없음에도 내교를 하지 않는 보호자로 인해 더 혼이 났다. 같이 싸운 친구는 부모가 내교하여 선생님과 잠깐의 상담을 하고 다시는 이런 일이 발생하지 않도록 하겠다는 약속을 하고 급히 자녀의 손을 잡고 돌아갔지만 보호아동들은 싸운 후 부모가 없다는 이유로 반성문도 더 쓰고 더 혼이 나기도 했다.

3장-당신이 생각해 본 적 없는 것에 대한 질문들

이러한 일들이 학창시절에만 있었던 것은 아니다. 집 계약을 할 때 "부모님 어딨나요?"라고 묻는 집주인이 부모가 없다는 말에 어이없어 하며 계약을 안 해준 적도 있다. 교사로 근무하면서도 집안 이야기를 많이 하곤 한다. 부모로부터 물려받은 땅이나 재산을 심심찮게 공개하면서 왠지 모르게 자랑을 하는 동료 교사들의 말을 들으면 왠지 불편함을 느꼈고 수많은 동료 교사들의 부모상에 참석하여 대체적으로 안정된 보살핌 속에서 교사로 무난하게 성장한 이들의 삶을 추측하며 내 자신의 안타까운 현실을 되돌아보기도 했다. 형제가 많은 집에서 내 가족에 대해 물을 때는 적당히 둘러댄 적도 있다. 무엇보다 동료 교사들이 자녀 중 5급 공무원에 합격한 아이가 있는 교사를 부러워하며 "잘 키웠다"라는 말을 하는 것을 들으며 참 씁쓸함을 느꼈다. 그들은 축하의 의미로 말을 했지만 부모 없이 교사가 된 나로서는 이해가 안 되는 말이었다.

코로나로 인해 생긴 힘든 취업난으로 많은 자립준비청년들이 방황하고 근근이 삶을 살아가고 있다. 모든 아이들이 다 힘들게 사는 것은 아니지만, 혼자 삶의 주인으로 살아가는 데 버거움을 느끼지 않는 청년들은 없는 것 같다. 한 자립준비청년은 아르바이트를 하며 자격증을 따기 위해 높은 수강료를 내고 학원에 다녔다. 어느 날 원장님은 그 청년을 칭찬하고자 하는 마음에 힘든 코로나 시국에 학원에 다니니 "너는 부모를 잘 만났구나"라

행복한 고아의 끝나지 않은 이야기

는 말을 했다. 부모 없이 스스로 알바를 하며 악착같이 사는 그 청년은 순간 고민에 빠졌다. 이런 상황을 여러 번 겪었지만 어떤 말을 해야 할지 매번 고민된다고 했다. 별로 친하지도 않은 관계로 원장님에게 무감각하게 "예"라며 위기를 모면했다. 아니 거짓말을 하였다. 없는 부모를 있는 부모로 만들었고 그것도 매우 부유하고 자상한 부모가 있다고 비의도적으로 표현한 것이다. 그 이후 그 청년은 학원에 가는 것이 참 괴로웠다. 잘사는 가정을 나타내야 해서 옷 입는 것도 고민되고 말하는 것도 고민되어 학원에서 조용히 지내게 되었다. 원장님이 본의 아니게 한 말이 그 자립준비청년을 의기소침하게 만들고 관계를 불편하게 만들게 된 것이다.

우리는 장애인을 보면서 불쌍히 보기도 하고 연민의 대상으로 바라보며 가끔 필요가 없는 도움을 주려고 하여 오히려 그들에게 불편함을 안겨주기도 한다. 평생 장애를 갖고 산 장애인들은 일상생활을 하는 것보다 다른 사람들의 불편하게 바라보는 시선과 오르막이 없는 관공서 입구진입이 더 힘들다고 한다. 보호아동도 마찬가지이다. 보육원에 사는 아이들은 큰 불편함을 느끼지 않고 그저그저 살아간다. 하지만 사람들은 보호아동이 얼마나 힘들까 하는 측은함을 보여 오히려 아이들에게 불편함을 주기도 한다. 자연스러운 감정이라고 할 수 있지만 그들의 "힘들지"라는 말에 가끔은 섭섭함을 느끼기도 한다. 어떤 행동

3장-당신이 생각해 본 적 없는 것에 대한 질문들

이 옳다고 할 수는 없겠지만 중요한 것은 보호아동을 있는 그대로 바라보고 보호아동들이 사회에 잘 자립하도록 돕는 방법을 고민하고 보호아동이 발생되지 않는 사회분위기를 만드는 것이 가장 중요하다고 생각된다.

참으로 관대한 우리 사회

우리나라 사람들은 참 정이 많다. 정이란 무엇일까. 그것은 한마디 말로 설명하기는 힘들지만 나는 '서로에 대한 관심'이라고 생각한다. 그런데 이러한 관심은 자기와 비슷한 세대, 또래에게 더욱 강한 것 같다. 반대로 이야기하자면, 자기와 동떨어진 세대에게는 그다지 관심을 갖지 않는다.

어른은 당연히 아이들보다는 현명하다는 생각이 무의식중에 깔려 있기도 하고, 도덕성을 판단할 때에도 같은 성인에게 더 관대하다. 성인이니까, 아이들보다는 인생을 더 오래 살면서 인생의 경험을 알 테니 아이를 버리는 것은 어쩔 수 없는 상황이라고 이해하려고 한다. 아이의 입장이나 처지는 아랑곳하지 않고 '오죽하면 그랬을까' 라는 말로 덮으려 하는 것이다.

3장-당신이 생각해 본 적 없는 것에 대한 질문들

'오죽하면 버렸을까'라는 말은 내가 가장 싫어하는 말이다. 한적한 공원 화장실에서 몰래 아기를 낳아 변기에 버리는 사건들을 뉴스에서 보면 가슴 아파하기보다는 '오죽하면 그런 행동을 했을까'라며 동조하는 사람들이 있다. 나는 그러한 행동은 결코 살인방조죄와 다른 바가 없다고 생각한다.

혹자는 아이를 잘 키울 수 없는 상황에서 발생한, 어쩔 수 없는 일이었다고 말하기도 한다. 하지만 나는 이토록 생명을 가볍게 여기는 세태를 간과하지 않을 수 없다. 때로는 부부가 둘 다 일을 해야 하는 상황에서 아이들을 제대로 양육하지 못하기도 한다. 집에서 부모 없이 방임된 아이들이 스스로 라면을 끓여 먹으려다가 화재가 나서 죽음을 맞이한 처참한 사건도 있었다.
이혼을 한 남자가 재혼을 했지만 새엄마가 친자식만 보살피고 남자의 아이를 차별한 끝에 결국 작은 여행 가방에 아이를 넣어 학대를 하여 죽인 사건을 보면서 차마 말로 할 수 없는 아픔이 느껴진다. 이러한 아픔이 나만이 느끼는 감정인가. 그렇다면 너무나 슬프고 비참한 일이다.

소셜미디어에서 가족의 문제나 부부 문제를 상담하는 코너를 가끔 보게 되면, 상담하는 이들이 너무도 쉽게 '아이를 보육원에 맡겨라, 국가에서 잘 보살펴준다'고 댓글을 다는 것을 보게 된다. 보육원에서 자란 나는 그 댓글을 보면 화가 치밀어 오

행복한 고아의 끝나지 않은 이야기

른다. 댓글을 단 사람에게 당장 찾아가 당신도 한번 살아보라고 따지고도 싶다. 한 사람의 인생을, 그게 설령 어른이 아니라고 해도, 너무도 쉽게 재단하고 결정 내려 버린다.

우리 사회가 너무 관대하다. 오죽하면 버렸을까, 가 아니라 대체 왜 그런 짓을 해야 했을까, 부모로서 역할을 다하지 않았는지 질책하기도 하며 해결 방법을 찾아야 한다. 다양한 사연들은 많고, 불행은 너무도 흔하다. 모두 이해받을 수는 없는 일이다. 하지만 아이를 버리는 일은 어떤 이유로도 이해받을 수 없다. 가장 그릇되고, 해서는 안 되는 일이라는 것을 명심해야 한다. 부모의 자존심은 아이를 지킬 때 비로소 빛이 난다는 점을 명심하자.

유튜브를 운영하며 느낀 불편함

　나는 유튜브를 운영하면서 많은 불편함을 느끼고 있다. 왜 우리 사회는 고아들에 대해서 나쁜 생각을 가지고 있을까? 나는 '고아는 그냥 고아일 뿐이다. 보육원생은 그냥 보육원생일 뿐이다'라는 것을 얘기해 보고 싶었다. 부모가 있는 것은 우월적 지위에 있는 것인가? 부모가 없는 것은 열등한가? 부모가 있다는 사실에 안정감을 느끼고 다행이라고 여기는 생각은 당연히 가질 수 있는 것이다. 그러나 부모가 없는 사람보다 자신이 우월하다는 생각을 하고 있다면 잘못이다.

　"니 아버지 뭐 하시노" 아버지를 보고 자식을 보는 유교사상으로 기반이 된 우리 사회는 너무나 아이들이 살아가기 힘들다. 학교에서 나의 폰보다 훨씬 좋은 몇백만 원짜리 폰을 가지고 자랑하는 한 아이가 있었다. "선생님 이 폰 멋지죠? 좋죠?" "누구 거니?" "제 거예요." 나는 다시 한번 묻는다. "누구 돈으로 샀니? 혹시 네 용돈으로 샀니?"라고 물으면 "아니요, 아빠가 사 줬어요."라고 대답한다. "아빠가 사줬으니 아빠 거네?" 그리고 한 번 더 물어본다. "혹시 네 용돈이 내 월급보다 많니?"라고 얘 기하면 "당연히 선생님 월급이 더 많죠."라고 대답한다. 그런데 '월급이 더 많은 나보다 더 좋은 폰을 쓴다는 게 말이 되지 않는 다'라고 얘기하면 아이가 어리둥절해서 그냥 간다.

많은 자녀들이 어릴 때부터 그렇게 생각한다. 아버지가 돈을 많이 벌기 때문에 난 좋은 폰을 가지고 있다고 별 고민 없이 받 아들인다. 성장하면서 어떤 아파트에 사느냐에 따라서 상대적 으로 가격이 낮은 아파트에 사는 친구들을 무시하거나 거리를 두어 친하게 지내지 않으려고 하기도 한다. 어릴 때부터 돈의 많고 적음에 따라 친구 관계를 맺고 내심 그에 따라 우월감을 느끼기도 하는데 옳다고는 볼 수 없지 않을까.

"나는 좋은 집에 살아"라고 하면 그 집이 원래 누구 것인가? 사실 부모님 것이다. 따라서 스스로 뿌듯함을 느낄 이유는 없는 것이다. 마찬가지로 고아를 상대로 "나는 너와 달리 부모님이 있어 특별해"라고 말할 수도 없다. 그렇게 생각하고 말하는 아 이들이 있다면 올바르게 교정해 줄 수 있는 문제의식을 가져야 한다.

여러분 중에도 본인이 더 많이 가졌기 때문에 "나는 우월적 지위에 있다. 남들과 다르다."라고 생각하는 사람이 있다면, 그것이 큰 문제라는 것을 인식해야 한다. 어릴 때 학기 초가 되면 항상 담임선생님께서 보육원에서 사는 사람은 손을 들으라고 하셨다. 그 당시에는 하늘과 같은 선생님의 말이었기에 우리는 항상 따를 수밖에 없었다. 손을 들기 싫지만 들어야 했다. "아버지 어머니가 없는 사람 손 들어." 중학교 때까지 그렇게 친구들의 눈치를 보면서 자라게 되었다. 왜 보육원에 사는지, 왜 부모님이 없는지에 대해서…. 되돌아보면 개인정보 유출인 셈이다.

지금 따지면 그 선생님은 벌금을 내야 될지도 모른다. 개인정보에 대해서 얼마나 민감한가? 요즘은 아버지의 직업도 물어보면 안 된다고 한다. 아무튼 우리 사회 전반에 고아를 차별하는 문화가 팽배해 있다. 그냥 '고아는 고아다'라고 생각하면 좋겠지만, 고아들은 뭔가 모자람이 있다. 이렇게 낙인찍는다. 나를 일컬어서 모자람이 있다고 이야기한다면 나는 다시 되받아칠 수 있다. 당신도 모자람이 있다. 인간은 누구나 완전한 사람이 없다.

과거 선생님이 한 행동이 지금 와서 생각해 보면 적절치 못한 행동인 것처럼, 이런 무신경한 사회적 환경은 아직도 존재하고 있고 그 부분에 대해서 우리는 항상 피해자로 살고 있다. 피해자가 있는 이유는 무지한 가해자가 있기 때문이다. 그렇기에 불편하더라도 고아에 대해서 더 잘 알아야 된다는 것이다. 최근에 나뿐만 아니라 많은 분들이 '고밍아웃'을 하고, 또 보호종료아동에 대해서 관심을 가지는 단체들이 보육원의 문제점을 개선하고 아이들을 더 잘 도와주기 위한 방법을 생각하고 있다. 하지만 안타깝게도 보육원에서 퇴소한 청년들에게는 아직 그 도움의 손길이 닿지 않는 것 같다. 많은 청년들이 자신의 정체성을 제대로 알지 못하고 살아간다. 사회에 나와서 자신이 보육원 출신인 것을 알려야 하는지, 알리거나 알리지 않음으로써 어떤 상황을 접하게 될 것인지 생각이 많을 것이다. 선택은 본인의 것이기에 원치 않으면 출신에 대해 함구할 수 있다. 그러나 회사에서 인적 사항 기록을 보거나 또 자연스럽게 식사를 하다가 부모님이나 살아온 환경에 대해 이야기를 하다 보면 입을 열어야할 상황이 올 수도 있다. 그런 경우에 불편함을 느끼는 것은 우리의 보육원생에 대한, 고아에 대한 시선이 올바르지 않기 때문이다. 고아는 모자란 친구들이 아니다. 잘못이 있어서 보육원에 들어간 것도 아니다. 이러한 편견을 없애려면 고아들 역시 자신의 정체성을 확실하게 만들어 갈 필요가 있다. 그래야 우리가 우리의 권리를 찾아갈 수가 있다. 보육원 아이들의 권리는 무엇일까? 자립준비청년들의 권리는 무엇일까? 그 권리를 찾기 위해 고아에 대한 정체성, 자립준비청년들의 정체성을 명확하게 정립해야 한다.

아이들을 정말 아름다운 시각으로 그리고 더불어 살고자 하는 따뜻한 마음으로 바라보면서 그들의 정체성을 함께 만들어 주고 권리를 찾는 것을 도와주길 바란다. 한 번 더 말씀드리지만 부모가 있든 없든 한 사람을 평가하는 데 차별이 생겨서는 안 된다. 우리는 흔히 부모님의 빽을 믿고 자만하거나 나쁜 짓을 하는 사람들에 관한 뉴스를 보곤 한다. 부모님이 능력이 있다고 해서, 부모님이 판검사이고 의사라고 해서 본인도 자연스레 그와 동등한 우월적 지위를 가진다고 생각하고, 따라서 부모가 없는 고아를 차별하는 사회적 문화가 이 땅에서 사라져야 한다. '고아는 좋지 않은 아이들이다'라고 낙인찍는 풍토가 빨리 없어지도록 고아의 정체성을 만들어 가는 데 함께 힘썼으면 좋겠다.

누군가를 돕는다는 것은

여러분은 평소 누군가를 돕고 있는지 궁금하다. 도움의 손길이 필요한 곳에 고정적으로 후원금을 보내거나, 정기적으로 자원봉사를 하는 등의 도움말이다. 누군가를 도와준다는 것은 결코 쉬운 일은 아니다. 하지만 곰곰이 생각해 보면 그리 어려운 일도 아니다. 쉬우면서도 어려운 일, 어려운 일 같으면서도 누구나 할 수 있는 일이 바로 후원이다.

나는 후원을 실천하느냐 그렇지 않느냐의 차이는 한 사람이 살아온 성장환경과 배경에 달려 있다고 생각한다. 넉넉한 환경에서 자라왔어도 가난한 이들을 잘 이해하는 사람들이 있는 반면 전혀 반대의 경우도 있다. 가난한 집안에서 자라면서 부유한 사람들을 꺼려하거나 부담스럽게 생각하는 사람들도 있다. 또

3장—당신이 생각해 본 적 없는 것에 대한 질문들

부자인 사람들을 부러워하기보다는 자신도 풍요로운 삶을 살아가기 위해 노력하는 이들도 있다. 무엇보다 주변 환경의 지배를 받지 않고 자신만의 삶을 아름답게 꾸려 나가기 위해 얼마나 노력하는지가 중요하다.

내가 보육원 아이들을 돕는 일은 특별한 것이 아니다. 20년 넘게 살았던 보육원을 퇴소한 후에도 보육원으로 가서 동생들을 만나고, 과자를 사주고 용돈을 쥐어 주는 것을 나는 당연하게 생각했다. 누군가에게는 특별하고, 대단하게 보일 수 있는 행동일 수도 있겠지만 나에게는 너무도 자연스러운 일이다. 몇몇 지인들은 나의 이러한 행동을 이해를 하지 못하거나 때로는 잘난 척을 한다고 여기기도 한다. 대부분의 보육원 퇴소생들과는 분명 다르기 때문이다. 하지만 나는 전혀 개의치 않았다. 오히려 후배들이 힘든 환경 속에서도 고군분투하며 성장하는 모습을 보면서 더욱 체계적인 후원이 가능하도록 단체가 필요하다는 생각이 들었다. 그래서 나는 한국고아사랑협회라는 단체를 만들었다.

단체를 만들고 나니 또 하나의 넘어야 할 산이 생겼다. 단체를 운영하기 위해서는 후원금이 필요했다. 넉넉지 못한 나의 경제력으로는 어림도 없는 일이었다. 그래서 정기후원자가 꼭 필요했다. 후원아동으로 성장한 내가 후원을 해달라고 요청한다는 사실이 처음에는 너무나 부끄러웠다. 물론 그 후원금을 내가 쓰는 것은 아니지만 자칫 괜한 오해를 살까 싶어 후원해달라는 말을 할 때마다 부담스러웠다.

나의 성장 배경을 아는 몇몇 지인들은 먼저 후원을 하겠다며 응원해 주기도 하지만 갑자기 전화를 해와 나를 도와주겠다는 일면식도 없는 분들과의 통화는 매번 조심스러웠다. 자칫 보육원 출신이 만든 단체라는 정체성 때문에 괜한 동정을 사지 않을까 고민스럽기도 했다. 어릴 때 기억을 떠올려 보면 보육원 원장님은 후원자들이 방문할 때마다 허리가 부러질 정도로 고개를 숙이며 감사의 인사를 했고 온갖 애교가 가득한 말을 하며 그들의 후원을 치켜세우셨다. 나는 남의 후원을 받는 일이 쉬운 일이 아님을 뼈저리게 깨달았다. 보육원 아이들을 위해, 좋은 인상을 심어주기 위해 얼마나 노력하셨는지 새삼 느끼게 되었다.

특히 후원을 위한 SNS 홍보는 너무나 힘들었다. 후원을 요청하려면 대중들을 설득해야 하는데 왜 도움을 필요로 하는지, 어떻게 도움을 요청해야 하는지 행여나 보육원에 대한 이미지가 나빠지지는 않을지 고민이 되었다. 어려운 환경에서도 나름대로 바르게 성장했다고 생각하는 나 스스로를 어떻게 잘 포장하면 좋을지 매번 고민스러웠다.

하지만 나는 고민은 접어두기로 했다. 그저 '도와주세요'라고 말하는 것이 나의 사명이다. 보육원생이 아니라 하더라도 도움이 필요한 사람이라면 누구나 도와달라고 얘기해야 한다. 몇몇 사람들은 타인에게 도움을 요청하는 걸 어려워한다. 왜냐하면 도움을 요청하는 것이 약점을 보이는 일이라 생각하기 때문이다. 그렇게 되면 결국 혼자서 문제를 떠안아야 한다. 보육원 아이들도 비슷하다. 아이들은 보육사에게 도움을 요청하는 것을 극도로 싫어한다. 오랜 보육원 생활로 인해 자존감이 낮아져 자신의 욕구를 낮게 평가하기 때문이다. 부정적인 경험과 거절당할지 모른다는 두려움이 가득하다.

하지만 아이들을 돕는 후원을 권장하는 것은 부끄러워할 일이 아니다. 사람들의 도움이 얼마나 유익한지, 얼마나 가치 있는 곳에 후원이 쓰일지 적극적으로 알려야 한다. 완벽한 사람은 없기에, 서로는 서로를 도와야 한다. 나는 사실 어릴 때부터 후원을 많이 받았기 때문에 더 이상은 후원을 받고 싶지 않았다. 하지만 자신의 부족함을 인정하고, 도움을 요청하는 것은 부끄러운 일이 아니라는 것을 깨달았다.

사회에서는 '남에게 신세를 지면 안 된다, 신세를 지면 반드시 갚아야 한다'고 교육받는다. 받은 만큼 돌려주어야 하고, 신세를 갚지 못할까 두려워 도움을 요청하지 못하는 사람도 있다. 많은 사람들이 준 만큼 돌려받으려 하고 남을 돕지는 않는다.

행복한 고아의 끝나지 않은 이야기

보육원을 후원하는 사람들은 자신이 잘되기 위한 이기적인 이유로 아이들을 후원하지 않는다. 보육원에 사는 가여운 아이들이 실패의 나락으로 빠지지 않기 위해, 이들을 돕기 위해 후원하는 것이다.

그동안 나는 이러저러한 이유로 자신 있게 후원을 권하지 못했다. 너무 조심스럽기도 하고 한편으로는 창피하기도 했다. 이제는 조금 더 용기를 내고자 한다. 보호 아동들도 마찬가지다. 도움이 필요하다면 자신 있게 요청하기를 바란다. 도움을 받지 못해 실패의 나락으로 빠지기 보다는 자존감을 키우고 용감하게 도움을 요청하는 마음을 가져야 한다.

아이들을 돕기 위한 단체를 운영하면서 쌓여왔던 고민은 나 자신이 스스로 후원을 요청할, 도움을 구할 권리가 있다는 것을 깨달으면서 자연스럽게 해결되었다. 후원을 하며 도움을 요청하는 이들에게 도움의 손길을 내미는 것은 나뿐만 아니라 공동체를 함께 살아가는 우리 모두의 사명이자 의무이다. 주위를 둘러보자. 그리고 후원할 곳을 찾아보자, 그리고 당장 지금부터 실천해 보자.

3장-당신이 생각해 본 적 없는 것에 대한 질문들

니 아버지 뭐하시노

"니 아버지 뭐 하시노"라는 말은 영화 속 갈등이 있는 장면에서 교사가 학생에게 아니면 상급자가 하급자에게 종종 하는 말이다. 학창시절에 네 아버지 뭐 하시노 하고 물어볼 때 선생님께 감히 "내 아버지 없습니다."라고 얘기하면 큰일 난다.

선생님들께 아버지 없습니다, 그러면 진짜냐고 한 번 더 물어보시는 게 아니라 한 대 더 때리시는 적이 많았기 때문이다. 아버지를 욕하지 마라, 세상에서 제일 나쁜 욕 중에 하나가 아버지를 욕하는 것이라며 매우 혼을 냈다. 그럴 때마다 개인적으로 아주 난처했다. 주로 아버지 뭐 하시느냐고 물을 때는 학교에서 무엇을 잘못했을 때이다. '네 아버지 뭐 하시노.' 나는 이 말이 어떤 사회적 문화 때문에 생겨났는지 잘 모르지만 유교문화의 우리나라에서 혈연관계를 중요시하는 과정에서 생겨난 말도 안

행복한 고아의 끝나지 않은 이야기

되는 말인 것 같다.

아버지가 없는 사람도 있는데 그런 것을 묻는 자체가 저희 세대가 성장할 때 학교나 사회의 분위기가 매우 보수적이었기 때문일 것이다. 초등학교 때 친구와 싸운 적이 있다. 그러면 친구가 아버지에게 달려간다. 그러면 잠시 후 그 친구의 아버지가 나에게 와 묻는다. 다짜고짜 나는 아무 잘못이 없고 그 친구가 먼저 시비를 걸었음에도 불구하고 그 친구의 아버지는 "니 아버지 뭐 하시노 너희 집에 가자" 화를 내며 얘기를 한다. 내가 보육원에 산다고 하면 "보육원에 사는 애라 그렇군"이라면서 더 혼을 낸다. 일단 같은 편이 없기 때문에 더 서럽다. 나는 잘못이 없는데도 불구하고 아버지가 없어 더 혼난 것이다.

다른 한편으로 '네 아버지 뭐 하시노'가 아니라 '네 어머니 뭐 하시노'라는 말은 왜 안 할까 하는 생각이 들었다. 왜 그럴까? 아무튼 이제 우리 학교에서도 가정환경을 조사할 때 아버지의 직업란을 작성하지 못하게 되었다. 그런 사회적 분위기가 나는 좋다고 생각한다. 어렸을 때 '네 아버지 뭐 하시노'와 관련된 일화는 장황하게 얘기를 하면 끝없이 풀어낼 수 있지만 이쯤에서 마치겠다.

고등학교 역사시간이었다. 역사 선생님은 자주 학생들의 족보를 물어보셨다. 본인이 족보가 있는 무슨 가문의 몇 대손이라

3장-당신이 생각해 본 적 없는 것에 대한 질문들

며 가문에 매우 큰 자부심을 갖고 있는 선생님이었다. 표정도 항상 근엄하시고 뼈대 있는 가문이라며 자랑을 자주 했다. 어느 날 나의 순서가 되었다. 너는 어디 '이'씨니 라고 묻는데 상당히 난감했다. 그 당시에 어떤 사람도 나에게 족보에 대해 이야기한 적이 없었다. 족보가 무엇인지도 몰랐다. 예를 들어 경주이씨, 전주이씨 이렇게 사람마다 족보가 있다는 것 자체를 몰랐다. 그런데 무슨 이씨냐니? 결국 "그냥 이성남이다."라고 대답하였다.

역사 선생님은 나에게 족보도 모르는 놈이라고 훈계를 엄청나게 했다. "사람의 됨됨이가 없다, 너는 빨리 가서 알아보고 다음 시간에는 꼭 다시 얘기해라." 그 이후로 나는 그 선생님을 피해 다녔다. 그 시간이 제일 싫었다.

40대 초반에 안 사실이지만 나는 사실 정확하게 얘기하면 전주이씨 일가창립이다. 법원에서 만들어주었다. 하지만 나는 그것을 잘 모르고 족보가 있었는데 족보가 없는 사람이라고 대답한 것이다. 매우 후회스러운 과거이다. 인간 됨됨이가 안 된다고 꾸중 들은 너무나 아픈 상처이다.

친구들끼리 싸울 때에도 그런 얘기를 한 거 같다. "우리 아버지 뭐 한다. 우리 아버지 무슨 일 한다. 우리 집 좋은 집이다."라며 자랑한다. 나는 결혼을 한 후에도 한동안 이것 때문에 곤란함을 경험하게 되었다. 아내는 조카가 매우 많다. 결혼을 하자마자 여덟 명의 조카가 생기게 된 것이다. 나는 내가 조카였던 적이 없어서 조카라는 말 자체를 잘 몰랐다. 그래서 고모부로서 어떻게 조카들을 대해야 할지 너무 조심스럽고 궁금했다. 조카들에게 어떻게 해야 하는지 어떻게 대해 줘야 하는지 어떻게 말을 해 줘야 하는지 그냥 평범하게 그런 생각을 고민했던 것 같다. 삼촌도, 이모, 고모, 숙모도 없었기 때문에 그런 호칭(삼촌, 고모, 숙모)이 입에 달라붙지 않았다. 결혼하고 나서 지금은 숙모님, 삼촌이란 말이 익숙하지만, 고등학교 졸업하고 결혼하기 전까지는 숙모라는 말은 한 번도 인생을 살면서 해본 적이 없었다. 외조부, 외조모, 조부, 부모 이런 단어들을 초등학교, 중학교, 고등학교 때 가족 관계 조사서에 적지 못했다. 본가와 외가의 뜻도 잘 몰랐다.

"네 아버지 뭐 하시노"라고 지금 나에게 물어보시는 분은 이제 없다. 천만다행이다. 그동안 잘 견딘 보상이다. 내가 아버지가 됐으니까 이제는 내가 다른 분들에게 이런 말을 사용하지 않도록 조심해야겠다는 생각이 든다. 족보를 몰라 혼나는 것도 불평등하고 부당한 것이다. 또한 아버지의 직업과 가문으로 사람을 평가하는 큰 실수를 저지르는 것이다. 한편으로는 혐오와 차별이기도 하다. 하루빨리 니 아버지 뭐 하시노라는 말이 사라지는 세상을 기대해 본다.

착하게 살라는 말

보육원 아이들에게, 보호 종료 아이들에게 가장 많이 하는 말은 바로 '착하게 살라'는 것이다. '착하게 살자'는 것은 표면상으로는 좋은 말이다. 하지만 보통 착하지 않은 이들에게 쓰이는 말이다. 미디어에서는 교도소에 다녀온 전과자, 조폭들의 구호처럼 쓰이기도 한다.

착하게 산다는 것은 타인에게 피해를 주지 않는 것이다. 내가 듣기에 보호 종료 아이들에게 착하게 살라는 것은 남에게 피해를 주지 말고, 남의 눈에 거슬리게 살지 말라는 의미로 들린다. 나의 편견일까? 결코 그렇지 않다. 그만큼 이 사회에서는 고아에 대해 지독한 색안경을 쓰고 있다. 많은 사람들은 고아라고 하면, 고아원 출신이라고 하면 부모가 없고 나쁘게 성장할 가능성이 높다고, 미래가 불투명하다고 믿는다. 돈이 없기 때문에, 부모가 없기 때문에 착하지 않으면 인정해 주지 않겠다는 정서도 착하게 살라는 표현에 숨겨져 있는 것 같다.

사람은 누구나 착하게 살아야 한다. 하지만 무심코 던진 착하게 살라는 말은 아이들에게 상처가 될 수 있다. 고아원 아이들을 돕는 후원자님들도 가끔 이렇게 말한다. "너희는 도움을 받고, 후원을 받았으니 그에 대한 보답으로 착하게 자라야 한다"고 말이다. 내가 이렇게 도와주고 있으니 너는 그걸 갚아야 한다는 뜻이다. 고아원 아이들이 도움을 구걸하는 거지도 아니고 그들이 부모가 없이 살고 싶어서 사는 것도 아닌데, 너무도 잔혹한 말로 아이들의 마음을 한 번 더 짓밟는다. 나도 어릴 때 정말 많이 들었던 말이지만 지금 생각해도 화가 난다.

그런 말씀을 하는 분들의 의도가 결코 악한 것은 아니다. 하지만 나는 그 말에 동의할 수 없다. 사람으로 태어났기에 누구나 착하게 생활해야 하는 것이지, 후원을 받았기에 착하게 사는 것은 아니기 때문이다.

학창 시절에는 이런 일도 있었다. 같은 보육원에 사는 한 아이가 학교에서 싸움이라도 하게 되면 선생님은 학교에 다니는 모든 보육원 아이들을 싸잡아 평가했다. 돌봐줄 부모가 없기에

3장-당신이 생각해 본 적 없는 것에 대한 질문들

너희들은 더 똑바로 살아야 한다든지, 시설에 연락해서 아이들 관리를 잘 해달라 한다든지, 모든 학생이 듣는 데서 보육원 전체를 비난하는 듯한 표현도 했다. 누군가의 갈등, 개인 학생의 문제를 보육원 전체의 문제인 것처럼 여기는 것이다.

사람은 누구나 다 실수할 수 있다. 어린 아이들은 특히 그렇다. 그런데 그 이유가 엄마가 없어서, 공부를 못해서, 생각이 없어서가 아니다. 청소년 시기에는 누구나 실수를 하고 시행착오를 겪을 수 있는데 보육원 아이들이라고 해서 더 큰 잘못이 있다고 여기는 것은 참으로 억울하다.

교육학에서도 환경적인 요인이 아이에게 영향을 미치는 것은 맞다. 하지만 아이가 가진 고유한 내면의 성품과, 기질도 영향을 미친다. 단순히 보육원 출신이기 때문에 부족하다고 오해하는 것은 안 된다. 한 보호 종료 아동이 회사에 처음 들어가 업무가 미숙하다고 하면, 그로 인해 회사 내에서 사람들과 갈등하게 된다면 그것은 그 사람이 보육원 출신이기 때문일까? 회사의 교육 시스템이나 조직 문화에서 원인을 찾아야 하지 않을까?

무심코 내뱉는 말 한마디가 아이들을 상처받게 하고, 우리 사회의 그릇된 편견을 더욱 공고히 한다는 사실을 기억하기 바란다. 고아원 아이들만이 아닌, 우리 모두가 착하게 살아야 한다.

보통의 청춘, 보통의 인생

내가 보육원 출신임을 공개하면 학창 시절 친구부터 학교의 제자, 동료 교사분들, 교회 성도분들 등 나와 관계있는 이들이 많은 관심을 보여 주시곤 한다. 최근 한 선생님께서 보육원에서 자란 내가 어떻게 교사가 되었는지 궁금해하며 존경한다는 말씀까지 해주셨다. 나의 첫 책『나는 행복한 고아입니다』를 보고 감명을 받아 보육원에 대해 조금 더 이해하게 되었다고 해주셨다. 나는 뿌듯하기도 하고 반가운 마음에 보육원에 자원 봉사를 한번 함께 가보자고, 후원도 해보자고 권했다. 하지만 선생님의 대답은 절대 노, 가지 않겠다고 말씀하셨다.

은근히 기대하는 마음에 권유한 것인데 막상 거절을 당하니 너무도 서운했다. 평소 이웃을 생각하며 너그러운 마음을 가진 분이라고 생각해 더욱 기대했던 탓이다. 더욱 실망스러웠던 것은 보육원 아이들에 대한 선생님의 시선이었다.

그분은 보육원 아이들이 애처롭다고 표현하였다. 나의 실망은 커졌다. 아이들이 애처롭다니. 평소 선한 표정을 짓고 다니시기에 그분에 대한 인상이 좋았는데 아이들이 애처롭다고 표현하셔서 나는 너무도 당황했고, 그 기색을 감출 수는 없었다. 괜히 자원봉사 얘기를 꺼냈구나, 후회스러웠다.

나는 평소에는 웬만하면 주변 사람들에게 보육원에 자원봉사를 하러 가자고 권유하지 않는다. 왜냐하면 20여 년 넘는 시간 동안 보육원에 살면서 수많은 봉사자들을 만나 보았기 때문이다. 자원봉사를 하러 가서 보육원 아이들의 좋지 않은 모습을 목격하고 그로 인한 편견의 시선을 나에게도 적용해 나를 평가할 것만 같았다. 또 괜히 봉사를 권유했다가 거절이라도 당하면 나도, 상대방도 껄끄러운 기분이 들까 하는 걱정이 들기도 했다.

하지만 황당한 마음도 들었다. '애처롭다'니. 혹시 이분은 나도 애처롭게 보는 건 아닐까, 나는 어떻게 생각하실까, 여러 가지 생각이 들었다. 아이들이 애처로워 보일 수 있다. 안쓰럽고 처량한 마음이 들 수도 있다. 다른 사람의 생각이고 시선이니 그렇게 여길 수 있다고 생각하지만 스스로 인정하기는 쉽지 않다. 며칠간 이 문제를 골똘히 고민해 보았는데 나는 그분이 가진 아이들에 대한 시선과 보육원에 대한 생각을 바꾸는 것이 불가능하다는 생각이 들었다. 그분을 이해할 수 있게 되었다.

그분이 아이들을 애처롭게 생각하는 이유는 다름이 아닌 깊은 이해에서 온 것이다. 부모 없이 자라야 하는 아픔, 부모를 보고 싶어도 자유롭게 만날 수 없는 상황, 사회에서 겪는 차별로 인해 아이들이 겪는 아픔을 마치 내 일처럼 깊이 이해하기 때문일 것이다. 보육원 아이들을 보면 감당할 수 없는 아픔을 느끼게 되고 너무 강한 동정심이 들기에 오히려 보육원 봉사를 꺼린다는 것을 뒤늦게 알게 되었다. 그 감정은 인간이 가지는 자연스러운 연민의 정이다. 그렇게 생각해 주시는 거라 생각하니 한결 마음이 놓였다. 하지만 한편으로는 안타까운 마음도 느껴졌다.

아이들을 바라보는 애처로움 때문에 자원봉사마저 꺼리게 된다는 것은 '아이들 = 애처로움'이라는 편견에 갇힌 결과라고 생각한다. 제3자의 입장에서 보면 아이들이 애처롭게 보일 수는 있겠지만 정작 당사자들은 그렇지 않다. 오히려 열심히, 꿋꿋하고 밝게 살아가려고 하는데 자신들을 '애처롭게 바라보는 시선' 자체가 불편하게 느껴질 것이다.

나는 이러한 편견을 없애기 위해서라도 많은 사람이 보육원 봉사를 해봐야 한다고 생각한다. 애처롭다는 마음이 아닌,

그보다 더 고귀한 마음을 갖는 것이 필요하다고 생각한다.

보육원 아이들을 떠올릴 때 애처롭다는 마음, 불쌍하게 여기는 마음은 반드시 바뀌어야 한다. 보육원에 찾아갔을 때 '이 아이들이 상처를 받으면 어떡하나.' 하는 생각보다는 설령 봉사자 때문에 상처를 받더라도 누군가는 그러한 경험을 바탕으로 상처를 주지 않는 사람이 되어야겠다고 생각하기를 바란다. 애처롭다는 말로 보육원 봉사를 꺼리기보다는 일단 봉사를 한번 해보면서 그런 생각을 바꿔보기를 바란다.

알고 보니 선생님은 20대 초반 대학생일 때 어느 보육원에 학습지도로 자원봉사를 했다고 한다. 그런데 가르치던 아이가 교통사고로 천국에 갔던 것이다. 그 아이는 당시 고작 13세였다. 이에 그 선생님은 부모 없이 성장한 그 아이가 너무 어린 나이에 사망에 이른 것을 보고 큰 충격을 받았던 것이다. 그 아이가 너무나 불쌍하게 여겨졌고, 그 후로는 보육원에 봉사하러 가는 것을 꺼리게 되었다고 했다. 나는 그 선생님의 심정이 너무나 잘 이해된다. 그 아이에 대한 관심이 그 선생님에게도 큰 상처가 되었으리라.

우리는 누구나 안쓰러움을 갖고 있다. 측은지심은 인간의 자연스러운 감정이다. 대부분의 사람들은 보육원 아이들을 안쓰럽게 여기는 마음을 갖고 있다. 부모의 돌봄을 받으며 성장한 이들이 부모 없이 자라는 아동을 보면 누구나 그런 보편적인 느낌이 들 것이다. 하지만 나는 그러한 느낌과 생각은 더 나쁜 편견을 만든다고 생각한다. 부모 없는 아이라 불쌍하다고 생각할 수 있지만 과연 그 아이들이 자기 자신을, 스스로를 불쌍하다고 생각할지 우리 모두는 다시 생각해 보아야 한다.

이제 아이들의 입장에서 생각해 보자. 아이들의 입장에서 생각해 보기 위해 우리는 보육원에 봉사를 가야 한다. 보육원을 이해하고 아이들의 삶을 이해해야 한다. 보육원 아동은 부모가 없을 뿐이지 평범한 아이들이다. 그들을 바라볼 때 불쌍하거나 애처로운 감정은 잠시 접어두고 봉사를 해보기를 권한다. 여러분(자원봉사자)의 관심과 정성으로 아이들에게 도움을 주고 아이들의 상처를 어루만져 줄 수 있다는 있다는 사명감을 가지고 많은 분이 보육원에 봉사하러 갔으면 한다.

어느 사회든 1%의 보호 대상 아동이 발생한다. 어느 나라든 마찬가지이다. 따라서 이 아이들이 보통의 청춘, 보통의 인생을 살 수 있도록 돕는 것은 우리 모두의 의무이자 한 시대를 함께 살아가는 우리의 책임이다.

3장-당신이 생각해 본 적 없는 것에 대한 질문들

세상에 나쁜 부모가 있을까?

보육원 아동과 생부모의 관계

세상에 나쁜 부모가 있을까? 결론은 있다. 나도 부모이지만 부모답지 못한 행동을 할 때가 있는데 아예 양심이 없는 듯한 부모도 있다. 부모라고 하면 누구나 기분 좋고 든든함을 느끼겠지만 누구나 다 그런 것은 아니다.

나 역시 부모 자격이 있는지 의심스럽긴 하지만 아이들에게 맛난 것도 사주고 대화도 잘하기 위해 노력하는 것을 보면 아주 능력 없는 아빠는 아닌 것 같다. 부모는 누구나 되는 것도 아니고 부모 역할을 이미 알고 있는 사람도 없다. 어릴 때부터 보고 자란 부모를 보면서 자연스럽게 가정에 대한 소중함과 가족의 필요성을 느낀다. 더불어 올바른 부모상에 대한 생각을 스스로 습득한다.

자식을 위해 온갖 수고를 다 하고 헌신적으로 돈을 벌거나 유학을 보내는 등 모든 방법을 동원해 자녀들의 성공을 위해 노력하는 부모들도 있다. 재벌은 재벌대로 후계자 양성을 위해 어릴 때부터 특별한 교육을 시키기도 한다. 부모의 경제 능력과 학벌 등에 따라 아이들의 성장 속도가 달라지며 미래까지 바뀔 수 있다는 것을 모르는 이는 아무도 없을 것이다.

　일반적으로 모든 사람들은 부모라고 하면 자식을 정말 사랑하는 사람으로 받아들인다. 뜻하지 않게 임신을 한 이들이 아니라면 누구나 자신의 자식을 끔찍이 사랑하고 아끼고 심지어 목숨보다 더 소중히 생각할 것이라고 여긴다. 흔히 동물도 자신의 새끼를 위협하는 동물과 맞서 싸우는 것을 보면서 동물보다 못한 사람도 있다는 말을 하기도 한다. 나는 전문가는 아니지만 부모와 함께 살고 있지 않은 아이들이 느끼는 감정을 누구보다 잘 안다. 또한, 자식을 버리는 어른들의 모습을 보면서 '어떻게 저렇게 비인간적이고 이기적일 수 있을까?'라는 생각을 자주 한다.

　서두가 길었지만 오늘은 몇 가지 사례를 중심으로 보육원생들이 생각하는 친부모, 그리고 퇴소 후 친부모와의 관계에 대해 말하고자 한다.

　첫 번째는 한 여자 청년의 이야기이다. 한 젊은 부부의 애틋

한 사랑의 결실로 행복한 가정에서 태어나게 되었다. 어느 날 무슨 이유인지 남자는 가정에 소홀해지면서 술로 하루하루를 보내며 아내를 수시로 때렸다. 아내뿐 아니라 여자아이까지 때리기 시작했다. 아내는 그런 남편에게 어떤 대항도 하지 못하고 무기력하게 하루하루를 보내고 일을 하지 않는 남자를 피해 돈을 벌러 나갔다. 학교에 갔다 온 여자아이를 남자는 성폭행하였다. 여자아이는 자신이 반항하면 엄마가 더 힘들어지겠다는 생각에 아무런 저항도 하지 않았다. 그러던 어느 날 아내는 큰 결심을 하고 이혼을 하게 된다. 당시 거주지는 수도권이었다. 아내는 어떻게 해서든 남자와 아이들을 떼어놓고자 경북 어느 지방 소도시 보육원에 아이들을 맡긴다. 보육원에 맡겨진 아이들은 부모와의 이별에 대한 트라우마로 제대로 된 학교생활을 할수 없었다. 학교에서 표준어를 쓰니 친구들이 비꼬고 따돌렸다. 결국, 여자아이의 남동생은 학교 부적응과 보육원 형들의 폭력을 이기지 못하고 가출하여 친엄마에게 돌아가 자연스럽게 두 남매는 이별을 하게 되었다.

여자아이는 어느덧 성인이 되어 스스로 자립을 해야 할 시기를 맞이하였다. 생모도 재혼을 하였다. 청년은 생모와 연락을 하였으며 새아빠와도 편하게 지냈다. 새아빠는 그 청년이 자립할 때 물질적, 정서적으로 큰 도움을 주었다. 갑작스런 생모의 죽음이 새아빠와의 관계를 서먹하게 하였으나 그럼에도 새아빠는 여전히 청년에게 먼저 다가왔고 결혼식을 할 때 혼주석에 앉을 정도로 청년을 아꼈다.

어느 날, 한 여자에게서 전화가 왔다. 다름 아닌 새엄마였다. 다짜고짜 친부가 죽었으니 와서 장례를 치르라는 것이었다. 남동생에게 연락을 했다. 남동생은 어이가 없다는 듯 안 간다며 알아서 하라고 했다. 여자 청년은 친부를 다시는 보고 싶지 않았지만 자신을 낳아줬다는 이유 하나만으로 장례식에 가 장례 비용으로 몇백만 원을 지출하였다. 본인의 진정한 부모는 새아빠이며 그분의 장례식 때 지인들에게 연락을 해야 하기에 정작 생부의 죽음은 어느 누구에게도 알리지 않았다. 정말 용기 있는 결단이다.

두 번째는 어느 남자 청년의 이야기이다. 어릴 때 부모와 헤어져 보육원에 입소한 아이는 왜 보육원에 들어가게 되었는지 전혀 모른다. 보육원에 맡겨진 아이는 퇴소까지 한 번도 부모를 만난 적이 없다. 하지만 부모에 대한 원망은 하지 않았다. 헤어져 있는 것이 당연한 듯 자연스럽게 보육원 생활에 익숙함을 느끼고 대학 졸업 후 회사원이 되었다. 결혼 적령기가 되어 문득 부모에 대해 생각하게 되었다. 혼주석에 앉힐 분을 생각하고 배우자에게 자신의 과거를 이야기하는 게 맞는 것 같아 여자친구와 함께 주민센터에 갔다. 다행히 자신의 이름과 주민등록번호가 정확해 호적을 찾게 되었다. 많은 사람들의 도움으로 만난 친부모는 청년이 어떻게 살았는지 참 궁금해했다. 자식을 찾고

3장-당신이 생각해 본 적 없는 것에 대한 질문들

싶어 보육원에 가보았지만 찾을 수가 없었다고 한다. 어느 보육원에 살고 있었는지도 제대로 알지 못하면서 찾고 싶었다는 말은 순전히 거짓이었지만 청년은 아무런 대꾸도 하지 않았다. 필요성을 전혀 느끼지 못했다. 청년은 부모에게 듣고 싶은 말이나 어떤 미련도 없었다. 단지 살아 있는지만 알고 싶었다. 결혼을 약속한 청년은 결혼을 앞두고 생부에게서 갑작스런 연락을 받았다. 자신이 간이식 수술을 해야 하는데 현재 살고 있는 자식과는 매칭이 안 되니 청년에게 간이식을 부탁한 것이다. 이복동생이 간이식이 안 된다는 말이 사실인지는 알 수 없지만 그 부탁을 듣고 들어줘야 하는지 며칠을 고민했다. 청년은 평소 헌혈을 자주 하며 선행을 베풀기도 했기에 이번 일이 남 일까지 않았다. 사실 생부와는 남처럼 생활했지만 결국 힘든 때에 자식에게 부탁하는 것을 안 들어줄 수 없었고 모르는 분들에게도 장기기증을 하는 경우도 있는데 자신을 낳아준 분에게 매정할 수 없다고 생각했다. 생부모에 대해 어떤 감정도 없었지만 이번 일로 다시는 생부를 만나지 않기로 했다. 계속 연락을 하다가는 자신의 인생도 망하겠다는 생각이 들었다. 사실 주변에서 퇴소 후 자립정착금을 빼앗아 간 부모들이 있다는 사실을 여러 번 들었지만 이렇게 장기이식을 부탁을 받는 상황을 직접 맞게 되니 황당하면서도 안 도와줄 수 없었다.

세 번째 사례이다. 부모가 성격 차이로 이혼하게 되어 여자

동생은 엄마가 데려가고 남자아이는 아빠가 키우게 되었다. 생계를 위해 남자는 어쩔 수 없이 보육원에 남자아이를 맡겼다. 그 청년도 보육원에 잘 적응하고 퇴소를 하였다. 퇴소 후 청년은 아버지와 함께 살게 되었다. 마땅히 갈 곳도 없었고 아버지도 혼자 사는 게 썩 좋게 보이지 않았던 것이다. 그러던 어느 날 아버지는 청년에게 돈을 달라고 하였다. 이유는 여자친구에게 침대를 사주기 위해서였다. 청년은 황당했지만 달라는 돈을 주었다. 앞으로 아버지와 함께 살려면 생활비 명목으로 돈을 줘야 한다는 무언의 강요를 느꼈다. 거기다 친부는 사사건건 자신의 생활에 간섭을 하였다. 그동안 떨어져 살면서 부모의 간섭을 받은 적이 없던 청년은 너무나 짜증스러웠다.

자신의 인생이 왜 이리 불쌍한지 하루하루 실망스러웠다. 결국 청년은 공황장애와 우울증을 갖게 되었다. 어릴 때도 걸리지 않았던 정신 질병을 성인이 되어 걸리면서 폭발하게 된 것이다. 부모와 함께 살면 더 이상 차별을 당하지 않을 거라 생각했지만 오히려 반대였다. 부모와 함께여서 자신의 인생이 망해가고 있다는 것을 뒤늦게 알게 되었다. 그러던 어느 날 자신의 엄마가 보고 싶었다. 엄마라도 만나 자신의 처지를 이야기하고 싶었다. 어렵게 엄마의 연락처를 알게 되어 연락을 했지만 특별한 위로를 받지 못했다. 여자 동생을 만나고 싶다고 했지만 안 된다는 말에 큰 상처를 입었다. 왜 자신은 엄마와 함께 살지 못하는지 따지고 싶었다. 함께 살지 않더라도 위로받고 싶었다. 하

3장-당신이 생각해 본 적 없는 것에 대한 질문들

지만 그것은 지나친 바람이자 청년의 욕심이었다. 그러던 어느 날 아버지가 자살 시도를 하였다. 청년은 아버지를 위로하며 오늘도 하루하루 살아가고 있다.

자식은 부모를 닮아간다고 한다. 그러나 부모와 떨어져 성장한 이들은 누구를 닮아갈까? 떨어져 살았지만, 부모를 닮아 술, 담배를 좋아하는 이들이 있는가 하면 부모보다 훨씬 더 마음이 깊고 품성이 착한 청년들도 있다. 위의 세 사례를 보면서 세상에는 참 부모 같지 않은 이들이 많다는 것을 알게 된다. 보육원에 아이를 맡기고 성인 된 자식에게 무슨 낯짝으로 간이식을 부탁하는지, 자신의 여자친구를 위해 아들의 인생을 망치는 양심이 없는 어른, 재혼을 했음에도 염치없이 돈을 부탁하는 어른 등 참으로 어이가 없는 이들이 있음을 알 수 있다.

사실 사람들마다 사연이 있고 사정이 있어 어쩔 수 없이 자식에 대한 애정이 식거나 인생을 보듬기 힘들 수는 있다. 그럼에도 대부분의 부모들이 헌신적으로 자식을 돌본다. 누구나 힘들다. 그렇기에 부모 된 자들이 더 열심히 살고자 하는 의지를 가져야 하는 것이다. 평범하지 않았던 내 인생이라 힘든 인생들이 눈에 들어온다. 특히 보육원 아이들의 처절한 인생 스토리가 너무나 구구절절하다. 글을 마무리하면서 우리는 과연 어떻게 이러한 사연 많은 이들을 바라봐야 하는 것인가 질문이 생겼다. 피할 수 없는 운명이라면 아이들이 현실을 인정하고 어른들이 깨어 있어 서로를 돌봐주며 그들의 부모 역할을 해줄 수 있는 일은 없는지 고민해봐야 할 것이다.

3장-당신이 생각해 본 적 없는 것에 대한 질문들

양육할 의무, 행복을 누릴 권리

사람은 왜 태어날까. 사람이 세상에 태어난 것은 개인의 의지와는 상관이 없다. 하나님의 계획에 따라 이 세상에 태어났고, 하나의 우주로 만들어진 것이다. 삶을 살아가는 사람들 중 '차라리 태어나지 말걸'이라고 생각하는 사람들은 몇이나 될까. 아마도 대부분의 사람들은 자신을 낳아준 부모와 소중한 추억을 쌓고 서로 사랑하며 인생을 살아갈 것이다.

인간이 살아있다는 것은 철학적으로 생각할 수 있는지, 그렇지 않은지의 차이일까. 살아 있지만 삶의 의지가 없는 이들은 죽은 영혼이라고 여겨야 하는가? 나는 철학자가 아니기에 생명에 대한 철학적인 질문에 대해서는 잘 모르겠다. 생명에 대해 논할 지식은 없지만 생명이 소중하다는 것은 부인하지 않는다.

어느 생명이라도 그것은 존엄하고 고귀한 것인데 좋지 않은 환경으로 인해 중단되기도 하는 현실은 참으로 안타깝다.

출산을 통해 생명이 탄생하는 일은 고귀하고 정결한 일이다. 그런데 아이를 낳은 성인이 생명에 대한 철학이나 아이의 인생에 대해 별다른 관심이 없어 무차별하게 아이를 버리는 일도 일어난다. 그렇기에 우리는 아이들의 생명에 대한 소중함을 다시 한번 생각해 볼 필요가 있다.

부모와 함께 살지 않는 아이들을 보며 무의식적으로 색안경을 끼고 부정적으로 바라보는 일은 흔하다. 부모가 없기에 정서적인 결핍이 있을 것이라 생각한다. 친생부모와의 단절을 아이의 삶의 끝으로 여기기도 한다. 더 나아가 한 부모가 아이의 생명을 버렸다는 표현을 쉽게 사용하곤 한다. 버려진 생명이 살아가면서 부모로부터 버려졌다는 생각에 자책하며 부모를 원망하고 인생을 비관하기도 한다. 하지만 분명히 해두고 싶은 것은 부모가 아이의 생명을 버린 것이 아니라 양육해야 하는 의무를 버린 것이라는 점이다.

아이를 양육해야 하는 의무를 버리는 사람들은 자신의 경제적인 능력과 주변의 시선, 그리고 이기적인 욕심에 사로잡혀 있다. 이 때문에 아이를 온전하게 양육해야 하는 의무를 저버린

3장-당신이 생각해 본 적 없는 것에 대한 질문들

것이다. 세상의 어떤 의무보다도 중요시되어야 하는 부모로서의 의무를 가볍게 포기하고 자신만의 인생을 살아가는 것이다.

나는 그런 사람을 볼 때마다 인간의 사악함에 대해 생각한다. 물론 인간은 온전한 생물체가 아니다. 비교가 적절치 않을 수 있으나 동물들은 자식을 버리는 경우가 거의 없다. 이성을 소유한 인간만이 너무나 큰 잘못을 하는 것이다. 아동의 생명은 절대 버릴 수 있는 것이 아니다. 생명은 어떤 환경에서든지 소중한 생명으로 존중받아야 한다. 아이들은 표현할 수가 없다. 때문에 우리는 표현을 하지 못한다 하더라도 그들이 외치는 마음의 소리를 들을 수 있어야 한다.

처절하게 죽어가는 작은 생명들이 이 땅에서 외면받고 빛나는 날갯짓도 하지 못하는 것은 우리가 너무나 생명을 경솔히 여기기 때문이 아닌지 다시 한번 생각해야 한다. 더 나아가 아동을 양육할 권리를 생부모가 포기했으니 우리는 그 아동이 온전히 양육받도록 새로운 환경을 제공하여야 한다. 새로운 환경에서 한 발 더 나아가 보다 안전하고 세상에서 가장 행복한 환경을 누릴 수 있도록 주변의 따뜻한 관심과 우리 사회 전체의 노력이 필요하다.

타인을 살리는 일, 나를 살리는 일

세상에는 다양한 후원이 있다. 그리고 그러한 후원들은 각계 각층의 소외된 이웃들에게 커다란 힘이 되어 준다. 나는 후원이 란 것은 생명을 살리는 일이라 생각한다. 후원이 세상에서 어떤 행동보다 고귀한 일이라고 믿는다. 후원을 한다는 것은 사실 말 처럼 쉬운 일이 아니다. 자신의 시간을 사용해야 하며 자신이 가진 돈, 물질과 더불어 정신도 소비해야 한다.

나는 어릴 때부터 후원을 받으며 성장했기에 그 누구보다 후 원의 소중함을 잘 안다. 그래서 지금도 가급적 남을 도와주는 일 에 열중하고자 한다. 좋은 후원자, 나쁜 후원자도 물론 있을 수 있다. 하지만 어릴 때 후원을 순수한 의미로 받아들이기보다는 의도를 먼저 파악하려 하고, 왜 보육원에 방문했는지 왜 우리를 후원하는지를 먼저 살펴본 것이 조금은 후회가 되기도 한다.

한 가정을 보면 부모가 한 생명을 죽이고 살리는 일을 한다. 한 아이의 가치관과 인생관을 좌우하는 데 부모는 절대적인 영향을 미치는 것이다. 하지만 보육원 아이들은 부모의 영향이 없어 새로운 도움의 손길이 필요하다. 흔히 사람들은 '후원은 해야 해, 후원은 좋은 거야'라는 다소 관습적이고 애매한 생각만을 갖는 것 같다. 하지만 후원의 수혜자이자, 오랫동안 후원을 지켜본 사람으로서, 나는 후원이 생명을 살리는 너무나 고귀한 일이라는 것은 매번 깨닫는다. 한 분의 관심과 후원이 보호아동이 인생을 살아가는 데 터닝 포인트가 되는 기적을 목격했기 때문이다.

'내가 과연 누구를 돕는 일을 할 수 있을까?' '왜 후원을 해야 하는 것인가?'를 고민할 수도 있을 것이다. 나는 고민하기 전에 우선 가까운 보육원을 찾아보라고 말하고 싶다. 보육원에 전화를 해서, 가능하다면 한번 찾아가 아이들의 어려움을 물어보는 것은 어떨까.

이러한 작은 용기를 통해 새로운 경험을 하게 되고, 더욱 멋지고 값진 인생을 사는 밑거름이 될 것이라 생각한다. 외로운 아이들, 도움이 필요한 아이들을 위해 고귀한 일을 시작해 보

행복한 고아의 끝나지 않은 이야기

자. 타인을 위한 일, 다른 이를 돕는 일이라는 생각이 들겠지만 후원이라는 행위는 결국은 자신을 위한 길임을 알게 될 것이다.

3장—당신이 생각해 본 적 없는 것에 대한 질문들

언제까지 도와달라고 말씀드려야 하나

　보호아동들을 도와주는 방법에는 어떤 것이 있을까? 먼저 관심을 갖는 것, 후원해 주는 것 그리고 누군가가 보육원생에 대해서 잘못 알고 있을 때 그것을 고쳐 줄 수 있도록 여러분의 인식을 바꿔 나가는 것, 그런 것들이 이 땅의 보호아동들을 도와주는 길이다.

　한국고아사랑협회 회장을 하면서 사업의 방향을 정했다. 바로 부모를 찾는 것이었다. "제 부모를 찾고 싶습니다. 제 부모를 찾아야지 이 땅에 있는 버려진 아이들이 부모님을 찾을 수 있는 법적인 근거를 마련할 수 있고 그 아이들에게 희망을 줄 수 있습니다. 부모님을 찾는 것을 도와주세요."라고 하며 협회를 만들게 되었다. 이 단체를 이끌어가는 데 많은 도움을 청하면서 여러모로 부끄럽기도 하다.

언제까지 도와달라고 해야 하느냐? 한편으로 좀 비참했다. 내면의 목소리이다. 너는 언제까지 도움을 받고 살 거야? 보육원에서 25세까지 도움을 받았고 퇴소 후 18년이 지난 지금까지도 너를 후원해 주신 분들께 도움을 받고 있잖아? 그런데도 아직껏 "도와주세요."라고 하는 것에 대해 자존심이 상하지 않아?

어떤 단체라도 함께 협력하면서 도움을 받고 단체를 구성해 나가겠지만 특히 우리 한고협은 정말 당사자인 나부터 도움을 받는 데 있어서 담대함이 있어야 될 것 같다는 생각이 들었다. 도와주시는 분들은 그저 선하고 순수한 마음으로 도와주시겠지만 그 순수한 마음을 자칫 오해해서 나의 부족함으로 인해 진실되게 느끼지 못하고 부끄러워하는 모습을 성인이 된 지금 발견했다. 이에 대해 너무나 제 자신이 부끄러웠다.

나는 공개적으로 도와주세요, 라고 표현하지만 이 땅의 2만 5천 명의 보육원에 있는 아이들은 말도 못 하고 가슴으로 하루하루를 울면서 살아가고 있을지도 모른다. 그리고 몇십만 명의 자립준비청년 중에서는 한을 품고 살면서 회사에 취직도 하지 못하고 힘겨워하는 분들도 많이 있을 것이다. 고아들은 부모가 없다. 우리 모두가 부모이자 삼촌, 고모가 되어야 한다. 물론 도와줄 수 있는 부분에 한계가 있지만, 노력하는 것을 포기하지 않고 그동안 알지 못했던 고아에 대한 인식을 바꾸고 아동학대나 방임이나 이혼(실직, 질병)으로 인해서 보호아동들이 생기지 않도록, 베이비박스에 버려진 아이들이 생기지 않도록 생명에 대한 소중함을 느끼는 것 또한 물질적 후원만큼이나 중요한 것이다.

여러분이 아이들을 도와준다면 아이들은 평생 은혜를 잊지 않을 것이다. 아마 여러분들을 위해 날마다 축복의 기도를 할 것이고 아이들이 살아가는 데에도 커다란 힘이 될 것이다. 이 땅에는 한 해 4천 명 이상의 아이들이 버려지고 보호아동들은 아동복지시설에서 여러분을 기다리고 있다.

헌신적으로 보육원에 후원하는 모든 단체에 가입하셔서 후원을 해주시고 후원을 하지 않더라도 보육원 아동에 대한 인식을 바꾸어주는 것을 나는 기대해본다. 나 또한 더 이상 "도와주세요"라고 하는 것이 부족함이 아니라 모두가 함께 사는 세상을 만들기 위한 작은 발걸음이라고 생각하고자 한다. 이제 위축되고 싶지 않다. 우리 모두 아름다운 후원을 시작해보자.

존중받아야 할 아이의 권리

아이를 버리는 사람들에게

말만 들어도 너무나 섬뜩한 제목이다. 아이를 버리는 사람들이라니. 여기서 분명히 밝히고자 하는 것은 아이와 떨어져야 하는 모든 분들을 폄훼하고자 하는 의도는 절대 아니라는 것이다. 아이를 낳았지만, 돌볼 수 없는 사람들은 많다. 이유도 제각각이다. 경제적인 빈곤과 실직, 질병 등 피치 못할 사정으로 인해 제대로 양육할 수 없는 이들이 분명 있다. 아이들을 아끼고 사랑하지만 어쩔 수 없이 양육시설에 맡기는 분들이 있다는 걸 잘 알기에, 조심스럽게 얘기를 꺼내고자 한다.

생명을 가진, 소중한 인격체인 아이들이 부모의 불가피한 상황으로 인해 시설에 들어간다. 생각지 못한 임신, 무책임한 청년들의 행동으로 인해 이 땅에 태어난 소중한 생명들이 온전한 사랑을 받지 못하고 시설에 맡겨진다. 이러한 아이들을 보면 과연 그 부모들을 어떤 생각을 하는지 항상 궁금했다.

이제 한 가정의 가장이자 아이들을 키우는 아빠가 되어보니 자식이 있어도 키우지 못하는 분들의 사정도 한편으로는 이해가 된다. 그럼에도 불구하고 연일 자녀들을 방임하고 학대하는 사건들을 보면 부모라고 해서 모두 책임감이 있는 것도 아니고, 인간성과 도덕성이 한참 부족한 사람들도 있다는 것을 알게 된다.

아이들을 버리는 사람들의 마음은 어떤 마음인지 궁금하다. 마음속에 악마가 들어 있을까, 얼마나 잔혹한 마음을 가졌기에 아이들을 버리는 것일까? 순간의 실수일 수도 있겠지만 한편으로는 그런 사람들 역시 제대로 된 부모교육을 받지 못했거나 다소 사회성이 부족한, 일종의 피해자라는 생각도 든다. 보육원 출신 중에는 부모가 미혼부모가 많거나 한부모가 많다는 통계가 있다. 이 사실만 보아도 자라온 환경이 너무나 중요하다는 것을 알 수 있다. 아이들을 보육원에 맡기는 이유는 수없이 많겠지만 부모의 질병이나 실직을 제외한 이혼, 외도, 아동학대 등으로 양육을 포기한 그들에게 한마디 하고 싶다.

내가 모든 시설을 나쁘게 생각하는 것은 아니다. 하지만 앞서 밝혔듯 시설은 감옥이라고 말할 수 있다. 함께 생활하고 같이 밥을 먹고 같은 옷을 입고 같은 시간에 잠을 잔다. 요즘은 조금 달라졌다고 하더라도, 일일이 다 표현할 수는 없겠지만 보육원의 생활은 감옥과 비슷하다. 내가 이렇게까지 극단적으로 말을 하는 데는 이유가 있다. 시설에서 생활하는 일은 너무도 고되고 힘들기 때문이다. 어른도 힘든 수준인데 아이들은 오죽할까 싶다. 아이들을 버리기 전에, 맡기기 전에 제발 한 번만 더 고민하고 아이들의 인생에 대해 책임감을 갖길 바란다.

　부모가 아이들을 버릴 권리를 가진 것이 아니다. 아이들은 생명권, 존중받을 권리, 보호받을 권리가 있다. 아이들을 중심으로 생각해야 한다. 이 때문에 어떤 이유로도 아이를 버리는 사람들은 용납할 수 없다. 시설에서 국가의 지원을 받고 다른 사람들의 사랑을 받으며 성장하는 좋은 환상을 가질 수도 있다. 하지만 그것은 말 그대로 환상이다. 정 힘이 들면 주변의 친척, 친지들에게 도움을 청해보기를 바란다.

　우리 사회에는 꼭 부부가 아니더라도 혼자서도 아이들을 양육하는 가정이 수없이 많다. 정 힘들다면 국가의 지원을 찾아볼 수도 있다. 쉽게 포기하지 말자. 아이들은 우리의 미래를 이끌 청년이 될 것이고, 우리 사회의 버팀목이 될 것이고, 성장하여

한 가정을 이룰 것이다.

흔히들 힘든 상황에서 아이들을 제대로 키울 수 없는 사람들에게 "정 힘들면 보육원 보내"라는 말을 내뱉는다. 아이는 아랑곳하지 않고 부모의 당장 살길만 생각하는 것이다. 보육원에 아이를 보내라는 것은 생명에 대한, 인간의 기본권에 대한 무지로 인해 나오는 말이다. 한 아이의 미래가 달린 너무나 중요한 결정에 시설보호가 아닌 최선의 방법에 대해 고민해야 한다.

시설보호의 1차 책임은 국가에 있다. 하지만 비행이나 가출, 부랑으로 소외된 아이들을 무조건적으로 집단 수용하는 정책이 과연 옳은지 재고해 보아야 한다. 부모의 권리만큼 아이들의 권리를 존중하고, 이들의 인생이 밝고 희망에 가득 찰 수 있도록 함께 나서야 할 때이다.

행복한 고아의 끝나지 않은 이야기

4장

행복한 고아가 되고 싶은 이들을 위한 조언

고아 본색 드러내기

고아가 죄인도 아닌데!

나는 본색을 드러냈다. 그것도 책과 방송을 통해서 온 천하에 내가 고아임을 알린 것이다. 보육원에서 21년을 살았고 지금도 친생부모를 찾지 않았다고, 아니 정확히는 친생부모가 날 찾지 못했다고 밝혔다. 지금도 내가 운영하는 유튜브 〈나행고TV〉를 통해 내 불행한 과거를 거침없이 말한다. 그런 나에게 어느 한 보육원 출신 선배가 "이런 유튜브 그만해라. 고아라는 것을 숨겨라."라는 댓글을 남겼다. 일면식도 없는 그의 말에 나는 흔들리지 않았다. 하지만 한편으로는 그의 심정이 이해가 되었다. 댓글을 보니 그동안 고아인 걸 숨기며 얼마나 위축된 채로 살았는지, 가끔 자신이 고아인 걸 공개했을 때 겪은 아픔과 상처는 얼마나 컸는지를 알 수 있었다.

이렇게 한 사람이 고아원에서 퇴소한 지 40년이 지나도 가슴 속에 맺힌 응어리가 사라지지 않고 지금의 행복을 짓누른다. 슬프지만 이게 현실이다. 자신의 출생 배경을 숨기는 것은 태어날 때부터의 한 인간으로서의 성장 이력을 부정하는 것이다. 출신 학교를 속이는 것과는 차원이 다르다. 겉모습과 내면의 모습이 다르니 심각한 경우에는 인격장애로까지 이어질 수 있다. 이렇게 민감한 문제임에도 현실은 냉혹하다.

어느 보육원에서 보육사가 퇴소 청년에게 '퇴소하면 보육원 출신인 것을 절대 밝히지 말라'고 당부하였다고 한다. 그 보육사는 지난 오랜 세월 아동을 보육하면서 퇴소생이 사회에서 차별받고 소외당하는 것을 몸소 보고 들었기에 아이를 위하는 마음에서 그렇게 말한 것이라 생각한다. 그 상황은 이해하지만 너무나 슬픈 현실에 분노하지 않을 수 없다. 최근에는 보호종료를 앞둔 한 학생이 고아원 퇴소를 앞두고 자살했다는 뉴스가 보도되었다. 뉴스는 매우 슬펐지만, 이를 계기로 보호종료가 당사자에게 얼마나 심각한 문제인지를 많은 사람이 알게 되었다.

한편으로는 억울하기도 하다. 고아가 무슨 죄인인가? 보호시설 출신이라는 것이 무슨 범죄 이력이라도 되는 것인가? 결코 아니다. 하지만 수많은 퇴소 청년이 이 사회에 나와 얼마나 인간다운 삶을 살고 있는지 살펴보면 말문이 막힌다. 신분을 드러

4장-행복한 고아가 되고 싶은 이들을 위한 조언

내지도 못하고 직장에 들어가거나 결혼할 때나 많은 상황 속에서 가슴앓이를 한다. 그렇기 때문에 보육원 출신임을 드러내는 것은 보호종료아동의 정체성에 관한 문제로, 퇴소 후 사회 적응의 성공 여부까지 결정하는 중요한 문제이다.

보호시설에서 지내는 아이들 중 매년 보호종료가 되는 대상(자립준비청년)은 2,500여 명이나 되는데, 이 많은 이들이 보호종료가 되면 이제 정말 기댈 곳을 잃게 된다. 그 기분은 겪어본 사람만이 안다. 자신을 둘러싸고 있던 사회적 보호망이 다 사라진 듯한 느낌이다. 사회에서 스스로가 어떤 존재로 존중받을 수 있을까를 고민하며 두려움에 떤다.

다행히도 해마다 보호종료아동을 위해 여러 정책이 수립되어 시행되고 있다. 자립정착금도 이전보다 늘었고, 퇴소 후 5년간은 자립수당도 지원되고 있다. 보호종료 기간 연장과 자립에 대한 지원 등에 대한 논의는 기부 단체와 민간 기업 등을 통해 지속적으로 있었다.

그러나 가장 근본적으로 필요한 정책임에도 불구하고, 정작 보호아동의 정체성에 대한 논의는 전혀 이루어지지 않고 있다. 보육정책이 부서마다 분절되어 있어 지속되지 않는 면이 있고, 아동의 심리적 문제를 온전히 다루지 못하는 면도 있다. 당사자인 보호아동의 의견이 충분히 반영되지 못하고 있기 때문이다. 보호아동의 의견도 수렴되고 그들 스스로가 삶의 주체자가 될 수 있도록 보호시설의 운영 방법도 개선되어야 한다.

고아에 대해 사회적 편견이 난무하고 부정적인 인식이 많지만 그렇다고 숨어 지내는 것이 능사는 아니라는 것을 고아 자신도 알아야 한다. 수많은 차별을 당할 수도 있지만 그런 상황에서 자신의 연약함이 강점이 될 수 있다. 그리고 자신의 과거를 알려야 한다. 오해와 이해는 아주 밀접하다. 고아(보호종료청년)가 사회적 약자인 것은 사실이지만 부끄러운 일은 아니다. 하지만 많은 보호종료청년이 보육원에서 자란 것이 자신의 잘못인 것처럼 여기는 경향이 강하다. 나는 보호아동이 어릴 때부터 당당하게 자기 의견을 낼 수 있을 때 퇴소 청년이 되어도 사회 어디에서나 인정받고 자신의 인생을 주도적으로 살아갈 수 있을 것이라 생각한다. 보호아동의 당당한 외침이 필요한 이유다.

그래서 일부러라도 나는 앞장서서 스스로 고아임을 '커밍아웃'한다. 나는 고아(보육원 출신)이고, 고아이지만 결코 부끄럽지 않다. 아동양육시설에서 성장하면서 국가로부터 충분한 도움을 받았고 국가의 보호를 받은 특별한 존재라고 스스로 생각한다.

고아 자신들은 스스로가 얼마나 소중한 존재인지 알지 못한

4장-행복한 고아가 되고 싶은 이들을 위한 조언

다. 성장 환경이 그렇게 만든 것이다. 인간으로서 아동이기에 당연히 누려야 하는 최소한의 것이 무엇인지도 알지 못했다. 그리고 인권을 가진 인간으로서 최소한의 행복을 누리면서 살아야 한다는 것도 모른 채 살아왔다.

나는 이 땅의 고아들이 자신의 정체성을 당당하게 받아들이고 드러내야 한다고 생각한다. 본색을 드러내고, 떳떳하게 성장하기를 기원한다. 그리고 이 사회가 고아를 한 인간으로 바라보고 존중하며 그들의 삶에 깊은 관심을 가지게 되길 바란다. 이른바 '고아감수성'을 가진 사회가 되었으면 좋겠다.

부모로부터 물려받은 수저에 얽매이지 말자

사회에서 일반적으로 계층을 나누듯 수저론을 언급한다. 흔히 가정배경이 매우 좋은 곳은 금수저, 그 다음으로 은수저, 그리고 흙수저로 계급을 나누곤 한다. 자식은 부모의 얼굴이라고 하고, 부모들이 자식을 얼마나 사랑하는지, 부모님의 관심에 따라서 그 자녀가 어떻게 성장하는지, 즉 부모님의 능력이 아이에게 어떻게 영향을 미치는지에 대한 얘기를 많이 한다.

정말 살아가면서 부모님이 계시다는 것은 큰 축복이다. 누군가는 자식을 눈에 넣어도 아프지 않는 부모님을 멘토로, 또 영원한 동반자로 생각하시는 분도 있다.

일반적으로 부모는 자녀가 특별한 질병에 걸렸을 때, 학교에서 친구 간에 문제가 생겼을 때 물심양면으로 도와준다. 이처럼 살아가면서 교육과 건강과 의료에 대한 모든 것들을 아울러서 책임지는 부모님의 보살핌, 그것이 얼마나 아이에게 큰 힘이 될까? 그래서 축복이라고 할 수 있는 것이다.

한 아이가 보육원에 있는데 부모님이 오히려 그 아이에게 피해를 주는 사례가 있다. 보호종료아동이 자립정착금을 받고 퇴소했는데, 18년 만에 찾아와서 그 아이의 자립정착금을 달라고하는 정말 부도덕한 이들이 있다. 자녀를 폭행하거나 부부간의 갈등으로 아이를 보육원에 버리는 이들도 있다. 이런 경우 똥수저라고 한다. 그렇게 치면 차라리 똥수저보다는 무수저가 좋은 것 같다. 아무런 수저가 없는 사람, 부모가 없는 상황이, 부모님이 있는데 오히려 보육원에 맡기고 그 자녀를 별로 좋아하지 않는 경우보단 낫지 않을까? 그래서 보육원생들은 가끔 차라리부모님이 없으면 좋겠다는 말을 나누기도 한다.

일반 가정에서도 좋지 않은 상황에서 가출을 하는 아이들, 불가피하게 집을 떠난 부모님과 연락을 끊은 아이들이 많이 있을 것이다. 부모님이 맞벌이를 하면서 아이와 대화를 많이 하지 못하여 부모님을 원망하거나 자기가 받은 스트레스를 다른 쪽으로 푸는 아이가 있을 것이고, 반대로 부모님이 바쁘시지만 보이지 않는 사랑을 느끼는 아이들도 있을 것이다. 사람은 정말 다양한 삶을 살고 같은 처지에서도 생각하는 바가 다른 경우도 많은 것 같다.

똥수저의 부모로서 아이에게 도움을 주지는 못할망정 아이가 삶을 사는 데 피해를 주는 사람들, 교정시설에 머물거나 아무 일도 하지 않는 무직자이거나 거리에서 홈리스로 살아가는 그런 이들을 부모로 둔 아이들이 있다.

차라리 똥수저보다는 무수저가 좋다. 똥수저의 가장 큰 문제는 부모들이 아동을 학대하는 것이다. 신체적인 학대나 정서적인 학대, 그리고 방임….

보육원에 있는 아이들 중에는 젊은 나이에 아이를 출산한 미혼모의 자녀들을 심심찮게 발견할 수 있다. 아이를 돌보기가 너무 힘이 들어서 이제는 도저히 키우지 못하겠다, 결정하고 아이를 살리기 위해 보육원에 맡기게 되는데, 절반 정도는 그런 엄마의 마음을 잘 알지 못하고 원망하거나 왜 내 부모는 미혼모일까? 미혼부일까? 왜 젊은 나이에 나를 낳았지 하는 불평 섞인 마음을 가지기도 할 것이다.

모든 게 어른들의 잘못이다. 피치 못할 사정으로 아이를 보육원에 맡겼다면 최소한 똥수저는 되지 않도록 그 아이에게 피해를 주어서는 안 된다. 또한 원하지 않는 아이를 낳아 이 아이가 삶을 가로막는 장애물처럼 느껴지더라도 결국 책임은 나에게 있었다는 것을 한 번쯤 생각해 봐야 한다. 아이를 보육원에 맡긴 것도 어른들의 잘못인데 더 나아가서 결혼을 하고 자녀를 출산했는데도 불구하고 부담을 주고 피해를 주며 미안함을 가지기는커녕 아이를 통해서 어떻게든 이익을 보려고, '이 자식은 내 자식이니 다 나의 것이다' 이렇게 생각하는 것은 정말 잘못되었다.

보육원에 있는 아이로서, 만약에 여러분의 부모님이 여러분에게 부담이 되고 장애물이 되는 그런 사람이라 하더라도 그 사실을 인정하고 냉정하게 다른 삶을 살아가시길 바란다. '내 부모는 왜 나를 보육원에 맡겼을까, 왜 나에게 피해를 주지' 하는 생각에 빠지지 마시고 나의 인생은 내가 스스로 살아가야 한다고 다짐하며 무수저로서 반듯하게 살고자 하는 노력만 있다면 주변에서 누군가는 여러분을 도와줄 것이다. 여러분이 하고자 하는 일을 마음껏 할 수 있는 기회가 있음을 명심하시고 당당하게 걸어가시길 바란다.

행복한 고아의 끝나지 않은 이야기

보육원에서 나왔다면 보육원 근처에 살자

보육원에서 자란 아이들은 스무 살이 되어 보육원을 나오게
되면 대부분 새로운 지역에 가서 정착한다. 오랫동안 살아온 보
육원이 있는 지역이 아닌 새로운 곳으로 떠나는 것이다. 그 이
유는 여러 가지이다. 일자리 등 생계를 위해서 떠나기도 하고
일부러 그곳을 벗어나고 싶은 마음도 있다.

새로운 지역으로 떠나는 아이들은 어떤 마음일까. 대부분은
초등학교부터 고등학교까지 계속 살아온 동네를 떠나고 싶을
것이다. 보육원 출신인 자신의 신분을 숨기고 사회로 나가고자
이주를 한다. 오랫동안 보육원에서 살면서 주변의 시선을 의식
하며 자랐기에 나를 아는 사람들이 아무도 없는 곳으로 떠나고

싶어 한다. 보육원에 대한 원망이나 미움 때문에 떠나는 아이들도 있다. 사는 동안 너무 힘들기도 했고 좋은 기억이 별로 없기에 도망치듯이 떠나버린다. 나도 보육원에서 20년 가까이 살았기에 그들이 어떤 심정인지는 이해가 된다.

하지만 막상 사회에 나와 현실에 부딪히면 그러한 생각이 얼마나 감정적인지 금방 깨닫게 될 것이다. 물론 사람마다 생각이나 가치관의 차이가 있겠지만 나는 보육원 퇴소 후의 자립에 대해, 어느 지역에서 살 것인지에 대해 미리 준비하고 명확한 기준을 세워야 한다고 말하고 싶다. 부모 중의 한 명이라도 연락이 되는 등 원가정과 연결이 되어 도움을 받는 경우도 있지만 그것은 극히 드문 일이다.

아무도 모르는 곳으로 가서 홀로 살아간다는 것은 매우 힘든 일이다. 나도 주변에서 그러한 어려움을 겪는 보육원 출신 친구들을 숱하게 보아왔다. 밥벌이를 찾아 먹고사는 문제를 해결하는 것도 쉽지 않지만 더욱 어려운 점은 정서적 고통이다. 그동안 보육원이라는 울타리 안에서 많은 아이들과 지내다가 갑자기 그 울타리를 벗어나 홀로 살아간다는 것은 심리적으로 커다란 압박이 된다.

더욱이 보육원과 멀어진 삶이 그들의 자립에 도움이 되는지는 냉정히 생각해 볼 일이다. 「아동복지법」에 따르면 보육원을 떠나는 아이들은 퇴소 후 5년간 자립전담선생님을 통해 자립 후의 생활을 관리받아야 한다. 법의 규정이 그러하다. 하지만 퇴소 후 아이들은 일단 연락이 잘되지 않는 경우가 많고, 그동안 많은 규제와 통제 속에서 살아왔기에 앞으로는 그런 억압에서 벗어나겠다는 생각에 일부러 연락을 끊기도 한다.

보육원 퇴소생에게 주어지는 자립 지원금은 아이들이 살아갈 주거를 해결하는 데 큰 도움이 되지 못한다. 물론 아예 없는 것보다는 낫지만 몇몇 아이들은 주거조차 해결하지 못해 힘겹게 살아간다. 심지어 보육원에서 살며 숙식이 해결되고 용돈까지 받았던 그때의 생활이 좋았다며 그 시절을 그리워하기도 한다.
"미리미리 자립 후의 삶을 준비하고, 돈도 차곡차곡 모았더라면 좋았을 텐데….'' 하고 후회하는 것이다.

그래서 나는 보육원에 퇴소하는 후배들에게 보육원 근처에서 삶의 터전을 새롭게 잡아보라고 추천하고 싶다. 살면서 뿌리내릴 지역을 결정하는 것은 매우 중요한 일인데, 보육원과의 거리를 떠나 앞으로 어떤 삶을 살아가고, 성인으로서 어떻게 자신의 인생을 꾸려 나갈 것인가와 연결되기 때문이다. 새로운 곳에 정착하는 것은 퇴소생 본인이 결정해야 하는 일이라고 생각할 수도 있겠다. 하지만 제대로 된 자립 능력을 갖추지 않았다면 무작정 떠나는 것만이 능사는 아니다.

　내 경우에는 보육원에서 나온 이후 줄곧 내가 자라온 보육원이 가까운 지역에서 살아왔다. 그래서 자신 있게 추천할 수 있는 것이다. 자라온 동네에서 자립을 시작한다면 지역의 정보를 쉽게 얻을 수 있을 뿐만 아니라 여러 가지 도움도 받을 수 있다. 타지 사람이 겪을 만한 정서적 소외감도 비교적 덜할 것이다. 또 보육원 출신이라는 과거의 이력은 어차피 취업할 때 입사 절차나 면접 과정을 통해 밝혀지기 십상이다. 감춘다고 능사가 아니라는 뜻이다. 무작정 새로운 곳으로 떠나면 당장 기분은 전환할 수 있겠지만, 성공적인 자립을 위해 현실적인 면을 고려해 보라고 말해 주고 싶다. 그래서 이왕이면 조금 익숙한 곳에서, 조금은 덜 불안한 마음으로 사회를 향한 첫 출발을 내딛어 보기를 바란다.

행복한 고아의 끝나지 않은 이야기

부모를 용서하기보다 이해하자

2021년 봄에 EBS 〈파란만장〉이라는 프로그램에 출연했다. 돈을 잃은 사람, 건강을 잃은 사람, 사랑하는 이를 잃은 사람 등, 삶의 터전이 흔들릴 정도로 인생의 큰 시련을 겪거나 갑자기 닥친 불행으로 극단적인 생각까지 하는 사람들을 위한 프로그램으로, 한 가지 주제를 정하여 고민과 아픔을 함께 나누며, 어디에도 터놓지 못하고 냉가슴만 앓는 출연자의 고민을 멘토들이 듣고 치유해 준다. 누구나 미래에 대한 막연한 두려움이 있고, 자신만의 가슴 아픈 사연도 하나쯤은 가지고 있다. 나 역시 뜻하지 않게 보육원에서 자라서 평범한 인생을 살지 못하였다. 처음 출연 섭외를 받았을 때 주제를 듣고서는 사실 잠시 망설였다. 프로그램의 주제가 '나를 살린 용서'였기 때문이다. 나는 생각해보았다. '내가 부모를 용서했는가?'

나는 평소 부모를 이해하려고 노력하였다. 한국고아사랑협회에서 활동하면서 후배들에게도 우리를 버린 부모를 원망하는 것은 자신의 인생을 해치고 자신의 인격을 망치는 것이라고 일러주곤 했다. 그리고 우리가 더 큰 사람이 되려면 넓은 마음으로 부모를 먼저 이해하자고 여러 번 이야기하였다. 그렇기에 나는 부모를 이해한다. 하지만 더 나아가 용서해야겠다는 생각은 해본 적이 없다.

그런데 프로그램 주제가 용서라니, 더욱이 그냥 용서가 아니라 '나를 살린 용서'라니! 부모에 대한 용서가 결국 나의 인생을 아름답게 만들어 주었다는 사연을 방송에서 소개하라고 하니 다소 어리둥절하기도 했다. 하지만 부모를 이해하는 것은 궁극적으로 그분들을 용서한다는 의미로도 볼 수 있기에 방송 출연을 결심하였다. 용서란, 지은 죄나 잘못한 일에 대하여 꾸짖거나 벌하지 않고 덮어주는 것을 말한다. 내가 과연 부모를 용서했는가를 따져 보려니, 먼저 부모가 나에게 어떤 잘못을 했는가를 생각하게 되었다. '그분들이 나를 버린 것이 잘못인가? 나를 보육원에 맡기고 찾으러 안 온 것이 잘못인가? 아니면 근원적으로 나를 이 세상에 태어나게 한 것이 잘못인가?' 생각이 무척 복합해졌다.

어찌되었든 방송은 시작되었다. 부모에 대한 용서가 나를 살리고 내가 올바르게 살아가는 데 도움을 주고 있다는 것을 말해

행복한 고아의 끝나지 않은 이야기

야 하는 방송이기에 나는 부모에 대한 용서라는 관점에서 방송 준비를 하였다. 녹화 당일 사회자의 안내에 따라 보육원 입소와 생활 그리고 교사가 되기 위한 과정 등에 대해 말하는 것이 무척 부담이 되었다. 별 볼 것 없는 내 인생 스토리를 이야기하는 것은 다소 부끄러운 일이기 때문이다. 사회자는 마지막으로 아직 만나지 못한 부모에게 한마디하라고 했다. 그때, 준비해 간 멘트와는 다른 생각이 갑자기 떠올랐다.

'어떻게 자식이 부모를 용서한다는 표현을 쓸 수 있지?'

스스로도 의아했다. 그래서 '나는 부모를 용서할 수 없다. 자식은 부모를 용서해 주고 말고 하는 입장이 아니기 때문이다. 그저 부모의 심정을 이해하고 그분들의 상황을 순순히 받아들일 수밖에 없는 것 같다'는 취지로 말했다. 이에 사회자는 다소 어리둥절해했지만 담담하게, 진솔하게 털어놓은 나의 말에 너무나 공감한다며 칭찬을 아끼지 않았다.

많은 보호아동이 자신을 버린 부모를 원망한다. 부모에 대한 부정적인 생각으로 자신의 인생을 아무렇게나 살며 시간을 낭비하고 자신을 보잘것없는 존재로 여기기도 한다. 그들의 상황이 이해되지 않는 것은 아니다. 부모에 대해 자연스럽게 올라오는 분노를 어찌 막을 수 있을 것인가? 하지만 그러한 부정적인 감정으로 인해 자신의 인생을 옭아매는 족쇄가 생긴다면 불행이라는 더 큰 피해와 슬픔을 스스로 초래하게 된다.

나를 버린 사람을 용서하는 것은 사실 참으로 어려운 일이다. 또한 '너를 버린 부모를 용서해야 한다'고 누구도 감히 말할 수 없다. 너무도 가혹한 말이니까. 하지만 내가 방송에서 말했듯이 자신이 인생의 주인공으로서 더 행복하게 살기 원한다면 자식으로서 부모를 용서하기보다는 그럴 수밖에 없었던 부모의 상황을 이해하려고 노력해야 한다고 생각한다. 그럴 때 자신도 더 나은 부모가 될 수 있을 테니까.

그 누구에게도 아픔을 주지 않기 위해 노력해야 한다. 부득이하게 아픔을 겪은 보호아동들은 자신에게 아픔을 준 이들을 순순히 받아들이며 그 아픔을 통해 자신이 보다 성숙해져야겠다는 생각을 앞세울 수 있다면 그들 역시 이 사회에서 지극히 평범한 존재로서 잘 살아갈 수 있지 않을까.

보호아동들이 부모에 대해 원망하고 분노하기보다는 아름다운 세상에서 아름다운 이들과 더불어 살아가고자 노력하기를, 부모를 대신해 자신을 돌봐준 이들의 관심을 기억하며 보통의 청춘으로 살고자 하는 의지를 더욱 굳혀 가기를 간절히 소망해 본다.

행복한 고아의 끝나지 않은 이야기

좋은 친구가 되자

첫째 딸아이는 친구들을 무척 좋아한다. 외향적인 성격이라 그런지 아이들과 잘 어울리고 늘 주변엔 친구들이 북적인다. 참 다행이고 감사한 일이다. 나도 학창 시절에 친구들과 죽고 못 살 정도로 친하게 지내며 놀러 다니는 걸 좋아했다. 나를 닮은 구석이 있을 것이다. 하지만 나는 내가 사는 보육원에 친구들을 데려오길 꺼려했다. 그래서 딸아이가 친구들을 집에 자주 데려오는 걸 보면 뿌듯하기도 하고 한편으로는 부러운 마음도 든다. 나와는 다른 환경에서 행복하고 즐거운 아이로 자라나고 있으니까. 아이의 친구들이 집에 놀러오면 무슨 이야기를 하는지, 무엇을 하고 노는지 참으로 궁금하다. 별 것도 아닌 이야기로 까르르 웃음보가 터지기도 하고, 자기들끼리 속닥속닥 비밀 얘기라도 나누는지 표정만 보아도 신나 보인다.

어린 시절 가끔 친구 집에 놀러 가면 친구 부모님들이 간식을 챙겨주기도 하고 말을 걸어주기도 했다. 그때를 떠올려 보면 우리 집에 오는 아이의 친구들은 아빠인 나를 보며 무슨 생각을 할지, 문득 궁금해진다. 어릴 적 가끔 친구 집에 놀러가게 되는 일은 흥미진진한 이벤트와 같았다. 지루하기만 한 보육원의 일상에 해방구가 되어 주었다. 친구의 부모님은 어떤 분인지, 어떻게 집을 꾸미고 사는지, 몇 식구가 사는지, 어떤 물건이 있는지 심지어 어떤 이불을 덮고 자는지도 알게 되니까 말이다. 친구 집에 가서 친구의 부모님을 만나면 부끄럽기도 하고 어색하기도 했다. 하지만 친구의 부모님은 친구에게 어떤 말투로 이야기하는지, 어떻게 대하는지, 무슨 음식을 차려주는지도 속속들이 알 수 있었다. 그들에게는 참으로 사소하고 평범한 일상이겠지만 보육원에서 살던 나에게는 모든 것이 특별해 보였다.

자기만 덮는 이불이 있고, 자기만 쓰는 옷장을 가졌다는 걸 보고 참 놀랐던 기억이 난다. 가장 충격적(?)이었던 기억은, 집의 초인종을 누르자마자 친구의 엄마가 반갑게 친구를 맞이해 주던 장면이다. 드라마에서만, 영화에서만 보던 그 평범한 장면이 눈앞에서 펼쳐지니 어린 마음에 눈을 동그랗게 뜨고 바라보았던 기억이 난다. 부러운 마음이었겠지. 당연한 일이지만 친구들은 자기 엄마를 참 닮았었다. 어쩌다 부모님 두 분을 다 만날 때면 얼굴 구석구석 친구와 닮은 부분이 있어서 신기했다. 자신

행복한 고아의 끝나지 않은 이야기

과 닮은 사람들과 함께 살고 있다니, 왠지 모르게 마음 한구석이 찡해졌다.

이렇게 친구 집에 놀러가는 시간만큼은 내가 보육원에서 사는 아이라는 사실을 까맣게 잊을 수 있는 마법 같은 시간이었다. 늘 일정 시간에 밥을 먹어야 하고, 그렇지 않으면 다음 끼니를 기다려야만 하는 보육원 생활과 달리 친구 집에서는 먹고 싶을 때 먹고, 자고 싶을 때 자며, 텔레비전을 보고 싶을 때 보는 등 마음껏 할 수 있었으니까. 그런 비교를 통해 나는 나의 상황에 대해 인식하기도 하고, '사는 모습은 정말 제각기 다르다'는 것을 느끼게 되었다.

보육원과 일반 가정에서의 생활에서 가장 크게 다른 부분은 아마 '개인의 것' 즉 프라이버시일 것이다. 보육원에서는 개인 공간을 결코 가질 수 없기에 나는 차마 친구들을 보육원에 데려올 수가 없었다. 보육사님들도 외부 친구들을 보육원에 데려오는 것을 달갑게 여기지 않았다. 환경이 다르고, 사고방식도 다르기에 괜히 보육원 생활이 비교가 되어 초라함을 보여주는 것 같았을 테니 말이다. 가끔 보육원 근처에 살던 친구들은 놀이터가 있는 보육원으로 놀러오기라도 하면 나는 그들을 피해 조용히 보육원 숨어 들어갔다. 내가 사는 곳, 우리 집 놀이터인데도 마치 죄를 지은 사람처럼 움츠러들었다.

4장-행복한 고아가 되고 싶은 이들을 위한 조언

이렇게 평범하지 않은, 불공평한 어린 시절을 보냈지만 나는 결코 불행하지는 않았다. 나의 처지를 아는 몇몇 친구들은 보육원을 먼저 찾아와 같이 놀자고 청하기도 했고, 내 특수한(?) 상황을 알면서도 먼저 놀자고 손을 내밀어 주었다. 비록 그런 아이들을 내가 사는 곳에 불러와 함께 놀면서 시간을 보내지는 못했지만 말이다. 돌이켜보면, 평범한 아이의 삶을 살지 못했다는 사실이 참으로 안타깝다.

하지만 모두 똑같이 부모님이 계신 가정에서 자라고, 친구들과 서로의 집을 오가며 어울리고 살 수는 없다. 각자 처한 환경이 다르기 때문이다. 그렇다고 해서 보육원에서 자라는 아이들이 일반 가정에서 자라는 친구를 사귈 자격이 없는 걸까. 또 그런 자신의 처지를 비관하면서 불평하며 살아가야 할까. 나는 사람들이 사는 모습이나 삶의 방식은 모두 같을 수 없으며 그 '다름'에 대해 생각해 보고, 이야기하고 싶다. 그리고 그 다른 상황과 삶의 방식에 대해서 아이들이 어떻게 하면 공감하면서 함께 어울리고 살아갈 수 있을지, 그 방법을 고민하고 싶다.

한 번쯤 용기를 내보라고 말해 주고 싶다. "내 상황은 비록 너를 초대할 수는 없지 않지만 나는 너의 집에 가보고 싶어. 그 대신 내가 공부를 가르쳐 줄 수 있어."라든지, "너의 집에서 내가 준비한 맛있는 것을 함께 나누어 먹자."라고 말을 꺼내보라고 말이다. 서로의 다름을 인정하고 받아들이면서, 자신만의 방식으로 친구를 만들어 나가는 일은 처음에는 조금 용기가 필요하지만 이런 계기로 인해 진짜 친구를 만들 수도 있다. 내가 그랬으니까.

글의 부제를 '고아가 친구를 사귀는 법'이라고 달았지만, 내가 말한 방법은 꼭 고아에게만 해당하는 것은 아니다. 중고등학교 시절 나는 보육원 바깥에 사는 친구를 정말 많이 만났다. 그 비결은 특별하지 않다. 내가 용기를 내서 먼저 다가갔다. 내 처지를 부끄럽게 여기기보다는 그저 상황을 자연스럽게 알리고, 친구들에게 마음을 열었다. 그렇게 함께 축구도 하고 공부도 하면서 우정을 쌓을 수 있었다. 그러한 과정과 연습이 학교를 졸업하고 보육원을 나와서도 사회에 적응하며 살아가는 데 큰 힘이 되었다. 지금 교우관계 때문에 힘들어하는 보육원 아이들이 있다면 딱 한 번만, 먼저 용기를 내라고 말해주고 싶다. 그렇게 된다면 평생 함께할 좋은 친구를 얻게 될 수도 있을 것이다.

4장-행복한 고아가 되고 싶은 이들을 위한 조언

부러워할 시간에 자기를 계발하자

　한때 젊은이들 사이에서 '부러우면 지는 거다'라는 말이 유행한 적이 있다. 새 상품이 나왔는데 살 능력이 없을 때 하는 말이다. 철학자 소크라테스는 '부러워하는 것도 마음의 병'이라고 했다. 또 우리 속담에 '사촌이 땅을 사면 배가 아프다'라는 말은 사람들이 보편적으로 다른 사람들의 우월함을 부러워하는 것은 당연하며 누구나 갖게 되는 감정임을 어필하고 있다. 그 부러움이 사람을 살리기도 하고 죽게도 한다. 지나친 질투는 자신의 삶에 만족하지 못해 결국은 삶을 망치고 개성과 자아를 죽음에 이르게 한다.

　나는 초등학교 시절 부모가 있는 친구들이 너무나 부러웠다. 초등학교 시절에는 아직 생각이 미성숙하기 때문에 남이 가지

행복한 고아의 끝나지 않은 이야기

고 있는 것을 나도 갖고 싶었고, 남이 먹는 것을 보고 나도 먹고 싶은 충동을 제어할 수가 없었다. 그래서 나쁜 짓을 해서라도, 친구를 때려서라도 내가 갖고 싶은 것들을 가지려고 한 적이 있었다. 부러움을 채우기 위해 친구에게 힘자랑을 하면서 나를 과시하기도 하였고 관심을 받기 위해 특이한 행동을 하기도 했다. 그리고 보면 부러워하는 것은 마음의 병이라고 할 수 있다. 그래서 부러워하는 것은 스스로 자신의 병을 키워나가는 것이며 자신의 마음을 망치게 하는 것이다. 왜 그렇게 부러워하면서 살았을까? 라는 후회도 해본다.

다른 한편으로 자신의 모습을 부끄러워하는 경우도 많다. 자신이 공부를 못함을, 운동을 못함을, 친구 관계가 좋지 않음을, 작은 아파트 평수를… 가장 부끄러워하는 것은 부모의 직업이나 부의 정도가 아닐까 싶다. 부모의 경제력으로 인해 아이들의 또래 관계가 형성되거나 아파트 평수에 따라 아이들이 모여 노는 것은 어쩔 수 없는 자연스러운 현상이지만 때론 너무나 불편하기도 하다. 우리 집 아이들도 마찬가지이다. 우리 집 인근 고급아파트 아이들이 우리 아이들에게 임대아파트에 산다며 놀린다는 이야기를 들었다. 어릴 때부터 부의 차이로 계층을 나누고 타인을 당연하게 평가하는 것은 매우 그릇된 행동이다. 부모의 재산은 자식의 재산이 아닌 것이다. 그리고 인생의 만족도는 부로 결정되는 것이 아니기 때문이다.

4장-행복한 고아가 되고 싶은 이들을 위한 조언

아동복지시설에 사는 아이들 중 많은 아이들이 일반 가정의 자녀들을 부러워할 것이다. 세상에서 가장 큰 힘이 되는 부모가 없다는 것은 너무나 큰 좌절감을 안겨준다. 친구들이 입는 멋진 옷, 언제나 부족함 없이 간식을 사 먹는 용돈, 그 시대에 유행하는 장난감 등을 보면서 상대적인 박탈감을 느끼게 된다. 하지만 나는 어릴 때 멋진 장난감 총 대신 나무를 깎아 총을 만들고 과일맛 나는 사탕을 먹지 못하고 박하사탕을 먹는 데 만족했다.

타인을 부러워하는 것과 나의 모습을 부끄러워하는 것은 비슷하다고 생각한다. 이 둘 중 한 가지만 소유하고 있다면 괜찮지만 둘 다 소유하고 있다면 매우 불행한 삶을 살게 될 것이다. 보육원생들은 둘 다 가지게 될 확률이 매우 높은 것 같다. 보육원에 살면서 이 둘을 갖지 않는다면 매우 기적적인 일이라 할 것이다. 내가 대학생 때 차를 타고 다니는 친구가 있었다. 내 형편으로는 상상도 할 수 없었는데 그 친구를 부러워하기보다 함께 드라이브를 즐겼던 기억이 있다. 부러워했다면 차를 얻어 타지도 않았을 텐데 그렇게 생각을 하지 않은 것이 오히려 나에게 도움이 된 것이다. 따지고 보면 그런 차가 있는 친구가 있는 게 나에게 행운이었는지도 모른다.

남을 부러워할 시간에 부러운 마음을 성장의 욕구로 삼아 자기계발을 위해 노력하는 것은 얼마나 멋질까? 나의 경우가 그렇다. 다른 사람들의 모습과 내 자신을 비교하기보다는 나를 도

행복한 고아의 끝나지 않은 이야기

와주시는 후원자들에게 떳떳한 사람이 되고자 스스로 노력했다. 때론 친구들이 부모님 얘기를 하더라도 불편해하지 않았다. 즉 가난이 불편하지만 부끄러워할 조건은 아니라고 생각한 것이다.

보다 성장하면 우리 사회는 매우 불평등하다는 것을 알게 된다. 소위 가진 자는 더 많이 가지게 되고 없는 사람은 더 없어지고 힘들게 살게 된다는 것을 동감하게 된다. 여유 있는 사람들이 쉽게 누리는 것을 가난한 이들은 매우 힘겹게 접하게 되는 것이다. 예를 들어 여유가 있는 대학생은 공부에 전념하지만 여유가 없는 이들은 아르바이트를 하며 공부를 하는 힘든 상황에 놓인다. 즉 기회가 불평등한 세상에서 살아가고 있는 것이다. 보육원 출신 대학생들이 더 열심히 공부하고 더 열심히 자립하려고 하지만 바라는 만큼의 결과를 얻기 힘든 이유다. 기회의 불평등뿐 아니라 결과도 불평등한 세상이 청년들에게 좌절감을 갖게 한다. 그렇지만 사회에는 조금의 보장 장치가 있다. 조심스러운 말이지만 본인이 열심히 하려고 노력하다 보면 언젠간 길이 열린다. 앞서 얘기했듯 여유가 있는 사람들은 더 여유롭게 살 확률이 높다. 그렇다고 그들의 삶이 다 행복한 것은 아니다. 돈으로 살 수 없는 행복이 우리 모두에게 있다. 남들이 가진 것들을 보면서 정작 자신이 가진 것을 알지 못하는 경우도 꽤 있다. 그래서 보육원 아이들도 다른 친구들을 부러워할 필요가 없는 것이다. 또한 보육원에 사는 것을 부끄러워할 필요도 없다.

이 책의 모든 주제 중 매우 무거운 주제이다. 누구를 부러워하지 마라, 내 모습을 부끄러워하지 마라. 적당히 부러워할 수는 있지만 절대 자신을 부끄러워하지 말자. 자신의 형편을 숨길 수는 있지만 거짓말을 해서는 안 된다. '부끄러우니 거짓말을 할 수도 있지'라는 안이한 생각은 버려야 한다. 상대방에서 나를 잘 이해해야 오해를 하지 않을 수 있다. '보육원 출신'이라는 꼬리표에 따르는 편견을 이겨내려면 우리의 삶을 당당하게 드러내자.

행복한 고아의 끝나지 않은 이야기

키워준 분들께 감사하자

학교에서 효도란 인간의 도리라고 배웠다. 어버이날에 어버이노래를 부르며 나를 버린 부모를 저주했다. 원망했다. 특히 학교 수련회에서 교관이 집에 계신 부모님께 편지를 쓰게 하고 캠프파이어를 하며 어버이 노래를 부르면서 그동안 잊고 살던 부모님의 힘듦과 고통을 깨닫게 하는 시간이 될 때면 나는 너무나 불편하고 눈치가 보였다. 부모가 있는 친구들에게는 부모에 대한 그리움을 느끼는 시간이었겠지만 나에게는 그렇지 않았기 때문이다. 눈치를 보며 편지를 쓰는 척하거나 눈물을 흘리는 척했다. 참으로 슬픈 일이기 짝이 없다. 이런 일을 학교에서 수없이 겪었다. 어버이날 부모님 어깨 주물러주기, 부모님 존함 한 자로 쓰기, 자신의 족보 말하기 등 많은 행사를 겪을 때마다 불편함을 느껴야만 했다. 때로는 교사에게 무시당하고 때로는 친

4장-행복한 고아가 되고 싶은 이들을 위한 조언

구들의 따돌림을 당하기도 하였다.

위의 암담함을 느끼면서도 나는 정작 부모가 보고 싶지는 않았다. 괴롭고 참으로 힘들긴 했지만 부모를 보고 싶은 마음보다는 부모가 살아 있을까? 아니면 왜 내가 버려졌을까? 이런 것들이 더 궁금했다.

우리나라는 유교 사상이 팽배해 부모에 대한 효도를 매우 강조하고 있다. 물론 아무런 조건 없는 지극정성인 사랑으로 자식을 돌보는 부모들에게는 마땅한 대우일 것이다. 하지만 자신의 신체를 부모로부터 물려받았다는 것 하나만으로 부모를 섬겨야 한다는 것은 부적절하다고 할 수 있다. 효도가 덕의 근본이며 모든 가르침이 여기에서 시작된다는 효경의 말은 보호아동에게는 매우 부적합한 말인 것이다. 불효를 최대의 죄로 여기는 불교사상과 십계명 속의 '네 부모를 공경하라'는 말은 보호아동에게는 너무나 불편한 말이다. 보호아동이 생각하는 효는 그 대상이 누구인가를 고민하게 만드는 괴로운 난제이다.

어느 보호아동의 부모는 낳아준 것만으로 친권을 행사하며 입양을 보내는 것에 동의를 하지 않고 보육원 퇴소 후 받은 자립정착금을 빼앗거나 자립을 하여 번 돈을 자신의 병원비나 유흥비로 사용하기도 한다. 해준 것도 없으면서 대접받으려 하고 공경하지 않으면 배은망덕한 놈이라고 말하는 그들의 잘못이 큰지 아니면 부모를 잊고 스스로 자립을 하려고 하는 이들의 잘못이 큰지를 저울질한다면 당연히 부모의 잘못 쪽으로 무게가 기우는 것은 두말할 나위도 없다.

11월은 김장철이다. 학교에서 동료 교사 중 한 명은 주말을 이용해 부모님과 함께 김장한 이야기를 자주 한다. 부모님의 질병으로 인해 병원에 모시고 가거나 부모님께서 어떤 땅을 물려준다는 이야기를 할 때면 왠지 씁쓸해진다. 왠지 왕따를 당하는 기분이기도 하다. 내가 한 번도 말하지 않은 엄마라는 단어를 50대 중반의 동료 교사들이 전화를 통해 "엄마 맛있는 것 많이 드세요" 등으로 서슴없이 말하는 것을 보면 부모와 자식 간의 소중한 인연이 매우 부럽기도 하다. 나의 열등감 때문인지는 잘 모르겠지만 나는 이러한 상황을 매우 민감하게 받아들임으로써 나 자신이 자식으로서의 도리가 무엇인지 냉철하게 파악하는 데 큰 도움이 된다고 생각한다.

사실 나는 자식의 도리를 이야기하는 것에 자격이 없다. 부모와 함께 성장하지 않았기에 자식의 마음을 정확히 모른다. 보육사와 싸워봤지만 친부모와 싸운 적은 한 번도 없다. 무조건적인 부모의 헌신적인 모습을 본 적도 없다. 더 나은 집을 구입하기 위해 살림을 아끼며 밤낮없이 고생하면서 가정을 일구는 모습도 마찬가지다. 갑작스런 사고를 당하거나 질병에 걸린 자식을 위해 병원에서 간호하면서 밤을 샌다거나, 야간근무 후 쉬지도 못하고 자녀의 학교행사에 참석하는 등 수고를 아끼지 않는 모습을 한 번도 겪어보지 못했다. 그러니 내가 감히 어떻게 고귀한 자식의 도리에 대해 논할 수 있단 말인가. 그럼에도 나는 부모가 없는 이들의 입장에서 자식의 도리를 성찰하며 글을 쓰고 있다. 부모가 없다고 해서 자식의 도리를 다하지 말란 법은 없는 것이다.

자식의 도리로서 나는 먼저 부모를 찾으려고 노력했다. 교사가 된 후 경찰서에 가서 DNA 검사를 하였다. 학교폭력전담경찰관의 업무라 안면이 있는 분이 검사를 했는데 나를 매우 이상하게 바라보았다. 교사라고 하면 그래도 안정적인 집에서 성장했을 거라 생각했는데 내가 보육원 출신이라고 하니 매우 당황해하는 것 같았다. 나는 왠지 모르게 부끄러웠고 내 신상이 밝혀져 매우 불편했다. 그럼에도 그러한 답답함을 느끼며 부모를 찾으려고 노력한 것이 자식의 도리이리라.

또한 부모를 욕하거나 원망하지 않으려고 노력했다. 더 나아가 부모의 존재에 대해 묻는 지인들에게 부모를 나쁘게 말하지 않았다. 어느 방송에서 "부모를 용서하냐"는 말에 부모를 용서한다는 것은 매우 부도덕한 말이며 오히려 이해를 한다고 해야 맞다고 밝힌 적이 있다. 그만큼 나는 사실 부모님이 세상에 나

행복한 고아의 끝나지 않은 이야기

를 안전하게 낳아주신 것만으로도 매우 감사함을 느끼고 있다. 또한 김천이라는 곳의 보육원 앞에 놔두고 갔다는 것도 매우 감사하다. 그 보육원은 기독교재단이며 후원이 많이 들어오는 곳으로 김천시내에서 멀리 떨어져 있지 않은 것도 너무나 감사한 일이다. 여러모로 보육원에서 성장한 것 중 감사한 일도 많이 있다.

참으로 안타까운 일은 애지중지 키운 자식들이 부모의 은혜를 모르고 구타를 하거나 심지어 살인과 같은 패륜을 저지르는 경우도 적지 않다는 것이다. 자식에게 뭐라도 맛난 것을 주기 위해 온갖 궂은일을 했지만 더 많은 것을 바라며 부모를 재촉하는 이들을 보면 부모가 사랑만 준다고 자식들이 은혜를 갚는 것은 결코 아니라는 생각이 든다. 부모를 잃고 세상을 다 잃은 것처럼 슬퍼하는 모습을 심심찮게 본 적이 있다. 학교에서 동료 교사들이 장례식 후 우울해하는 모습을 보면 얼마나 부모의 정을 그리워하는지 느껴져 옆에서 보기 안쓰러울 정도이다. 뭐라 위로해야 할지 모르는 나에게는 다소 안타까운 현실이다.

장모님은 나에게 아들이라고 부른다. 나는 어머니라고 호칭한다. 요즘은 장모님 댁에서 사위를 너무나 친근하게 아들이라고 부르는 것이 보편적인데 나에게는 이 호칭이 매우 낯설면서도 감동을 준다. 평생 아들이라고 불린 적이 없었다. 딸 둘만 있는 장모님이 아들이라는 호칭을 사용하는 것도 결코 편하진 않았을 것이다. 그래서 사위의 역할이 무엇인지보다는 자식으로서 처가댁에 해야 하는 도리가 무엇인지 고민하게 된다. 받은 것이 많다고 해서 자식의 도리를 하는 것은 올바르지 못하다. 사랑하는 아내를 잘 키워주신 것에 대한 보답도 좀 옳지 않은 것 같다. 나를 아들로 여겨주시는 장모님에게 해야 할 일이 무엇인지 그리고 가정이 없이 성장했지만 가족으로서 내가 해야 할 일이 무엇인지를 생각하는 게 나의 자식으로서의 도리일 것이다.

행복한 고아의 끝나지 않은 이야기

현실의 삶을 후회하지 말자

나는 보육원에 산 것에 대해 그렇게 후회스럽지는 않다. 나는 행복한 고아이다. 책을 통해서 밝혔듯이 고아라서 행복한 것은 아니지만 고아여도 행복할 수 있다는 생각으로 세상을 살아가고 있다. 부모님의 존재를 알지 못해서 나에게 안 좋은 점과 좋은 점은 무엇이 있을까? 먼저 떠오르는 것은 유전이다. 어머니나 아버지로부터 받은 유전적인 특성을 알지 못해서 가끔 고민이 된다. 나는 머리숱이 많은 편은 아닌데 나이를 더 먹어봐야 알겠지만 만약 아버지께서 대머리였다면 나 역시 그 특성을 이어받을 테다. 아버지의 머리숱 정도를 알지 못하니 그에 대한 추정을 할 수가 없다는 것이 아쉽다. 또 어머니 혹은 아버지로부터 받은 유전적 특성이 무엇인지, 생김새는 누구를 닮았는지 상당히 궁금하지만 알 수 없는 것이 많이 안타깝다.

내 키는 큰 편인데 그에 대해선 우리 부모님께 상당히 감사한 마음을 가지고 있다. 키 큰 유전자를 물려주셔서 감사할 뿐이다. 나는 내 동생과 얼굴이 많이 닮지 않았다. 그렇게 봤을 때 누군가 한 명은 아빠를, 누구 한 명은 엄마를 닮았을 것 같은데 누가 엄마를 닮고 아빠를 닮았는지 알 수 없어 참 씁쓸하다.

나의 혈액형은 A형이고 동생은 O형이다. 부모님의 혈액형을 확인하면 나의 부모님은 두 분 모두 A형이거나 아니면 두 분 중에 한 분은 A형, 다른 한 분은 O형일 것이다. 아빠가 A인지, 엄마가 A형인지 궁금하다. 혈액형으로 인간관계를 단정 지을 수는 없지만, A형과 O형은 개인적으로 잘 맞는다고 생각하는데 서로 잘 맞는 그분들께서는 왜 나를 버렸는지 이유를 알지 못하는 것도 가슴 아픈 부분이라 할 수 있다.

무엇보다도 부모님이 나를 가졌을 때 어떻게 생각했는지, 감격스럽고 기뻤는지, 물려주신 성격적 특성은 어떤 것인지, 아버님과 어머니가 다혈질인지 내성적인지, 외향적인지 아니면 어떤 창의적인 사고를 많이 하시는지 등에 대한 정보에 닿을 길이 없으니 안타깝다.

가장 안타까운 것은 지병을 모른다는 것이다. 아버님께서 당뇨가 있는지 고혈압을 겪었는지 아니면 비만이었는지 심혈관계통에 문제가 있었는지 등의 정보를 안다면 앞으로 몸을 관리하는 데 상당히 도움이 될 텐데, 그것도 모르는 것이 씁쓸하다. 다섯 살에 보육원에 들어간 이후 40년 가까이 지난 것 같은데 그동안 보육원에 한 번도 찾아오지 않고 소재파악이 안 된다는 것은 이미 암이나 교통사고, 병으로 돌아가셨기 때문이라는 생각도 든다. 아니면 현재 투병을 하고 계실지도 모른다. 어찌 되었든 내가 어떤 유전적인 질병을, 어떤 DNA를 가지고 있는지 모른다는 것이 상당히 씁쓸하다. 부모님께서 지능이 좋으셨는지 내가 지능적으로 어떤 것을 물려받았는지 모른다는 것이 씁쓸하다. 나의 성향이라든지 식습관이라든지 음식이라든지 좋아하는 것들을 유전적으로 물려받은 건 무얼까. 내가 다섯 살에 헤어졌으니 지금의 내 성격은 보육원에서 20년을 살면서 환경적 요인을 받은 것이 있을 것이다. 현재의 모습은 유전과 환경적인 요인들로 인해서 만들어지니까. 내 모습의 절반의 기원을 알 수 없음이 안타까울 뿐이다.

이렇듯 유전적 요인을 몰라 씁쓸한 면도 있지만 반대로 그 때문에 좋은 면도 있다. 만약에 아버님께서 암으로 돌아가셨고 일찍이 대머리가 되셨고 여러 가지 좋지 않은 유전자가 있었음을 알게 된다면 걱정하느라 끙끙 앓았을 수도 있다. 미리 예방하는 차원에서 좋은 점이 될 수도 있지만, 좋지 않은 것들을 미리 안다고 해서 불가항력적인 일들을 감당할 수는 없는 법이다. 때문에 나에게 오히려 더 약이 된 게 아닐까? 라는 생각이 든다.

4장-행복한 고아가 되고 싶은 이들을 위한 조언

세 딸을 보고 아버지의 모습을 상상하기도 한다. 엄마 쪽, 외가 쪽의 영향도 받았겠지만, 친가의 영향도 많이 받았을 거라 생각해 보면 우리 부모님도 미남, 미녀까지는 아니더라도 준수한 외모였을 거라는 짐작을 한다. 키도 어느 정도 크고 건강한 신체를 가지셨겠구나 추측도 해 본다. 아이들을 통해서 또 나를 통해서 부모님을 역추적하는 것도 나에게는 흥미로운 관심 분야이다. 이렇듯 부모님께서 나를 왜 버렸는지보다 궁금한 것이 이런 유전적 영향이다.

가끔 우리 고아들끼리 나는 알에서 태어났어, 같은 농담 섞인 말도 하지만 그것은 있을 수 없는 일이다. 누군가는 나를 이 세상에 태어나게 해 주셨다. 그래서 궁극적으로는 낙태 반대, 입양에도 관심을 갖게 되었다. 이 땅에 나를 태어나게 해주신 것, 나를 다른 곳을 버리지 않고 보육원 앞에 버려 입소해서 국가의 지원을 받고 한 가정의 가장이 되었다는 것 하나만으로도 친부모에게 감사할 뿐이다.

세상을 살다 보면 인간관계나 사회에 대해 씁쓸한 것들이 매우 많다. 나에게는 부모가 없어서 좋지 않은 것이 많은데 그것들도 인해 내가 부정적인 감정에 빠져있었다면 현재 내 모습은 어땠을까. 비관하며 절망적인 인생을 살고 있는 것은 아닐까 조심스럽게 관망해 본다. 나의 유전력을 알 수 없다는 것이 안 좋은 점도 있지만 좋은 점도 많다. 반곱슬머리 유전자는 아버지의 영향인지, 눈썹이 적고 발이 키에 비해 작은 것은 누굴 닮았는지, 손톱과 입이 작고 입 모양은 누구를 닮았는지 하나부터 열까지 궁금하지만, 어쨌든 나는 이런 상황 속에서 현재에 만족하며 살아가고 있다. 우리 아이들과 함께 소중한 시간을 만들어가고 행복한 시간을 찾는 것이 씁쓸함을 해소시켜 준다. 미래지향적으로 사는 것이 나의 밝은 미래가 될 것이다.

4장-행복한 고아가 되고 싶은 이들을 위한 조언

우리가 자식의 교과서가 되자

'부모는 자식의 교과서이다'라는 말이 있다. 인생의 멘토로서 자식에게 나침판 역할을 하는 부모를 말하는 것이다. 흔히 하는 말이지만 보육원 출신인 나에게는 다소 거리감이 있는 문장이다. 보육원에서는 보육사가 보육원생의 교과서이다. 다만 갓 난아기 때부터 양육했더라도 이 아이는 일반적인 가정에서 부모가 주는 만큼의 극진한 사랑을 받지는 못한다. 아무튼 부모가 자식의 교과서라는 말에서 나타나듯 부모를 보고 아이들을 평가하는 경우가 상당히 많다. 그래서 일반사람들이 "니 아버지 뭐하시노"라며 한 아동을 평가한다.

한 아동이 부모와 함께 살면서 배우는 것이 뭐가 있을까? 인생관, 가치관 등 인생을 살면서 필요한 능력들을 자연스럽게 체

행복한 고아의 끝나지 않은 이야기

득하게 될 것이다. 부모님의 식습관, 책을 보는 습관, 유전적인 탈모나 지병 등 모든 것들을 부모님으로부터 물려받는다. 때문에 부모는 자식의 교과서라는 말에 대해서 반박하지 않는 것이다. 하지만 나에게 이러한 현상들이 매우 불편하게 받아들여지는 것은 이 말이 일반적으로 사람들이 생각하는 정상적인 가족의 개념에서 나온 말이기 때문일 것이다.

나는 21년 동안 8명의 보육사님들 밑에서 자랐다. 하지만 그분들로부터 무언가를 물려받았다는 생각은 들지 않는다. 그러니 '부모는 자식의 교과서'라는 말은 나와 보육원에 있는 아이들에게는 적용되지 않는 것이다.

너무나 슬픈 것 같다. 우리를 위한, 보호종료청년을 위한 교과서는 무엇일까? 삶의 방향을 결정해 줄 수 있는 가장 기본적인 지식을 가르쳐 주는 그 교과서가 부모님이란 뜻인데 그러한 부모님이 안 계신다는 것, 그것은 나침판이 없는 배와 같다. 내비게이션이 있으면 차도 정확한 방향으로 간다. 내비게이션이 없이 살아가는 보호종료아동들, 더러는 내비게이션이 있지만 잘 작동이 안 되는 보호종료아동들…. 다행히도 나는 이 땅에 태어나게 해주신 부모님이 다섯 살까지는 사랑을 주셨구나 하는 생각이 든다. 또 태교를 하면서 사랑의 말을 해주지 않으셨을까 한다.

오늘 딸이 학교에서 눈에 알레르기가 생겨 집에 가고 싶다고 한다며 선생님으로부터 전화가 왔다. 어떻게 하면 좋겠냐길래 딸과 통화를 하여 괜찮은지 물어보고 "그래 조퇴하고 집에 가서 쉬어라" 얘기를 하였다. 문득 이렇게 부모가 아이의 거동에 대해 신경을 써주는 것 자체가 눈에 넣는 안약처럼 소중하구나 하는 생각이 들었다. 보육원 아이들이 학교에서 아플 때도 이렇게 시설의 선생님들이 신경을 써준다면 얼마나 좋을까, 가정과 시설의 이러한 차이가 안타까울 뿐이다.

오늘은 부모는 자식의 교과서라는 말에 대해 생각해 보았다. 누군가에게는 공감이 되고 참으로 맞는 말이지만 보육원생들에게는 해당되지 않는 말, 그렇다면 우리는 이것을 어떻게 받아들여야 할까? 보육원에 있는 좋은 보육사님들을 교과서 삼아서 그분들의 성품을 닮아가거나 아니면 더 나아가서 나중에 많은 사람에게 교과서 같은 좋은 길을 제시해 줄 수 있는 사람이 되고 싶다는 확고한 의지를 가지고 결단을 하는 것이 좋다고 생각한다.

나는 부모가 없지만, 어느 누가 보더라도 내 원래 부모를 욕보이게 하고 싶지 않다. 모두가 그렇지는 않지만 때때로 사람들은 보호아동을 보면서 그 부모의 부족함을 예상하기도 한다.
나는 부모를 원망하기보다 부모가 더 빛날 수 있도록 열심히 살고 있다. 부모가 자식의 교과서라고 하지만 그 말이 부모가 없는 나에게도 해당될 수 있기를 소망해본다.

내 인생을 내가 선택하자

　사람이 살아가는 동안에는 수많은 선택이 따른다. 직접 선택할 수도 있고 타인에 의해 선택받을 수도 있다. 인생은 수없이 많은 선택의 연장이니 말이다. 친구를 선택하고, 좋아하는 취미를 선택하고, 배우자를 선택하고, 좋아하는 과목을 선택할 수 있다. 하지만 한 가지 선택할 수 없는 것이 있다. 바로 '부모'이다. 만약 부모를 선택할 수 있다면 세상은 어떻게 변할까? 누구나 부잣집에서 태어나 원하는 바를 맘껏 누리며 당당하게 살아가려 할 것이다.

　보육원에 입소한 아이들은 선택을 받았을까? 누구에게 어떤 선택을 받았을까? 생부모의 선택으로 보육원에 입소한 아이들은 복지 감독기관의 배정에 따라 작은 보육원이나 큰 보육원으로 가거나 직업상 아동을 관리하는 보육원에 입소하게 된다. 아이들이 그러한 보육환경에 놓인 것은 어떤 이가 선택한 결과인가? 부모의 선택이라는 것에는 누구도 이의를 제기할 수 없을 것이다.

'특별하다'는 말은 긍정적일 수도 있고 부정적일 수도 있다. 이렇게 '특별한 선택'을 받은 아이들은 보육원에 입소하여 특별한 환경에서 특별한 지도를 받는다. 무슨 잘못이 있어서 특별한 선택을 받은 양 자신의 욕구를 채울 수도 없고, 사회적인 인정도 제대로 받지 못하면서 세상과 동떨어진 생활을 한다. 아이들은 성장하면 할수록 블랙홀 같은 끝이 없는 구멍으로 빨려들어 간다. 이처럼 특별하게 선택받아 보육원에 입소한 아이들은 그들의 삶을 무감각하게 받아들인다. 다시 말해 사랑을 온전히 받지 못하고 애착 형성을 제대로 하지 못해 불완전한 인격체로 성장하는 것을 당연한 듯이 받아들인다. 이러한 태도는 단체생활에서 서로를 향한 불신과 부정적인 자아의 형성으로 이어지고 그로 인해 인생의 모든 것을 부정적으로 인식하게 된다. 과연 이 특별한 선택, 즉 잘못된 선택을 받은 아이들은 과연 누구에게 호소할 수 있고 어떻게 보상받을 수 있는가?

그렇게 고아가 된 아이들은 또 한 번의 선택을 받는다. 바로 입양이다. 고아 중에 선택받은 소수만이 입양된다. 외모가 준수하고 눈빛이 초롱하며 소통이 잘되는 아이들이다. 보육원장의 추천으로 선택된 아이는 또다시 새로운 환경에 부딪히며 살아가게 된다. 그들의 인생은 여러 번의 선택에 의해 결정되며 만들어진다. 다시 보육원 입소 전으로 돌아가 보자. 친부모는 아이를 입소시키기 전에 고민을 할 것이다. 아이를 그냥 버릴지, 아동 전담기관에 맡길지. 많은 고민 끝에 하나를 선택할 것이다. 가장 불행하고 불편한 선택도 있다. 아동학대로 인해 아이들이 어쩔 수 없이 가족과 생이별을 하게 되는 경우다. 또는 잦은 가출을 하는 아동이 직접 부모와 떨어져 살기를 요구하며 스스로 보육원에 들어오기도 한다. 이처럼 선택에 의해 결정되는 아이들의 삶은 참으로 천차만별이다.

그렇다면 타의에 의해 결정된 삶은 어떠한 모습일까. 구타와 방임을 일삼는 가정에서 보육원으로 이동한 아동은 나름 며칠은 행복할 수 있을 것이다. 안타깝게도 그 행복은 오래가지 않는다. 또 자신의 의지와는 상관없이 입소한 갓난아이들은 아무것도 알지 못한 채 본능에 이끌려 산다. 보호아동 대부분은 자신이 선택하지 않은 길에서 자신의 정체성을 잃어버린 채 방황하며 살게 된다. 즉 자기 존재의 정당성을 찾지 못한 채 위기 속에서 사는 것이다.

자신의 존재를 형성해 나가는 것은 너무나 중요하다. 누군가에게 인정받고 사랑받고 있다는 사실만으로 우리는 살아가는 이유를 발견할 수 있다. 보육원 안에서도 선택은 계속된다. 한 가정에서 아동 10여 명이 함께 생활하다 보면, 보육사님의 관심을 독차지하고 사랑받는 아이가 있다. 아동마다 성향이 다 다르니 보육사의 애정을 잘 받아들이는 아이가 있는가 하면, 항상 말썽을 부려서 관심 밖에 있는 아이도 있다. 부모에게서 버려지고 보육사와의 관계도 제대로 형성되지 못한 아이들은 자기만의 미지의 세계로 빠져든다. 애착 형성도 제대로 하지 못해 자책하고 스스로 비난하면서 문제 행동을 만들어 간다.

보육사의 눈에 들어온, 즉 선택받은 아이들은 특별한 관심을 받으며 보육사들에게는 '희망의 아이콘'이 되어 특별한 관리를 받는다. 다른 친구들에게는 질시를 받지만 평상시 갈고 닦은 온갖 아부를 동원하여 보육사들에게 잘 보이기 위해 노력한다. 그러한 노력이 잘못된 것은 아니지만, 이는 노력 없이는 아무것도 쟁취하지 못한다는 냉혹한 사회의 법칙을 아이들이 일찍이 배우게 되는 것 같아 한편으로 씁쓸하다. 가끔 형들에게 선택받은 아이는 온갖 괴롭힘에서 벗어난다. 생김새가 온화해 보이고 성품 자체가 선천적으로 조용한 아이들은 형들의 선택을 받아 다소 편안한 생활을 하게 된다. 즉 선택이 그들의 인생을 좌우하는 것이다.

성장할수록 선택의 중요성은 인생에 큰 영향을 미친다. 일례로 시설에서 선택받은, 즉 성실하고 착해 보이는 아이들은 진학해야 할 고등학교를 결정할 때 보육원에서 그들의 의사를 존중해 준다. 하지만 대부분의 선택받지 못한, 즉 주목받지 못한 아이들은 존중받지 못한다. 그들은 스스로 존중받을 만한 행동을 하지 않아서 보육사와의 관계가 악화된 결과를 자초했기 때문이다. 평소 함께 생활하면서 단체생활을 이끌어야 하는 보육사와 그걸 힘들어하는 아이들과의 마찰은 피할 수 없기에 아이들은 보육사와 전쟁 같은 생활을 한다. 그 과정에서 보육사에게 인정받는 일이란 불가능에 가깝다. 아이들에게 무한하게, 무조건적으로 사랑을 베푸는 일은 친부모가 아닌 그 누구도 할 수 없는 일이다.

나는 선택받은 아이였다. 내가 쓴 『나는 행복한 고아입니다』에서 밝혔듯이 감사하는 마음과 긍정적인 생각으로 보육원 생활을 했다. 가출을 한 번도 하지 않았고 학교 성적도 우수해 특별한 관심을 받았다고 생각한다. 하지만 그 특별한 관심을 쉽게 얻은 것은 아니다. 흔히 얘기하듯 피땀으로 얻어낸 것이다. 어찌 나라고 힘들지 않았겠는가? 절대 선배들처럼은 되지 않겠다고 매일 다짐했다. 동생들에게 모범이 되고 싶다는 신념이 매일 나를 다잡았다. 나라고 보육원에 살면서 보육사를 욕하지 않았겠는가? 보육사가 동생들을 지나치게 혼내거나 부당하게 대우하고 단체생활을 효율적으로 관리하기 위해 회초리를 들 때는 보육사와 심하게 싸우기도 했다. 하지만 보육사와 마찰을 빚으면 불리한 사람은 나라는 사실을 알기에 선한 행동으로 보육사의 섭섭함을 해소하고자 노력했다.

비록 내가 보육원 생활을 선택하지 않았지만, 그 이후의 삶은 내가 선택하고자 노력해왔다. 남의 선택이 아닌 자신의 선택으로, 내가 원하는 삶의 방향으로 만들어가고자 노력한 것이다.

어느 누구에게라도 외면이 아닌 인정을 받는다면 보육원에서도 좀 더 희망적인 생활을 할 수 있다고 감히 말하고 싶다. 선택받은 아동은 특기를 개발하는 데서도 특혜를 받을 수 있다. 여러 학원을 우선적으로 다니거나 특별하게 관리를 받으며 보통의 아이들과는 불공평한(?) 대우를 받는다. 세상 그 어느 조직에서나 그 조직에 적합한 자가 더 나은 대우를 받는 것과 같은 이치이다.

선택받은 아이들은 후원자들의 관심도 독차지한다. 후원자나 자원봉사자가 방문했을 때 이른바 보육원생을 대표하는 모델이 되는 것이다. 보육원 내에서 집(거처)을 옮길 때도 선택받는 일은 계속된다. 보육원 안에는 남자 집, 여자 집이 있는데 남자 집 중에서도 초등학교 집이 있고 여러 중·고등학교 집이 있다. 어느 집으로 선택되어 가느냐에 따라 생활의 질이 달라진다. 고집이 센 형들이 있는 집이나, 심한 장난을 좋아하는 형들이 있는 집으로 가도록 선택된 아동은 차별 대우를 받으며 살게 된다. 반면에 운 좋게 나이가 많은 누나들이 있는 집으로 이동한 친구들은 그야말로 땡잡은 것이다. 누나들의 사랑을 받으며 평범하게 생활할 수 있기 때문이다.

선택받은 아동은 대학 등록금이며 여타 다른 생활에서도 큰 어려움 없이 보육원의 도움을 받는다. 보육원의 모든 아이가 퇴소 후 자립을 잘해 사회의 건강한 일원으로서 정착하면 좋겠지만 그게 그리 쉽겠는가? 모두 다 사회에서 인정받을 수 없다면 소수의 인원만이라도 온전히 잘 양육하는 것이 낫다고 생각하게 된다. 자신의 현재 삶을 인정하고 긍정적인 생각으로 모두에게 인정받는 아동은 대학에 가서도 장학금을 우선적으로 추천받는다. 성실하지 못한 아동을 괜히 추천했다가 망신을 당할 바에야 검증된 아동을 추천하는 것이 낫다고 여기기 때문이다.

나는 인정할 수 없는 선택과 잘못된 선택 앞에서 우리는 어떻게 그것을 받아들여야 하는지를 이야기하고 싶다. 중요한 것은 자기 자신의 노력이다. 누군가의 선택을 강요받는 것은 너무나 괴로운 일이다. 따라서 자기가 선택한 것을 책임지고 당당하게 받아들이는 것이 최선일 것이다. 판단이 미숙한 미성년자라고 해도 선택하기 전에 신중하게 고민한다면 누구나 후회하지

4장-행복한 고아가 되고 싶은 이들을 위한 조언

않을 인생을 살 수 있다. 때로는 불가항력적인 선택이 우리 앞에 놓이기도 하지만 포기하는 인생은 그다음에 있을 선택의 기로에서 역시 올바른 선택을 하지 못한 가능성이 매우 크다. 어쩔 수 없이 선택되어 보육원에 들어왔다면 그 상황에서 어떠한 선택을 해야 할지를 결정하는 것이 더욱 중요하다.

나는 보육원 아이들에게 선택받기를 기다리는 것보다 자신의 정체성을 정당화하기 위해 보육원의 자랑이 되고자, 보육사의 기쁨이 되고자 노력해 보라고 권해주고 싶다. 평범한 가정에서 부모님을 기쁘게 해드리기 위해 노력하는 것이 얼마나 귀한 일인지는 두말할 필요가 없지 않은가! 그와 마찬가지로 보육사들이 보람을 얻고 그 직업에서 명예를 얻을 수 있는 기회를 제공할 수 있다. 보육사에게 인정받고 보육원의 자랑이 되려는 노력이 어쩌면 터무니없는 모습처럼 보일 수 있지만 가장 현실적이며 지금의 상황을 바꿀 수 있기 때문이다. 보육원에 입소한 것은 자신의 선택과 무관한, 어쩔 수 없는 일일 것이다. 하지만 그 이후의 삶은 내가 어떠한 선택을 하느냐에 따라 달라질 수 있다. 내가 살아온 삶이 그 증거가 될 수 있다고 말해주고 싶다.

5장

모두가 행복한 사회를 위한 변화

고아의 원초적 트라우마

마음에 새겨진 상처를 치유하는 법

흔히 씻을 수 없는 큰 상처를 받았을 때 '트라우마가 생겼다'라는 말을 한다. 비록 내가 심리학자는 아니지만 그간의 경험을 바탕으로 고아가 지닌 원초적인 트라우마, 즉 가지지 않아도 되는데 갖게 되는 외상 후 스트레스장애에 대해 이야기해 보려고 한다.

트라우마라는 용어를 사전에서 찾아보면, '정신에 지속적인 영향을 주는 격렬한 감정적 충격'으로 외상 후 스트레스장애(PTSD)를 유발하기도 하는 것을 알 수 있다. 지속적인 외상 사건의 재경험, 외상과 연관된 자극에 대한 지속적 회피 및 주위 자극에 대한 일반적 반응의 둔화, 다양한 정도로 나타나는 자율 신경계 및 인지 기능 이상, 울적함 등의 증상이 나타나는 것이다. 조금 거창하지만, 글의 제목처럼 '원초적 트라우마'에 대해 나는 '학령기 전에 형성되는 트라우마'로 정의해 보려고 한다.

학교에서 학생들을 가르치는 교육자로서, 그리고 보육원에서 20년 넘게 생활한 경험자로서, 나는 보육원에서 겪은 신체적 혹인 정신적인 충격으로 생긴 트라우마에 대해 오랜 기간 생각해 왔다. 보육원에서의 부정적인 경험이 과연 고아의 인생에 어떤 영향을 주는지, 그리고 어떤 요소가 고아에게 가장 충격적으로 다가오는지를 고민했다. 그리고 고아에게 이러한 원초적 트라우마가 있음을 인지하고 적극적으로 치유한다면 그들도 사회에 나가 다른 사람과 더불어 살아가는 데 큰 도움이 될 것이라고 믿는다.

한편 정신적 외상은 전쟁, 재난, 재해뿐 아니라, 자동차 사고, 강간, 성폭행, 중요한 사람의 죽음, 이별, 창피를 당한 경험, 심한 좌절의 경험, 심각한 질병이나 신체적 장애의 발생, 심한 불안의 경험, 가족의 학대 등과 같은 상황에서 흔히 발생한다. 이 중에서 고아와 가장 관련 깊은 외상의 요인은 단연 가족의 학대와 부모에게서 버림받았다는 불안 경험일 것이다.

이 글에서는 이 둘에 초점에 맞추어 고아가 겪을 수 있는 스트레스에 대해 논하고자 한다.

고아에게는 부모에게 버림받았다는 엄청난 충격이 전쟁, 재난, 불의의 사고, 강간보다도 훨씬 더 큰 영향을 미친다고 한다. 그러한 충격은 불안, 공포, 회피, 일상에서의 부적응을 가져오지만 이 글에서는 3가지, 곧 거부감, 상실감, 분노에 대해 이야기해 보려고 한다. 이러한 외상은 직접 부모에게서 버려졌을 때 갖게 되지만, 여기에는 고아가 학령기 때 자신감 혹은 자존감을 잃게 된 일상에서의 경험으로 인한 고통도 포함된다. 예를 들어 학교에서 요구하는 준비물을 가져오지 않아 교사에게 야단을 맞고 친구들의 눈치를 본 경험, 입학식이나 졸업식 때 축하해 줄 사람이 아무도 없어 놀림 당한 경험, 보육원에 산다는 이유로 차별당한 경험 등도 고아 아동에게는 엄청나게 고통을 주고 트라우마를 갖게 한다.

고아가 겪는 가장 큰 트라우마는 '거부감'이다.

거부감은 누구에게도 인정받지 못한다는, 환영받지 못한다는 느낌이다. 아이들은 자신의 의사가 본능적이든 이성적이든 울음으로 의사를 표현한다. 어릴 때는 주로 본능에 가까운 모습으로 표현하지만, 그 표현이 거부당했을 때 느껴지는 존재감의 상실은 엄청난 파괴력을 지닌다. 배가 고파 울어도 제때 분유를 먹지 못하고 기저귀가 젖어서 울어도 소용이 없다. 무엇보다 누군가와 눈빛을 교류하는 사랑의 관계를 거부당한 아이들은 누구도 쉽게 믿지 못하여 늘 경계하고 과도하게 놀라며 초조해하고, 나아가 죽음의 공포까지 느끼게 된다. 거부감으로 인해 신경이 매우 날카로워져서 주위 사람에게 신경질적이고 공격적인 반응을 보이기도 한다. 실제로 나는 보육원 아이 중에서 자신의 감정을 잘 조절하지 못하는 아이를 많이 만나 보았다. 별것 아닌 일로 화를 내거나 심지어 어른들이 쓰는 심한 욕설을 하는 아이를 본 적이 있다. 이러한 거부 표현은 누군가와 소통하기보다는 자신을 지키기 위한 방어적인 표현이지만, 주변인에게는 두려움 이상의 공포심을 느끼게 한다. 나는 세상에서 가장 큰 외침은 거부당했을 때 내는 외침이라고 생각한다. 갓난아이가 우는 것은 생존을 위한 외침이다. 생존을 위한 외침은 그 어떤 요구보다도 고귀한 것이다. 따라서 유아기에 거부당하는 경험은 매우 파괴적인 영향을 줄 수 있다. 성인도 누군가에게서 거부당했다고 느끼면 괴롭고 절망적일 텐데 하물며 어린아이는 어떻겠는가? 그 충격은 이루 말할 수 없을 것이다.

고아가 겪는 두 번째 트라우마는 '상실감'이다.

믿었던 사람에게 신뢰받지 못하면 나이에 관계 없이 사람은 감각이 둔감해질 수 있다. 하지만 나이가 어린 아이라면 그것이 더욱 심해진다. 반복된 사건이 주는 고통을 피하고 자신을 보호하려는 시도로 인해 보육원에서의 힘든 생활에 저항하기보다는 의식의 상태를 변형시켜 방어적으로 행동하는 것이다. 일종의 정신적 마비 상태가 되어 모든 기억을 회피하고자 한다. 상실감으로 인해 자신의 현재 모습을 모면하고자 스스로 자신의 상태를 조절할 수 없다는 무력감에 빠져 술을 마시거나 비행청소년과 어울리고, 심하면 친구 관계를 단절하기도 하며 자살에 이르기도 한다. 상실감으로 인한 이러한 증상은 좀처럼 쉽게 사라지지 않고 몇 년간 지속되기도 한다. 매우 위험하고, 안타까운 일이다. 상실감이 무서운 이유는 이뿐만이 아니다. 무슨 일이든 도전하고 노력해야 하는 청소년기에는 상실감이 패배 의식을 지니게 한다. '나는 누군가에게서 버려져 실패한 사람이구나!'라는 생각이 매 순간 떠올라 더욱 스스로를 고통스럽게 하며 그 경험을 반복케 한다. 다시 말하지만 상실감으로 인한 충격은 성인보다 아이들이 훨씬 크게 느낀다. 상실감으로 인해 쉽게 자포자기하게 되어 인생의 낙오자가 될 수밖에 없는 것이다.

부모의 갑작스러운 죽음을 겪은 성인은 부모 잃은 충격으로 잠시 가슴 아파할 수는 있지만 시간이 흐를수록 그 상처는 아물어 갈 것이다. 그러나 유아기에 느낀 상실감은 아동에게 부정적인 영향을 끼쳐 인생을 해석하는 방식을 왜곡시키며 그러한 왜곡은 성장할수록 증폭될 수 있다. 고통의 정도가 한없이 크지만 그런 만큼 현실감각을 둔하게 하고 인생의 목표의식도 없어지게 하기 때문이다. 이러한 상실감이라는 트라우마 때문에라도 보육원에서 유아를 보호하는 방식에 큰 변화가 필요하다. 지금처럼 보육사 한 명이 유아 여러 명을 보호하는 방식은 그 아이

행복한 고아의 끝나지 않은 이야기

들에게 계속해서 원초적 트라우마를 가중시킬 뿐이다.

아이들이 갖게 되는 원초적 트라우마의 또 다른 형태는 '분노'이다.

보육원 생활은 매우 불안정한 상황의 연속이다. 보육사와의 관계, 친부모와의 단절, 사회의 편견과 맞서는 상황, 단체생활에서의 괴로운 상황, 자립해야 할 시기에 대한 막연한 두려움, 학교 친구들과의 비교, 보육원 사무실 직원과의 갈등, 충분치 못한 용돈에 대한 고민, 자신을 버린 부모에 대한 증오 등으로 인해 보육원 아이들은 자신의 의지와는 상관없이 극단적인 흥분 상태에 놓인다. 부모에 대한 분노는 자연스럽게 주변 친구들에게로 표출되기도 하고, 나아가 사회에 대한 분노로 확대된다. 분노로 채워진 마음은 다른 어떤 긍정적인 표현으로도 바꿀 수 없다. 분노로 가득 찬 마음에 다른 감정이 스며드는 것은 불가능하기 때문이다. 아이들은 미성숙한 인격체인 까닭에 분노로 인해 모든 상황을 불안하게 받아들인다. 이런 이유로 국가의 지원과 후원자의 관심도 의미 없이 받아들이며 보육원에서 진행되는 인지발달교육, 사회성 프로그램, 자립지원 프로그램도 큰 효과를 내지 못한다. 분노는 보육원에 대한 원망이 되어 함께 사는 다른 아이들에게도 부정적인 영향을 끼친다.

마음의 안정을 느끼지 못한 상태에서는 어떤 학습도 이루어지지 않고 진로를 결정하기도 어렵다. 정서적 불안으로 인해 부적응적인 행동을 하며, 그 누구도 포용하거나 이해하지 않아 인간 관계의 어려움을 겪는다. 누군가를 신뢰하거나 누군가와 도움을 주고받는 관계를 형성하기가 불가능하게 된다.

더 심각한 문제는 따로 있다. 분노는 심리적인 외상이지만 매우 파괴적이어서 한 인간을 괴물로 만들 수도 있다. 누구에게 피해를 줘도 죄의식을 느끼지 못하고 죄책감을 느끼지 못하는 인간이 되게 한다. 화내는 습관은 아동을 비이성적으로 만들어 올바른 판단력을 갖지 못하게 한다. 작은 일에도 화를 내거나 작은 실수도 인정하지 않으면 누구에게나 두려운 존재가 될 수 있다. 성인은 스스로 이성적 판단을 하거나 마인드 컨트롤을 하기도 하지만, 아이들은 분노 자체에 둔감해져 분노에서 헤어 나올 수 없는 세계에 갇히게 됨으로써 부정적인 심리상태가 더욱 악화될 수 있는 것이다.

나는 사회나 주변의 어떤 관심과 지원도 부모의 사랑을 대신할 수는 없다고 생각한다. 완전한 치유와 회복이 불가능하다면 최소한은 아이들이 안정감을 느끼도록 지원해야 한다. 아이들에게 안전하게 보호받고 있다는 사실을 느끼게 해주고, 생부모를 대신해 부모의 역할을 해 줄 수 있는 환경을 제공해 주어야 한다. 믿을 수 있는 보호자와의 정서적인 교감이 만들어지도록 아이들이 겪는 고통을 이해하고, 아이들이 스스로 안정감을 찾아가도록 대화를 통해 아이들을 이끌어 주어야 한다. 정신적 외상으로 인해 위축되고 왜곡되었던 인간관계를 건강하고 원만하게 회복할 수 있도록 해 주어야 한다.

모든 고아가 앞서 말한 원초적 트라우마를 공통적으로 지녔다고 단정하고 싶지는 않다. 보육원마다, 아이들마다 상황과 성향은 매우 다양하기 때문이다. 다만 아이들의 정서적 고통을 진심으로 이해하고 부적응적인 행동까지 포용해 줄 수 있는 사람이 필요하며, 이를 통해 다양한 애착 관계를 경험하며 살도록 도와야 한다고 말하고 싶다. 애착 대상이 보육사이든, 먼 친척이든, 후원자든 간에 인생의 든든한 안식처를 제공할 수 있는 사람과 함께 삶을 영위하게 해 주어야 한다.

나는 여전히 고아인가?

입양을 고민하고 계신 분들께

나 스스로 고아임을 밝히는 것이 속으로는 불편하지만, 나는 어쩔 수 없이 고아이다. 이 사실을 바꿀 수는 없다. 하지만 고아에 대한 지독한 편견을 가진 이 사회에서 나 스스로 고아라고 밝히는 일은 다소 부담스럽다. (그 누구도 편하게 '나는 고아'라고 말할 수 있는 사람은 없지 않을까) 하지만 부담스럽기는 해도 부끄럽지는 않다.

그런데 한편으로는 언제까지 고아일까, 라는 생각도 든다. 부모 없는 사람을 고아라고 말한다면 나는 고아가 맞지만, 나는 이제 결혼하여 가정도 꾸리고 자녀도 있다. 이런 나에게 고아라는 말은 온당치 않아 보인다. 나는 고아라기보다는 '고아였다'라고

행복한 고아의 끝나지 않은 이야기

말하는 게 맞다. 하지만 또 고아였으면 어떤가. 나는 정말 많은 사랑을 받고 자랐는데.

보육원에서 살다 보면 많은 방문자들을 만나게 된다. 보육원 후원자들이다. 그분들은 마치 관찰이라도 하듯이 보육원 아이들을 유심히 쳐다본다. 아이들은 본능적으로 안다. 그 후원자가 구호 물품을 전하러 왔는지, 자원봉사를 하러 왔는지 아니면 입양을 위해 방문했는지. 입양을 하겠다고 마음먹고 온 사람들도 있었고, 고민 중에 한번 둘러보고자 방문하는 사람들도 있었다. 그러면서 우연히 눈이라도 마주치게 되는 아이가 있는지, 자신을 잘 따를 만한 아이가 있는지 확인하러 온 사람들도 있었다.

어릴 때의 나를 비롯해 많은 보호 아동들은 입양을 달갑게 생각하지 않는다. 아니, 입양에는 별 관심이 없다. 친부모가 자신을 찾으러 올 수도 있다고 막연히 기대를 하고, 또 또래 친구들과 함께 먹고 자고 노는 것이 좋기 때문이다. 나도 마찬가지였다. 더욱이 나는 친동생과 함께 보육원에 살았기 때문에 (형제 둘이 동시에 입양되는 일은 불가능한 것임을 알았기에) 입양은 나와 상관없는 일이라 생각했다. 그럼에도 불구하고 입양되는 아이들을 보면 조금은 부러운 마음을 가진 것도 같다.

입양된 아이들은 공통점이 있다. 비교적 얼굴이 잘생겼고 다른 아이들보다 성격도 온화하다. 보육원에서 큰 문제를 일으키지 않고 말을 잘 들으며 학교 성적도 꽤 좋은 아이들이 입양을 가곤 했다. 보육원에서도 아무래도 모범적인 아이를 연결해 주려고 하니 당시 별 볼 일 없었던 나 같은 아이는 입양 추천 대상자에 절대 들 수 없었다.

성인이 된 후에도 입양된 아이들 생각이 종종 났다. 명절 때나 장례식장 같은 곳에서 보육원 출신들이 만나면 서로의 안부를 물으며 입양된 아이들에 대해 이야기하곤 했다. 입양된 아이들은 보육원에 다시는 방문하지 않았기 때문에 소식을 알 수가 없어 더욱 궁금해한다. 입양된 아이들은 이제 고아가 아니므로 보육원에 방문할 이유도 없지만, 그래서인지 더 보고 싶기도 했다.

한국고아사랑협회 활동을 하면서 다양한 단체의 장들을 만날수 있었다. 한부모 단체, 주사랑공동체, 입양 단체, 장애인 단체, 탈북 단체 등이다. 모든 기관이 보호아동을 지원하는, 우리 한국고아사랑협회와 관련이 있다. 보육원에서 장애아동과 함께 자라기도 했고, 한부모로 인해 보육원에 입소한 동생들도 있었기 때문에 장애인 단체나 한부모 단체와 공감할 수 있는 부분이 있었다. 그러한 여러 단체 중에서 무엇보다 나는 입양 단체를 만날 때에 매우 친근감이 들었다. 왜냐하면 입양 부모들은 나 같은 고아들의 가족이 되어 주었기 때문이다. 나아가 보육원에서 자

행복한 고아의 끝나지 않은 이야기

라는 현실의 어려움을 그 누구보다 잘 알기 때문이다.

입양을 결정하기까지 주변의 시선을 포함해 여러 가지에 대해 얼마나 고민했을지 잘 알기에 나는 그들이 너무나 대단하게 느껴진다. 한 번쯤 입양을 생각해 볼 수는 있지만 입양을 실행한다는 것은 결코 쉬운 일이 아니다. 가족의 반대, 사회의 편견 등 여러 어려움이 있기 때문이다. 오지랖이 넓은 것일 수 있지만, 나와 같은 고아 아동을 입양해 주신 이 땅의 모든 분께 감사와 존경을 표현하고 싶다.

그럼에도 불구하고 우리의 현실은 여전히 안타깝다. 2012년에 개정된 「입양특례법」으로 인해 입양이 감소하고 있기 때문이다. 입양특례법에서는 의무적으로 출생 신고를 하도록 규정하고 있다. 이 말은 즉 호적이 없는 아동은 입양될 수 없다는 뜻이다. 가정보호 우선 원칙을 위해 부모가 의뢰한 아동에 대해서만 입양 절차를 정하고 있어 부모가 없는 유기 아동은 시설보호만 가능하다. 가장 큰 문제는 시설에서 보호받는 아동에 대한 가정보호로의 변경 조치가 시설장의 재량에 맡겨져 있어 시설로 들어간 아이가 가정으로 입양되는 것은 거의 불가능에 가깝다는 것이다. 정부는 「입양특례법」을 통해 고아에게 자신을 알 권리를 찾아주고 고아 호적을 만들어 개인의 역사를 삭제하지 않고 있다. 하지만 자신을 알 권리와 아동에게 최선의 이익은 무엇일지 우리는 생각해 볼 필요가 있다.

아이라면 누구나 부모의 보호 하에 자라며 행복을 추구할 권리를 갖고 있다. 모든 아동에게 이 기본권이 실현되는 환경, 인간의 존엄성이 보장되는 환경은 바로 보호자가 있는 가정이다. 나는 아동은 모두 가정에서 성장해야 한다고 생각한다.

세계적으로도 시설에서 지내는 보호아동 80% 이상은 부모의 소재지를 알고 있다. 그렇기에 이들이 가족과 함께 살 수 있도록 적절한 지원이 이뤄져야 한다. 아동은 자신의 출생의 비밀이 어떠하든지 존중받으며 성장해야 하고, 그러기 위해서는 부모의 역할을 해 줄 수 있는 어른이 필요하다. 나아가 친생부모와 함께 있는 곳만 가정이라는 생각, 편견을 버릴 필요가 있다. 입양가족도 이 사회에서 편견 없이 받아들여져야 한다. 입양을 고민하고 있는 분들에게 나는 어떠한 관점으로 고아를 바라보는지 묻고 싶다. 그리고 가정이란 어떻게 꾸려져야 하는지, 어떠한 역할을 해야 하는지 생각해보라고 조언하고 싶다.

행복한 고아의 끝나지 않은 이야기

고아는 피해자다

한 청년이 어렵게 결혼 적령기를 놓치고 국제결혼을 하게 되었다. 다문화가정이라는 특수한 환경, 어려운 형편에도 불구하고 부부는 아이를 낳고 한동안 평범하게 살았다. 그러다 어느 날 외국인인 생모가 별안간 가출을 했다. 언어의 장벽과 인간관계의 어려움을 견디지 못하고 아이를 버리고 집을 나간 것이다. 아이의 아버지는 아이를 온전히 양육할 자신이 없어 보육원을 찾았다. 가출한 생모는 아무런 처벌도 받지 않고 버젓이 잘 살고 있다고 한다. 자식을 낳아서 기르다가 힘들다는 이유로 아이는 고아원에 버려진다. 이러한 상황에서의 가장 큰 피해자는 바로 아이이다. 아이는 부모를 결코 이해할 수 없는 어린 나이에 시설에 맡겨져 쓸쓸히 외로이 인생을 살아가야 하는 것이다.

상황이 여의치 않아서, 여러 가지 복합적인 문제로 인하여 보육원에 맡길 수는 있지만 이렇게 보육원에 아이를 맡긴 90%의 부모들은 아이들을 찾지 않는다. 또한 나중에라도 아이들을 데리고 가서 가정에서 키우려고 하지 않는다. 이것이 바로 내가 '고아는 피해자'라고 주장하는 이유이다. 다소 섬뜩한 말이지만 사실이다. 아동학대, 이혼, 미혼부모, 혼외자, 한부모 가정으로 인해 고아가 된 아이는 아무 잘못이 없다. 피해자 있으면 가해자도 당연히 있을 것이다. 가해자는 과연 누구일까?

우리 주변 도로 곳곳에는 어린이 보호구역이 있다. 이처럼 나라에서는 제도적으로 아이들을 보호하기 위해 최선을 다한다. 하지만 정작 보호가 필요한 고아원 아이들, 보호 종료 아동들이 살아가는 환경과 제도에 대해서는 아직도 갈 길이 멀다. 이들을 국가에서 책임을 져야 한다고 생각한다. 물론 1차적인 책임은 전적으로 부모에게 있다고 생각한다. 또한 이러한 피해를 국가가 다 해결할 수는 없다. 하지만 최소한 고아(보호 아동)가 발생하지 않도록 자식을 버리는 부모는 법적으로 처벌받도록 제도를 마련해야 한다. 해마다 출산율은 낮아지지만 보육원에 맡겨지는 아동들의 수는 줄어들지 않는다. 아이들이 더 적게 태어나도, 버려지는 아이들의 수는 줄어들지 않는 것이다. 어른들의 인식이 한참 잘못된 것이다.

행복한 고아의 끝나지 않은 이야기

어려움에 처한 부모, 어른들의 입장을 이해 못 하는 것은 아니다. 하지만 좀 더 신중하게 아동을 맡기는 것을 생각하고 좀 더 열정적으로 아이들을 보살피고 관심을 가져 달라고 부탁해 본다. 고아원 아이들을 피해자로, 피해 아동으로 인식하는 것은 너무나 안타까운 일이다. 그 아이들을 피해 아동으로 만든 부모들은 반성을 하고 있는지, 피치 못할 상황에서 아이를 맡겼더라도 아이들을 만나러 가는지 궁금하다.

피해자라는 단어가 주는 의미는 무겁지만 아이들을 상처를 준 문제에 대한 책임을 질 수 있도록 국가는 하루 빨리 제대로 유기되는 아동이 생기지 않는 방법을 마련하기를 바란다. 또한 아이들을 버린 부모의 무책임을 처벌할 수 있는 법적 기준을 마련해야 한다. 이렇게 해서라도 보호가 필요한 아이들이 좀 더 살 만한 세상을 만들어 주어야 한다. 제대로 된 책임 의식, 부모로서의 소명, 아이들과의 관계 형성을 통해 아름다운 가정을 꾸리는 분들이 많아지기를 기원한다. 이를 통해 우리 사회는 좀 더 밝은 곳으로 나아갈 것이다.

한편으로는 우려도 된다. 고아가 피해자라는 말로 인해 아이들이 의기소침해지거나, 또 다른 편견이 생기지 않을까 하는 우려다. 하지만 이로 인해 어른들에게 조금의 부담감을 가지고 각성할 수 있다면 더할 나위 없겠다.

고아의 눈으로 바라본 낙태

최근 낙태가 사회적으로 큰 이슈가 되고 있다. 나는 평소 낙태에 대해 크게 관심을 가지지 않았는데 보호아동을 돕는 일을 하다 보니 자연스럽게 생명의 소중함에 대해 생각하게 되었다. 그리고 낙태는 금지되어야 한다는 걸 깨달았다. 나는 무조건적으로 낙태를 반대하는 것은 아니다. 많은 사람들이 동의하는 (10주 이전의 피치 못할 상황에서의 낙태) 부분에는 나 또한 수용할 만하다고 생각한다.

2019년 4월 11일 헌법재판소는 '모든 낙태를 처벌하는 것은 헌법에 어긋난다'고 결정하며, 올해 말까지 형법 개선 입법을 마련하라고 주문했다. 이후 법무부와 보건복지부, 식품의약안전처는 형법상 낙태죄를 유지하고 임신 14주까지만 낙태를 허용하는 내용을 담은 형법 '모자보건법 개정안'을 입법 예고했다. 개정안에 임신 15~24주까지는 태아의 유전병 여부와 성범죄에 의한 임신 등 기존 모자보건법상 낙태 허용 사유에 '사회 · 경제적 이유'도 추가한 것이 핵심이다. 심지어 미성년자도 불가피한 경우 보호자 동의 없이 의사와의 상담을 통해 낙태시술이 가능하도록 했다.

내가 낙태를 반대하는 이유는 따로 있지 않다. 생명은 너무 소중하기 때문이고, 그렇게 소중한 아이가 온전한 가정에서 누군가의 전폭적인 사랑과 보살핌 아래 올바르게 성장하고 살아가면 좋겠다는 바람 때문이다.

법안의 주요 내용을 살펴보면, 낙태는 14주 내에 누구나 할 수 있다는 것이다. 그리고 24주 때 까지는 유전적 문제, 성범죄, 혹은 경제적 사유로 인해 아이를 낙태할 수 있다고 한다. 또 청소년들도 부모의 동의를 받지 않고 미성년자임에도 불구하고 낙태할 수 있게 되었다. 나는 이러한 내용들은 사실상 납득하기가 힘들다.

나는 낙태에 관한 의학적인 지식이나 사회적인 인식에 대해서는 잘 알지 못한다. 하지만 한국고아사랑협회 활동을 하면서 낙태가 왜 금지되어야 하는지에 대해 고민하게 되었다. 나의 결론은 태아도 생명이라는 것이다. 이 글에서는 고아 출신으로서 낙태에 대해 한번 이야기해 보고자 한다.

최근 뉴스를 통해 우리나라를 대표하는 명문 대학인 S대학의 한 청년과 그의 여자친구가 의도치 않게 임신을 하게 되어 낙태를 했다는 뉴스를 보았다. 이들이 낙태를 선택한 이유는 단순히 '부모님께 혼이 나기 때문'이라는 것이었다. 나는 뉴스를 보면서 많은 생각이 들었다. 그 청년을 명문대에 보내기 위해 부모는 수십 년 동안 각고의 노력을 하며 교육했을 것이다. 청년은 부모의 관심을 받으며 공부도 열심히 하고, 아마도 안정된 가정에서 성장했을 것이다. 하지만 그가 생명의 존엄성에 대해 배웠는지는 모르겠다. 성인이 된 남녀가 올바른 의식을 가지고 성관계를 맺는 것은 정말 아름다운 것이다. 결혼에 대한 의식과, 아이를 낳아서 기른다는 일의 성스러움에 대해 한 번이라도 고민했는지 모르겠다. 이들이 한 번이라도 제대로 된 성교육을 받았는지도 의문이다. 피임 위주의 성교육이 아닌 생명을 존엄하게 생각하고 이에 대해 소중하게 생각하는 기회를 단 한 번이라도 가졌는지 궁금하다.

나는 의료 전문가나 사회 정책 입안자가 아니다. 나는 고아가 되어 아주 어린 시절에 고아원에 버려졌다. 나보다 더 어릴 때, 갓난아기 때 시설에 들어가 지금껏 살아가는 아이들을 대변해 이야기하고 싶다. 낙태가 허용이 된다면 청소년이나 청년들이 성에 대해, 생명에 대해, 태아라는 존재에 대해 무감각해질 것이다. 하나님이 만들어 놓으신 질서를 위배하는 일이 생겨날 것이다.

생명은 소중하다. 생명에 대해 차별은 없어야 하지만, 아이의 생명은 더욱 귀하게 여겨야 한다. 우리의 미래를 열어갈 존재이기 때문이다. 그러니 조금 더 지혜롭게 판단해야 한다. 나는 낙태에 대해 전문적인 지식을 갖고 있지 않지만, 낙태를 허용함으로써 그 태아의 생명권과 또 성인의 자기 결정권이 같이 충돌한다고 하는 말을 들었다. 나는 어떠한 권리도 태아의 생명권 보다 앞설 수는 없다고 생각한다.

낙태를 막기 위해서는 우리의 의식 속에 생명이 가장 우선되어야 한다. 그래야 이 땅의 보육원에서 성장하는 아이들과, 가정에서 학대당하고 방임, 유기되는 아이들에 대한 생명도 돌볼 수 있다. 이 땅에 태어나 소중한 생명을 얻은 아이들이 고아로 버려지고, 그러한 아이들의 생명이 쉽게 경시되는 이러한 세태 속에 낙태가 합법화된다면 이 아이들은 또 버려질 수 있다. 부모에게 한 번 버려지고, 사회의 무관심 속에 또다시 버려질 것이다. 이들을 구할 수 있는 것은, 의식의 변화이다. 우리의 생각을 바꿔야 생명을 살릴 수 있다.

부모를 찾고자 하는 마음

신문에서 해외로 입양된 지 수십 년 만에 부모님을 찾으러 한국에 온다는 뉴스를 종종 볼 수 있다. 그들은 왜 그토록 오랜 시간이 지났음에도 불구하고 조국으로 와 부모를 찾는 것일까. 그들의 노력에도 불구하고 그들은 쉽게 부모를 만날 수 없다. 왜냐하면 이들을 입양 보낸 기관에서는 예전 자료를 가지고 있지 않기 때문이다.

나도 부모를 찾기 위해 노력했지만 자료가 없어 부모를 찾지 못했다. 나와 같은 처지인 것 같아서 입양된 이들이 부모를 찾는 뉴스를 보면 더욱 안타까운 마음이 든다. 나는 입양된 경우는 아니지만 부모님을 만나고자, 뿌리를 찾고자 하는 갈망이 어떤 마음인지 너무도 잘 알기 때문이다.

우연히 입양에 대한 책을 읽어보게 되었는데 그 책을 통해 나는 입양에 대해 많은 것을 알 수 있었다. 아이를 입양한 부모가 아이들에게 입양에 대한 이야기를 언제쯤 꺼내야 하는지, 친부모에 대해서는 어떻게 이야기해야 하는지, 그러한 갈등 가운데 아이들의 마음을 헤아리고 애착 관계를 형성하는 것이 얼마나 어려운지를 이해할 수 있었다. 책을 통해 간접적으로나마 입양이 얼마나 어려운 일인지 알게 되었다.

그렇다면 그 어려운 과정을 통해 가족을 만나게 된 사람들, 입양된 사람들은 왜 부모를 찾으러 한국으로 오는 것일까. 답은 너무도 간단하다. 친부모를 만나고 싶기 때문이다.

미국으로 입양 간 입양인 단체 중에 한국에 오셔서 보육원 아이들을 후원하는 분들이 계신다. 매년 추석 명절 때마다 국내에 들어와 보육원 보호종료 아동들과 함께 따뜻한 정을 나누는 행사를 연다. 오랜 기간 준비하고 계획해서 아이들을 후원한다. 이들은 왜 먼 거리를 건너와 이런 행사를 하는 것일까. 이들 모두 부모를 그리워하는 마음을 가졌기 때문이라고 생각한다.

그렇기에 입양을 간 분들이 부모님을 찾는 것은 당연하다. 문제는 부모님을 찾는 것이 쉽지가 않다는 것이다. 그럼에도 기적은 일어난다. 오늘 아침엔 놀라운 뉴스를 보았다. 보육원을 퇴소한 보호아동출신의 한 청년이 우연한 기회로 부모님을 찾게 된 소식이었다. 그 청년은 우연히 CU편의점에서 설치된 모니터를 통해 실종아동찾기 캠페인에 자신의 얼굴이 나온 것을 보고 깜짝 놀라 아동권리보장원에 전화를 했다고 한다. 그는 자신이 실종아동이 아니라고 얘기를 했고, 알아본 결과 그 청년의 부모님께서 아이를 잃어버리고 실종아동신고를 한 것이다. 아동권리보장원에서는 전국에 있는 몇천 개의 CU 편의점과 함께 협약을 맺어 편의점에 실종아동찾기 캠페인을 진행하고 있었는데, 이를 통해 청년은 부모를, 부모는 잃어버린 아이를 찾은 것이다. 나는 천운이 따른 결과라 생각한다. 우연히 편의점에 가 자신의 어릴 때 사진을 발견하고 잃어버린 부모를 찾는 일은 기적과도 같다.

연어가 알을 낳으려고 바다에서 강물을 거슬러 올라 자신의 고향으로 돌아가는 것처럼, 입양을 간 이들이 부모님을 찾는 것도 비슷한 모습이라 생각한다. 나는 입양 가신 분들 그리고 나와 같은 무연고자이자 천애고아인 분들이 부모님을 찾기 위해 하루빨리 제도적인 부분이 개선될 수 있기를 바란다. 나의 짧은 견해를 밝히자면, 부모가 아이를 출산하여 출생신고를 하는 경우에 아이의 기록이 호적에 남아 있지 않으면 그것을 조사해서 반드시 전국의 국과수에 DNA를 맡기고 부모들이 반드시 실종아동 신고를 할 수 있도록 해야 한다.

행복한 고아의 끝나지 않은 이야기

인간은 누구나 부모님에 대한 그리움이 있다. 입양을 간 분들도 마찬가지이다. 나처럼 연고가 없는, 부모의 존재를 모르는 사람도 마찬가지다. 여러 여건 때문에, 자신이 처한 상황 때문에 부모님을 찾지 못할 뿐이다. 한편으로는 부모님을 찾았을 때 겪을 막연한 두려움도 있을 것이다. 부모님께서 어떤 환경에 계시는지 전혀 알지 못하기 때문이다. 또한 막상 꿈에 그리던 부모님을 찾았는데 썩 좋은 관계를 형성하지 못할 것에 대한 두려움도 있을 것이다.

하지만 결과가 어떻더라도, 부모를 잊지 못하고 그리워하는 사람들이 있다면 이들을 도울 수 있도록, 꿈에 그리던 부모를 찾을 수 있도록 제도와 시스템이 마련되어야 하지 않을까. 부모는 아이를 버렸지만 아이는 부모님을 버리지 않았다. 그 말이 오늘따라 더 생각이 난다.

쓸쓸한 죽음을 선택한 이들

어느 보호 종료를 앞둔 청년의 죽음

세상에 슬프지 않은 죽음이 어디 있을까. 그중 가장 슬픈 죽음은 부모와 함께 살지 못하던 이가 스스로 목숨을 끊은 죽음이 아닐까 싶다.

2020년 12월 28일 광주 어느 보육원에서 생활하던 한 고등학생(남, 17세)이 보호 종료 시기가 다가오자 7층 옥상에서 뛰어내려 숨지는 사건이 발생했다. 신고를 받고 출동한 경찰과 구급대가 낙하 방지물을 설치하던 도중 추락하였다. 갓난아기 때 작은 상자에 담겨져 보육원에 맡겨진 지 열일곱 해 만이었다. 그 소년은 그동안 얼마나 외롭고 두려웠을까. 마지막 순간 그는 무슨 생각을 했을까. 누가 무엇이 그 소년을 죽게 했을까.

보건복지부의 정확한 통계는 없지만 항간에 들리는 소문에 따르면 한 달에 5명 정도의 보호 종료 청소년이 자살한다고 한 다. 안정적인 일자리를 구하지 못해 거리를 떠돌고, 굶으며 지 내다가 결국 극단적인 선택을 하는 경우가 많다. 퇴소 후 자신 을 버린 가족을 찾아갔다가 부모에게 얼마 안 되는 정착자립금 을 뺏기는 경우도 있고, 간간이 아르바이트를 하지만 생활고에 시달리다 삶을 포기하는 경우도 있다.

여러분은 앞서 언급한 보육원생의 자살 소식을 들었을 때 어 떤 생각이 들었는가? 물론 자살률이 높은 대한민국의 현실에서 한 사람의 죽음은 큰 의미가 없다고 생각할 수도 있다. 허나 보 육원에서 성장하여 평생 변변찮게 살다가 그 누구의 도움도 제 대로 받지 못하고 안타깝게 생을 마감하는 이들이 있다는 것은 너무나 슬픈 현실이 아닐 수 없다.

2년 전 나도 보육원 후배의 자살을 마주하였다. 부모의 이혼 으로 보육원에 입소한 그는 퇴소 후 친아빠에게 돌아갔지만 베 트남 새어머니와는 소통이 안 되고, 생부에게는 무관심과 냉대 를 받자 스스로 목숨을 끊었다. 정서적인 불안과 심리적인 압박 감 그리고 삶에 대한 무기력으로 세상을 등지고 만 것이다. 부 모에게 돌아갔으니 잘 지내리라고 생각했는데 그런 비참한 결 과로 이어진 것을 보고 너무나 슬펐다. 더욱 화나는 점은 그 아이의 마지막 가는 길을 우리가 앞장서서 준비하고 진행했다는 것이다. 친부와 새어머니는 그동안 함께 살지 않은 고인에 대해 특별한 감정도 없는 듯했다. 심지어 '잘 갔다'는 말을 심심찮게 내뱉기도 했다. 그분들의 고단한 삶을 이해 못 하는 것은 아니지만 자식을 낳은 부모로서 마땅히 취해야 하는 행동을 못 하는 이가 참 많다는 것을 알게 되었다.

해마다 보호종료아동 2,500여 명이 사회로 나오는데, 4명 중 1명꼴로 6개월 안에 경제적 어려움으로 기초생활수급자나 차상위계층이 된다는 통계가 있다. 기초생활수급자로 지원받는 생활비는 60만 원 안팎인데, 만일 아르바이트 등으로 수입이 생기면 그 자격은 박탈된다.

다시 광주 보육원에서 자살한 소년의 이야기로 돌아가 보자. 고인이 된 그 소년에 대해 보육원 측에서는 소년이 평소 자유롭고 싶다며 보육원에서 나가길 원했고 자립교육도 받았다고 전했다. 하지만 더 알아보니 조울증을 앓고 있었고, 지난해 코로나19로 등교가 중단된 동안에는 자해를 수차례 시도하여, 병원에 두 차례 입원하기도 하였다.

자, 그렇다면 그 소년의 죽음의 원인은 무엇이며 가해자는 누구인지를 밝혀야 한다. 보육원에서는 "자립문제로 극단적인 선택을 한 것은 아니다"라며 자살의 원인은 개인의 문제라고 주장했다. 시설에서는 "보호 종료를 앞둔 아이들은 의지할 데가 없어 애정 결핍의 정도가 매우 커진다"며 그가 자립교육에도 형식적으로만 참여했다고 말했다. 또한 고인은 평소 "나는 태어나지 말았어야 했다"며 부모가 없는 자신의 처지를 비관했었기에 자신들에겐 잘못이 없다는 입장을 밝혔다.

그렇다면 소년의 죽음은 과연 누구의 잘못일까.

우선 아이를 보육원에 맡긴 친부모의 잘못이 가장 크다.

그 부모도 아이를 보육원에 맡기는 난처한 상황에 처하리라고는 생각하지 못했겠지만 이유를 불문하고 그 소년이 자살한 것은 친부모의 책임이다. 다음의 책임은 보육원에 있다. 고인이 된 소년이 보육원에서 인정받았더라면, 그 공동체에서 그 아이의 말을 들어주는 사람이 단 한 사람이라도 있었더라면 그 소년은 반드시 새 힘을 얻을 수 있었을 것이다. 마지막으로 그 아이에게도 조금의 책임이 있다. 모든 인생의 성공과 실패를 환경 탓으로만 돌릴 수는 없기 때문이다. 그는 스스로 극복하고자 하는 마음을 갖지 못했다. 확실한 것은 그 보육원 관계자의 책임이 가볍다고 할 수는 없다는 것이다. 한 가정의 자식이 갑작스럽게 생을 마감한다면 그 부모는 평생 자신의 잘못을 인정하며 자책하면서 암담하게 살아갈 것이다. 보육원 관계자들은 그 아이의 죽음에 어떤 책임을 질 것인가? 물론 그분들이야말로 가장 슬프겠지만 그 아이의 죽음에 대한 책임에서 자유로울 수는 없다.

　필자는 고인의 죽음을 추모하며 다시는 이 땅의 보호종료아동이 자살하는 일이 발생하지 않도록 광주광역시 시청 앞에서 고아 자살 사태의 진상 규명 및 책임자 처벌, 재발방지대책의 마련을 촉구하는 기자회견을 하였다. 가정에서 온전히 보호받지 못해 보육원에 입소한 아이들이 제2의 아동학대 및 방임으로 인해 자살하는 일이 다시는 일어나지 않도록 반드시 예방책을 세워야 한다.

　「아동복지법」 38조, 42조에서 국가와 지방자치단체는 아동이 건전한 사회인으로 성장할 수 있도록 보호대상아동의 퇴소 이후 자립 지원을 위해 주거, 생활, 교육, 취업 등과 자산 형성·관리를 지원해야 한다고 규정한다. 정부는 요보호아동의 인권 실태를 조사하고 은폐된 자살 사건이 있다면 반드시 찾아내 책임자를 처벌하며 다시는 참혹한 자살이 발생되지 않도록 조처해야 한다. 고인의 죽음은 당연히 자립 문제와 연결되어 있었기에 행정 편의적으로 정보 없이 사회로 내몰리거나 퇴소 불안을 겪지 않도록 우울증이나 학대 피해 경험이 있는 아동은 세심하게 돌봐줄 전문 가족위탁제를 실질적으로 활성화하고 퇴소 후에도 본인 희망 시엔 다시 보육원으로 돌아올 수 있는 기회를 부여해야 한다(현재 보건복지부에서는 지난해부터 보호종료아동을 대상으로 한국상담심리학회와 연계해 심리상담을 강화하고 주거지원통합서비스를 마련해 사례관리사를 통한 아동 일대일 지원을 하고 있다).

정부는 출산장려책 못지않게, 소중한 한 생명으로 태어났지만 부모에게 외면받는 등 어려운 환경에 처한 수많은 아이들이 바르게 성장해 어엿한 사회구성원이 될 수 있도록 지원하는 정책에도 심혈을 기울여야 한다.

끝으로 말하고 싶은 것은 그 소년의 죽음에 대해 우리도 잘못이 없는 것은 아니라는 것이다. 관리 감독의 책임이 있는 지방자치단체는 보다 실효성 있는 감독과 아이들의 마음을 위로해주는 정책을 시행해야 한다. 보육원에 관심을 갖고 그 아이들이 잘 성장하는지 우리 모두가 지켜봐야 한다. 보육원이나 시설 출신의 보호종료아동에 대해 색안경을 끼지 않고 따뜻한 온정을 제대로 베푼 적 있는지를 돌아보기를 바란다. 오롯이 혼자 결정하고 책임져야 하는 그들에게 우리는 얼마나 관대했는지, 너그러움을 가지고 있는지 이제는 되돌아보아야 한다.

유기 아동의 날 제정을 촉구하며

'유기하다'의 법률상의 정의는 다음과 같다. '어떤 사람이 종래의 보호를 거부하여, 그를 보호받지 못하는 상태에 두다.'라는 뜻이다. 쉽게 말해, 자신이 보호해야 할 대상을 '내다 버리다'라는 것이다. 그렇다면 유기 아동은 누구일까? 유기 아동은 보호를 받지 못하고 부모에게서 버려진 아동을 뜻한다. 이와 다르게 실종 아동은 약취(略取)·유인(誘引) 또는 유기(遺棄)되거나 사고를 당하거나 가출하거나 길을 잃는 등의 사유로 보호자로부터 이탈(離脫)된 아동 등을 말한다(「실종아동법」제2조제2호).

유기 아동과 실종 아동의 차이는 무엇일까. 부모가 잃어버린 아동을 찾기 위해 경찰에 신고하면 그 아이는 실종 아동이 된다. 즉 실종 아동은 어른의 관점에서 아동을 바라보는 것이다.

행복한 고아의 끝나지 않은 이야기

유기 아동이란 부모를 잃은 아동이 본인 스스로를 일컬을 때 사용하는 말이 아닐까 싶다. 더 나아가 아동이 어느 한적한 곳에 버려져서 보호시설에 수용되지만 일가친척 등의 아무런 연락도 없는 아동을 일컬어 유기 아동이라고 할 것이다.

5월 25일은 '실종 아동의 날'이다. 2007년 처음 지정된 이후 올해로 16번째 실종 아동의 날을 맞이했다. 아동을 잃은 가족은 아이의 생사만이라도 알 수 있기를, 꼭 다시 만날 수 있기를 바라는 실낱같은 희망으로 하루하루를 버틴다. 정부는 실종 아동을 예방하기 위해 2004년에는 '유전자 검사'를, 2012년에는 '지문 등 사전 등록제'를 도입하였다. 집에서도 휴대전화로 쉽게 '지문 등 사전 등록 서비스'에 등록하여 만약에 아이가 실종될 경우에 쉽고 빠르게 찾도록 지원하고 있다. 또한 여러 기업에서도 경찰과 손을 잡고 실종 아동을 찾기 위해 다양한 방식으로 캠페인을 하며 실종 아동을 찾기 위해 노력하고 있다.

그렇다면 유기 아동의 실태는 어떤지 살펴볼 필요가 있다. 버려진 아이, 유기 아동에게 부모를 찾아주기 위한 노력을 정부와 기업에서는 얼마나 하고 있을까. 매년 실종 아동 찾기를 위한 캠페인을 보면서 유기 아동에 대한 관심은 왜 없는지 너무나 화가 난다. 실종된 아동은 부모가 있어서 가정으로 돌아갈 수 있는 기회를 얻지만 유기된 아동은 가정으로 돌아갈 기회조차 얻지 못한다는 것이 너무나 개탄스럽다. 물론 아이를 잃은 부모의 마음이 얼마나 찢어지겠는가마는 이 사회의 다각적인 노력으로 아이를 다시 찾을 수 있다는 희망은 가질 수 있다. 그러나 유기된 아동은 부모를 만날 수 있다는 희망을 아예 품지도 못하고 너무나 참담한 심정으로 평생 세상을 살아가야 한다.

5세에 보육원에 들어가 8세에 처음 호적을 만든 나는 실종 아동일 것이라는 막연한 희망으로 경찰서에 가족 찾기 DNA 검사를 했다. 하지만 생부모의 자료가 국립과학수사원에 등록되어 있지 않다는 것을 알게 되었다. 나는 스스로 실종 아동이라는 생각으로 '언젠가는 부모가 찾으러 오겠지'라는 작은 희망을 품고 살았는데, 유전자 검사 이후로는 유기된 사람임을 스스로 인정하게 되었다. 참으로 슬프고 절망스럽기 짝이 없었다.

국가에서 진행하는 실종 아동 찾기에 대한 다양한 활동을 보면서 나는 문득 유기 아동에게 부모를 찾아주기 위한 활동을 얼마나 하고 있는지 궁금증이 생겼다. 부모를 만날 수 없는 유기 아동을 위한 정책은 왜 없는지 의아했다. 그 이유를 아는 데는 그리 오래 걸리지 않았다. 보호종료가 되어 보육원을 퇴소한 이들이 어렴풋이 알고 있는 부모의 기록을 토대로 간혹 부모를 찾기도 하는데 찾더라도 그 부모가 만나지 않겠다고 하면 강제로 만날 수 없는 것이다. 심지어 부모의 정확한 이름이나 주소도

행복한 고아의 끝나지 않은 이야기

경찰서에서 부모의 동의를 받고서 자녀에게 알려줘야 하는 것이 지금 시행 중인 제도이다. 자식을 책임지고 키워야 하는 부모가 자식을 버리고 자신의 존재도 자식에게 숨기는데, 법은 이러한 부모들을 보호하고 있는 것이다.

나는 실종 아동의 날을 통해 안타깝게 아이를 잃은 부모들이 그 자녀를 하루 빨리 찾길 진심으로 바라 본다. 하지만 한편으로는 실종 아동의 날이 올 때마다 유기 아동의 날도 제정되어야 한다는 간절한 생각이 든다. 아이가 부모와 헤어져 지낼 수는 있다. 하지만 최소한 부모의 존재에 대해서는 알아야 하지 않을까? 독자는 너무 지나친 비유라고 느낄 수도 있겠지만 동물 유기보다 더 무자비하고 인권을 유린하는 행위인 아동 유기의 심각성을 우리 사회는 반드시 알아야 한다.

나는 동생이 있었다. 안타깝게도 2021년 8월 동생은 세상을 떠나게 되었다. 동생은 우울할 때면 나에게 엄마를 찾아달라고 부탁하였다. 마지못해 DNA 검사를 하였고 그 결과 우리는 엄마를 찾는 게 불가능하다는 사실만 확인하고서 서로를 위로하였다. 동생의 유언은 엄마를 찾는 것이라는 생각이 들었다. 40년간 헤어져 지낸 마당에 이제 와서 부모를 만나고 싶다거나 함께 살고 싶은 생각은 없다. 그러나 한 가지 작은 소망이 있다면 부모가 어디에 사는지, 왜 헤어지게 되었는지 그 이유만이라도 알고 싶다. 그래서 나는 부모를 실종 부모로 지칭해 본다. 내가 유기 아동이 아니라고 생각하며, 실종 부모를 찾고 싶다. 내가 유기가 되었다는 것은 나 자신을 너무나 약하고, 비참하게 만들기 때문이다. 부모를 몰라서 서러운 게 아니라 내 삶을 스스로 비관하는 것이 더 안타까울 따름이다.

마지막으로 통계 기록을 통해 유기 아동에 대한 심각성을 전하고자 한다. 2008년에서 2019년 사이 보호대상아동의 발생 사유 중 가장 큰 증가율을 보인 것은 아동학대이다. 2008년 9.6%에서 2019년 36.7%로 급상승하였다. 그 다음으로 증가된 사유는 유기이다. 유기 아동은 최근 4년간(2015~2019) 매년 평균 280명씩 발생하였다. 서울의 경우, '유기'(2008년 1.4% → 2019년 16.2%) 비중이 가장 큰 폭으로 증가하였다. 보호조치아동 중 유기 아동 비중은 2010년 2.2%에서 2019년 5.9%로 늘었다.

정부는 유기 아동의 발생을 줄일 수 있는 방안을 반드시 마련해야 한다. 특히 미혼모의 아동 유기가 증가하는 만큼 미혼모에 대한 부정적인 인식을 개선하고, 혼자 아이를 키우는 것이 부끄럽거나 고통스럽지 않도록 경제적 사회적 안전망을 촘촘하게 구축해야 한다. 아울러 아동 유기에 대해 법적인 책임을 물을 수 있도록 하는 제도적 개선도 필요하다고 생각한다.

행복한 고아의 끝나지 않은 이야기

이룰 수 없는 군필의 꿈

나의 어린 시절 꿈은 군인이 되는 것이었다. 군인을 꿈꾸던 나는 대학 시절 ROTC에 지원하였지만 군 면제라는 이유로 탈락하였다. 그 사건으로 인해 다른 장래를 모색하여 임용고시에 단번에 합격할 수 있었지만 당시에 내가 느낀 모멸감은 이루 말할 수 없었다. 혈기왕성한 나이에 남들이 다 가는 군대에 못 가는 것이 너무나 기분 나빴다. 주변에서는 내가 ROTC에 지원했을 때 안 가도 되는 군대에 왜 굳이 가려고 하느냐며 의아해하였다.

남자라면 군대를 다녀와야 한다. 이에 대해 우리나라 국민이라면 대다수가 동의할 것이다. 특히 남자들의 세계에서 군대는 기본 조건이자 필수라는 의식이 자리 잡혀 있다. 회사 등의 모임에서 군대 이야기는 쏠쏠한 안주 거리이며 군 복무는 인맥을 형성하는 데 크고 작은 도움을 준다. 만약 특수부대 출신이라면 더욱 끈끈한 의리로 맺어진 전우애 덕분에 평생 명예와 자부심을 느낄 것이다. 때문에 남자의 세계에서 심심찮게 등장하는 군대 이야기가 누군가에게는 너무나 큰 불편함을 주기도 한다. 나에게 그렇다.

더욱이 고등학교 때 실장이었던 나는 학교 동기들이 군대에 간 동안에 쏠쏠하게 대학에 다녀야 했다. 실장이라는 이유로 친구 50명의 군대 주소를 다 파악하여 친구들의 각 부대로 모두의 소재를 알려 주었다. 그러면서 군대에 가지 않았지만 군에 어떤 유형의 부대가 있는지 저절로 알게 되었다. 나는 지금도 군에 가지 못한 것이 아쉽다. 군필자 분들이 볼 때는 이런 생각이 외람될 수 있다는 것을 모르는 바는 아니다. 단지 퇴소생이 군대에 안 가는 시간 동안 더 악착같이 일을 해 자립할 수 있기를 바라는 마음이 클 뿐이다. 이 글의 독자도 나의 특수한 상황을 이해해 주기를 바란다.

군대에 가지 않아도 되는 보육원 출신

우리나라는 아동복지시설에서 5년 이상 지낸 사람은 군 입대가 면제된다. 대부분의 사람들은 이 사실을 모를 것이다. 보육원에서 지낸 나도 고등학생 때 알게 된 사실이다. 당시만 해도 군대에 안 가는 것이 내 인생에 어떤 영향을 주는지 특별히 생각하지 않았고 군대에 대한 어떤 환상도 없었다. 내가 만약 일반 가정에서 자랐더라면 군필자인 아버지로부터 군대 이야기를 들었을 것 같다. 아들을 막 출산한 산모도 아기를 보며 앞으로 군대 갈 것을 미리 염려할 정도로 우리 모두에게 군 입대는 참으로 피할 수 없는 운명 같은 부담으로 다가온다.

나의 전작 『나는 행복한 고아입니다』에서도 밝혔듯이 퇴소생에게 군 면제는 역차별이 될 수도 있다고 생각한다. 고아를 위해 만들어진 제도가 오히려 아이들에 대한 상대적인 차별을 유도하는 것으로 보인다. 교사 생활을 하면서 주변에서 가끔 군대 이야기를 할 때마다 부끄럽고 긴장이 되었다. 자칫 함께 있는 분들이 왜 군 입대가 면제되었는지 자세히 물어보면 쥐구멍에라도 들어가고 싶은 마음이 들었다. 남들이 다 가는 군대를 나는 왜 안 갔는지 짜증나기도 하고 가끔은 모멸감이 생기기도 했다. 거짓말로 4대 독자라고 하거나 아버지가 돈이 많아서 그렇다는 둥 말도 안 되는 말을 하며 상황을 모면했다.

가끔 친구들을 만나거나 다른 모임에 갔을 때 군대 이야기가 나오기라도 하면 나는 부담스러워져서 빨리 그 자리를 벗어나고 싶었다. 군대에 대한 거라면 참으로 웃지 못할 에피소드가 많다.

군대에 가지 않는다고 자립이 더 쉬워질까?

나는 궁금하다. 의무 징병제인 우리나라에서 남자라면 누구나 거쳐야 하는 군 입대를 보육원생만 피할 수 있다는 것이 과연 합당한가, 언제 그 법이 시행되었는지, 어떤 이유로 그러한 법이 제정되었는지, 어떤 법에 의해 이어져 내려오고 있는지 궁금하다. 보육원의 빠른 자립을 위해 정부에서 퇴소생에게 병역의 의무를 면제해 준다고는 하지만, 과연 그것이 당사자에게 얼마나 도움이 될지 의구심이 든다. 물론 이 땅의 모든 퇴소생을 위한 가장 큰 혜택이라는 것을 부인할 수는 없다. 하지만 동시에 군 면제가 당사자에게 가져다주는 것은 과연 무엇인가 하는 생각이 든다. 왜냐하면 퇴소한 청년들 모두가 군에 가지 않는다고 해서 2년 가까운 시간을 군대보다 더 값지게, 유익하게 보내는 것이 아니기 때문이다.

보육원에서 자란 아이들은 그곳을 퇴소하기 오래전부터 보육원을 벗어나기를 바란다. 하지만 오랫동안 정해진 방식대로 주는 것에만 의존하며 살아온 이들에게 퇴소 후의 시간은 막막하면서도 평생 처음 겪는 외로움과 자유를 거치는 과정이다. 특별한 기술 없이 사회에 나온 청년들은 무슨 일을 하면서 살까? 여러 통계를 보면 알 수 있듯이 아르바이트를 하면서 사는 청년이 매우 많다.

군 전역자에게는 사회에서 혜택을 주기도 한다. 입사 조건에서 군필을 요구하거나 공무원을 선발할 때는 군가산점을 적용한다. 그리고 이력서를 적을 때도 의무적으로 적게 되어 있다. 사회에서 군 면제자는 좋든 좋지 않든 꼬리표를 달고 사는 셈이다. 신체상의 문제로 군에 입대하지 못하는 분과 달리 퇴소생은 신체가 온전한데도 자신의 문제가 아닌, 즉 부모가 보육원에 맡겨 보육원에 살았다는 이유로 군 면제를 받는 것이다. 부모의 잘못으로 보육원에 맡겨진 우리가 이러한 군 면제를 받는 것이 정말로 특혜일까? 군에 못 가게 하는 것이 진정으로 아이들을 위한 길일까? 부모를 버린 자들에게 그 대가로 군대에 한 번 더 가게 하는 것은 어떨까 하는 엉뚱한 생각도 해 본다.

더군다나 군대에서 많은 것을 배우고 온다는데 그 많은 것을 배울 기회가 없으니 퇴소생에게는 참으로 안타까운 일이다. 나는 20대 초반에 친구들이 군대에 갔을 때 같이 놀 친구가 없어 너무나 심심해 어느 한 친구를 면회하러 간 적이 있다. 강원도 어느 산골에 있는 모 부대에 갔는데 그때의 기분을 잊을 수가 없다. 면회 장소로 가면서 남자만이 아는, 말로 표현할 수 없는, 군필자만이 아는 그 느낌은 내가 보육원에 있을 때 다섯 살이나 많은 형들 밑에서 온갖 심부름을 하고 괴롭힘을 당한 느낌과 같은 기분이었다. 면회하러 간 것은 오래전 일이지만 지금 생각해도 너무나 섬뜩한 기분이 든다.

군대만큼 힘든 경험을 하는 보육원 아이들

앞서 이야기했지만 시설 퇴소생의 군 면제는 아이들에게 자립할 시간을 벌어주는 매우 훌륭한 제도이다. 하지만 한편으로는, 듣는 입장에 따라 매우 황당한 상상이라고 얘기할 수도 있겠지만, 보육원생은 이미 보육원에서 군대를 경험하고 있다.

비록 군대처럼 의무적으로 입소한 것은 아니지만, 단체생활을 하며 보육사나 선배의 말을 따라야 하며, 함께 자고 함께 일어나고 함께 먹는 방식으로 살았다. 물론 군생활의 힘듦도 두말할 필요가 없다. 보육원과 군대를 감히 비교할 수는 없지만, 아이들이 어릴 때부터 단체생활을 하면서 느끼는 고통은 성인이 되어 군대에서 느끼는 고통보다 훨씬 더 심할 것이다.

또한 군대에서는 보호자들의 면회와 휴가 덕분에 마음의 안정감과 위로를 얻을 수 있지만, 보육원생은 친부모를 마음껏 만나지 못하는 매우 절박하고 가슴 아픈 상황에 항상 놓여 있다. 보육원과 군대를 비교한다는 것 자체가 군필자에게는 매우 죄송스러운 일이지만, 고아인 나에게 보육원은 군대 이상의 괴로움을 안겨다 주는 곳으로 기억된다. 그뿐만 아니라 군필자에게 군에 다녀온 것은 영광의 훈장처럼 명예로운 것이지만, 고아가 보육원에서 성장한 이력은 항상 나쁜 꼬리표로 따라붙어 평생 괴로움을 안겨줄 수 있다.

행복한 고아의 끝나지 않은 이야기

보육원에서 5년 이상을 살지 않으면 군에 입대하게 되는데, 이런 경우에 해당해 군 부사관으로 입대한 후배가 있다. 휴가를 나와 한 번 만난 적이 있는데 보육원에서 산 게 오히려 도움이 된다고 했다. 그리고 군 생활은 보육원 생활과 비슷하지만 보육원 생활이 더 괴롭고 힘들다고 했다. 군에서 누구에게 맞으면 알릴 사람이라도 있지만 보육원에서는 맞아도 하소연할 데가 없는 것이 더 참담한 현실이었다.

군 면제를 보완하려면

지금까지 군 복무가 보육원생에게 도움이 되는지를 살펴보았다면 이제부터는 퇴소생에게 군 면제를 보완하는 방법을 제안하고 싶다. 첫째, 요즘같이 군 입대를 부담스러워하는 상황에서 퇴소자 중 군에 입대한 자에게는 자립 정착금을 현재보다 훨씬 많이 제공하는 것이다. 둘째, 군에서 기술을 배웠다면 관련 기관에 취직시켜 주는 것이다. 셋째, 방위산업체와 공익요원으로 근무하는 것이다. 물론 그곳에 근무할 때도 자립에 필요한 기술을 배우며 사회에 나와 잘 적응할 수 있도록 도와주어야 한다.

이러한 방식은 강제로, 의무적으로 적용할 수도 있으며 지원에 의해서 비밀리에 적용할 수도 있다. 퇴소생의 군 입대를 의무로 하여 나라를 사랑하는 마음과 봉사하는 마음도 배우게 하며 사회에서 올바르게 자립하는 방법을 익히고 자립에 필요한 정착금도 받게 하는 제도는 현실적이지 않을 수 있다. 하지만 많은 남자 보육원생에게 희망을 품고 살아갈 기회를 제공할 수 있을 것이라 생각한다. 부디 정책 입안자들이 이 글을 보게 된다면 보육원 퇴소생들의 군 입대 문제를 진지하게 고민해주기를 바란다.

행복한 고아의 끝나지 않은 이야기

입양이 쇼핑인가요

2021년 1월 대통령님의 신년 기자회견에서 입양 이야기가 등장했다. 입양을 취소하거나 입양 아동을 바꾸는 대책이 필요하다는 취지의 말이었다. 즉 입양 일정기간 후 입양을 취소, 즉 파양을 하는 것에 대해 말씀한 것이다. 이에 입양부모들은 입양은 쇼핑이 아니라고 즉시 반발했다. 입양을 놓고 취소나 아동 변경 등의 단어가 나온 것은 입양을 기다리는 아이들과 입양 부모에게 매우 큰 충격을 주었다. 나는 보육원에서 파양된 아동을 본 적이 있다. 그들을 볼 때마다 왜 다시 왔는지 너무나 궁금했고 돌아온 그들이 적응을 잘 못하는 모습을 보며 참 안쓰러웠다.

당연하지만 아동은 물건이 아니다. 그래서 입양을 쇼핑을 하듯이 하면 절대 안 된다. 고아들의 기본권과 평등권, 행복권 등 기본적인 서비스를 제공하면서 건강한 삶을 펼칠 수 있는 입양은 무연고자에게도 사회의 테두리 안에서 온전히 살아갈 수 있는 환경을 제공하는 것이다. 좋은 후원자를 만나도 인생은 달라지지만 새로운 기회와 삶을 주는 진정한 부모를 만나는 것은 너무나 귀한 일이다.

입양기간을 거친 후 파양을 고려해야 한다는 대통령의 말씀은 입양에 대한 감수성이 매우 부족하다는 것을 반증한다. 다섯 살에 부모와 헤어지고 21년간 보육원에서 성장했으며 지금까지 부모를 찾지 못한 나는 결혼을 하고 자녀를 낳고 보니 다시 한번 부모가 왜 그렇게 필요한지를 매 순간 깨닫는다. 사람은 누구나 부모가 필요하며 친부모이든 양부모이든 중요하지 않다.

시설 퇴소인들을 돕는 한국고아사랑협회 회장으로서 지난해 발생한 정인이의 죽음은 너무도 안타깝기만 하다. 정인이가 입양을 가지 않았다면 보육원에서 자랐을 것이다. 입양을 간 정인이가 학대로 인해 사망한 사건을 계기로 더 이상 제2의 정인이가 발생하지 않도록 아동중심의 정책이 올바르게 펼쳐지길 바랄 뿐이다.

아이들이 보육원을 가는 이유는 부모의 이혼이나 빈곤, 사망, 유기 등 다양하다. 그중 부모의 학대가 25%로 압도적이다. 여러 사유로 원가정에서 분리된 아이들은 대부분 보육시설에서 보호된다. 보육원 퇴소생의 입장에서 보육원을 퇴소한 후 겪게 되는 어려움을 언급하자면 너무나 많다. 혹자는 학대받는 가정 보다 국가의 감시망에 있는 보육원이 훨씬 더 안전하다고 얘기한다. 언뜻 보기엔 그렇게 생각할 수 있겠지만 단체 생활에 길들여진 아이들은 주도성이나 자발성이 부족하게 된다. 통제와 구속이라는 굴레에서 오랜 기간 살기 때문이다. 그리하여 열여덟 살에 보육원을 퇴소하고 자립을 하는 데 엄청난 심리적 압박을 느낀다. 이로 인해 안타깝게 자살을 하는 아이들도 있다. 오랜 기간 보육원에서 도움의 손길에 길들여진 아동들에게 얼른 자립을 촉구하는 것은 너무나 가혹하다. 보육 환경은 일반 가정과 동일할 수 있겠지만, 이곳에서 자란 아이들은 삶의 주체가 되지 못하는 불안감을 갖고 있다. 여기에 외로움까지 더해진다. 자립에 성공해 가정을 이룰 확률은 10%도 되지 않으며 보육원 퇴소생 중 5년 내에 기초생활수급자가 될 확률은 25%라고 한다. 이 얼마나 슬프고 냉정한 현실인가?

여러 사정으로 원가정에서 분리되는 아이들을 위해서라도 더 많은 입양가족들이 준비되어야 한다. 다음은 '모든 아동은 가정에서 자라야 할 권리'에 대한 기자회견 발표문이다.

입양을 통한 행복 추구권

현재 우리나라는 가정에서 자라야 할 아이들을 여러 이유로 시설로 내몰고 그들에게 평생 씻을 수 없는 상처를 안기며 그들의 삶을 방치하고 있다.

대한민국 헌법 제10조에서는 "모든 국민(아동)은 행복을 추구할 권리(가정에서 자랄 권리)를 가진다."라고 말한다. 제13조 3항에서는 "모든 국민은 자기의 행위가 아닌 친족의 행위로 인하여 불이익한 처우를 받지 아니한다."라고 말한다.

집단보육시설이 아무리 관리가 잘되고 잘 갖추어져 있다고 하더라도 가정에서 쏟는 사랑과 온전한 관심과는 절대 비교가 되지 않는다.

아이들은 가정에서 자랄 권리가 있다. 당장 보육 시설 외의 대안 마련이 버겁다면 점진적인 탈시설 정책을 수립하고 실천해야 한다. 가장 먼저 원가족 회복에 힘을 기울이고 차선으로 입양을 통한 가정 양육에 최선을 다해야 한다. 입양마저 어려울 경우, 위탁가정에서라도 아이가 자랄 수 있도록 제도를 마련해야 한다. 지금도 수많은 곳에서 고통받으며 눈물 흘리는 아이들을 생각해 보자. 더 이상 물러날 곳은 없다.

행복한 고아의 끝나지 않은 이야기

다섯 살 때부터 성인이 될 때까지 내가 자라 온 보육원은 90년대에 들어서며 영육아원으로 시설의 이름을 바꾸었다. 그리고 기존의 보육원 운영과 더불어 이제 막 태어난 갓난아이들을 입양 보내는 사업도 병행했다. 양육 사업과 입양 사업을 함께 하게 된 것이다. 보육원 원장님은 아이들에 대한 사랑과 헌신의 마음으로 26년간 입양 사업을 하며 약 이백팔십여 명의 아이가 화목한 가정으로 입양될 수 있도록 하셨다. 입양 기관을 계속 운영하기 위해서는 해당 기관에 전담 의사가 배치되어야 하지만 예산 부족으로 운영할 수 없게 되었다.

우리나라에서는 2013년에 「입양특례법」이 시행되었다. 하지만 아이러니하게도 유기된 아이들의 숫자는 날이 갈수록 폭발적으로 늘고 있다. 실례로 베이비 박스에 버려진 아이들이 매년 수십 명 정도였지만, 법이 시행된 이후 유기 영아의 숫자는 수백 명으로 늘어났다.

현재 내가 자란 보육원의 경우만 보더라도 입양을 보내야 하는 아이도, 스스로 입양을 원하는 아이도 많다. 그러나 부모가 있는 경우라면 입양은 사실 어려움이 있다. 부모가 입양동의서(친권포기각서)를 써야만 입양이 가능하다는 조항 때문이다. 아이들이 좀 더 행복해질 수 있는 길, 안정적인 삶을 살아갈 기회는 현실적으로 점점 어려워지고 있다.

나는 생명의 소중함을 지켜 주며 입양 활성화를 통하여 아이들이 더 행복하고 평온한 가정의 울타리 안에서 삶을 누릴 수 있기를 바란다.

행복한 고아의 끝나지 않은 이야기

건강한 의존, 진정한 후원

진정한 후원이란 무엇일까. 많은 사람들이 보육원을 후원한다. 후원의 방법도 다양하다. 돈을 통해서, 물품을 통해서, 또 기도를 통해서 후원한다. 보육원에 사는 아이들은 후원을 통해 안정감을 느끼고 힘과 용기를 얻을 수는 있다. 그런데 그들이 퇴소를 하고 자립을 해야 할 때에는 그러한 후원은 사실상 어떤 도움도 주지 못한다.

후원으로는 사람을 살릴 수 없다. 이 말인즉 자립을 앞둔 아이들의 삶에 있어서 후원은 실질적 어려움을 해결해 주지 못한다는 뜻이다. 자립이라는 것은 20여 년 가량 보육원에 살다가 사회로 나와 적응을 하고 스스로의 인생을 개척해 나가는 일이다. 이러한 과정을 통해 결혼을 하고, 가정을 꾸려 나간다. 사실 이 모든 과정에는 어려움이 가득하고, 순탄치 않은 것이 보통이다.

이런 어려움이 있을 때에 그 어려움들을 극복할 수 있는 힘, 위기를 극복할 수 있는 힘을 가지는 것이 진정한 자립이다. 그런데 지금의 후원으로는 이들의 자립을 도울 수가 없다. 만약 후원의 형태가 어떠한 회사로의 취업 기회를 제공하거나, 일자리를 찾은 아이에게 특별하게 관심을 갖고 자립에 성공할 수 있도록 돕는 쪽으로 발전한다면 그것은 매우 효과적이고 실질적인 후원이 될 수 있다.

많은 아이들이 궁극적으로 자립에 성공하기 위해서는 우선 주거와 취업 문제가 해결되어야 한다. 그리고 이러한 아이들이 회사에 들어가 일을 잘하고 인간관계를 형성해 나가며 재정을 잘 꾸려 나가기 위해서는 전반적인 사회 교육과 경제 교육이 필요하다. 이를 통해 재산을 형성하고, 결혼을 하고 자녀를 양육하는 데 문제가 없어야 한다. 이러한 온전한 과정을 거치는 것이 진정한 자립이라고 할 수 있다.

나는 아이들에게 '건강한 의존'을 해야 한다고 말하고 싶다. 건강한 의존이란 지금과 같은 형태의 후원으로는 이루어질 수 없다. 진정한 자립을 위한 후원, 사람을 위한 후원이 필요하다. 취업의 기술, 사회생활의 기술, 사회 인프라의 형성 등, 전문적인 노력과 협조가 필요하다. 이러한 아이들을 함께 도울 수 있는 관련 기관의 유기적인 협조도 필수이다. 보육원 퇴소생들을 관리할 수 있는 시스템도 구축되어야 한다.

많은 보호종료아동에 대한 더 많은 관심과 애정이 필요하다. 그리고 이러한 관심이 실질적인 도움으로 이루어지며 가시적인 성과로 이어질 수 있어야 한다. 이를 위해서는 자립 전문 기관의 설립이 필요하다. 자립 전문 기관에서는 아이들이 어릴 때부터 어떻게 성장했는지, 어떤 성향을 가지는지, 보육원 아이들의 심리 상태에 대한 연구도 함께 진행되어야 한다.

다시 강조하자면 후원만으로는 사람을 살릴 수 없다. 진정으로 아이들이 자립할 수 있도록 먼저 성인이 된 우리 어른들이 그 아이들의 진정한 부모 역할을 해주어야 한다. 아이들이 각각의 성장 단계를 거치면서, 생애주기별 멘토가 필요한데, 우리 모두가 그러한 멘토 역할을 해주어야 한다. 많은 이들이 보육원 퇴소생들의 부모가 되어 생애주기별로 조언을 해 주고 인생의 지혜와 가르침을 전해주는 일이 필요하다.

이러한 일들이 지금의 후원보다 더욱 절실하고 가치 있는 일이다. 이러한 일들로 인해 아이들이 한 사회에 속한 인간으로서 살아가는 데 큰 밑거름이 될 것이다. 보육원과 많은 기관에 관심을 가지고 후원해주시는 분들에게는 다소 외람된 얘기일 수 있다. 하지만 실제적으로 아이들의 삶을 바꾸는 일, 이들의 삶에 희망을 전해주는 일, 나아가 생명을 살리는 일이 바로 앞서 말한 이들의 자립을 돕는 일이기에 모두의 노력과 실천이 필요하다.

우리가 진정 보호해야 할 존재들

우리는 어릴 때부터 학교나 유치원에서는 '자연을 보호합시다'라는 말을 자주 들어왔다. 내가 살았던 보육원 옆의 산꼭대기에도 '자연보호'라는 간판이 크게 걸려있었다. 멀리서도 한눈에 보이는 자연보호라는 문구를 보며 자연보호가 중요하다는 걸 자연스럽게 알게 되었다. 때때로 그 산에 올라가 토끼도 잡고 칡도 캐서 먹고 대나무를 잘라 칼싸움을 하기도 했다. 자연이 주는 포근함과 편안함을 어릴 적부터 누려온 것이다. 자연 속에서 신나게 뛰어놀고 나면 한없이 기분이 좋아지곤 했다. 계절이 변하면서 자연의 모습도 덩달아 변해가는 것이 신기하기도 하고 눈 쌓인 겨울 산에 올라 나뭇가지에 차곡차곡 쌓인 눈을 털어내며 자연의 위대함 앞에 한없이 작은 인간의 존재에 대해 생각하기도 했다. 자연은 어릴 때부터 말없이 많은 것을 가르쳐주는 스승이었다.

'자연을 사랑합시다'라는 메시지를 건 환경보호 광고는 21세기에서 가장 큰 주제 중의 하나이다. 지구의 급격한 온도 상승으로 인해 기후는 변화하고 있고 인류는 생존을 위협받고 있다. 인간의 욕심으로 인해 바다는 죽어가고 있다. 신께서 주신 자연을 인간이 훼손하고 그로 인해 또 다른 심각한 문제를 직면하게 된 것이다. 이렇게 생태계의 균형이 무너지면서 수많은 동, 식물 생명체가 인간으로 인해 고통받고 있다. 인간과 자연은 따로 떼어놓고 생각할 수 없는 관계이기 때문에 앞으로 이러한 생명체를 어떻게 지켜야 하는지 우리는 반드시 고민해야 한다.

그렇다면 이제 보호라는 말이 붙는, 보호아동에 대한 이야기를 해보자. 보호아동이란 보호자가 없거나 보호자로부터 이탈된 아동이다. 보호자가 아동을 학대하는 등 아동을 양육하기에 부적당하거나 양육할 능력이 없는 경우 보호자와 분리된 아동을 말한다.

보호자와 헤어졌기에 아이들을 보호하는 것은 당연하다. 하지만 고백하자면 나는 그동안 '보호'라는 말을 들을 때마다 상당한 거부함을 느꼈다. 부모, 즉 아빠, 엄마가 아이의 보호자인데, 보호자가 없는 아동을 또다시 보호아동이라고 부르다니. 아동이라는 존재는 부족하고, 누군가를 반드시 의지해야만 하는 매우 연약한 존재로 만든다는 생각이 들었다. 많은 이들이 보호아동이라는 용어를 사용하면서 보육원 아동들을 불쌍하고 외로운 아이들로 인식하게 된다는 생각이 들었다. 그래서 보호라는 말을 들을 때마다 적대감이 들었다. 하지만 점차 생각은 변해갔다. 학교에서도 보호자라는 말을 자주 사용하기도 하고, 사회에서도 수많은 부모가 없는 이들을 돌보는 다른 가족, 삼촌이나 할아버지와 사는 아동들도 있다는 것을 깨닫게 되며 보호라는 말에 대한 거부감은 점차 사라지게 되었다.

보호라는 단어는 사실 굉장히 광범위하게 쓰이고 있다. 아동뿐만 아니라 성인이라도 어려운 상황에 처했을 때 보호를 받아야 한다. 또 세계문화유산보호, 세계문화재보호구역, 오존층 보호, 세계 보호무역, 동물 보호 등 수많은 분야와 단체에서 보호라는 단어를 사용하면서 그 말의 깊은 뜻과 가치를 깨닫게 된 것이다.

다시 아동 이야기로 돌아와 보자. 그렇다면 우리는 앞으로 보호아동을 어떻게 바라봐야 할까. 역사적 기념물이나 고고학 유적지와 같은 가치 있는 유형의 문화유산을 보호하는 것처럼 보호아동을 국가적으로 보호해야 하는 아동으로 바라보아야 할까. 아니면 탄자니아에 있는 초대형 화산인 응고롱고 분화구처럼 감탄하며 경외하는 마음으로 보호아동을 바라봐야 할까. 어이없고 우스꽝스러운 생각이기도 하겠지만, 나는 그만큼 보호아동은 숭고한 마음을 가지고 그들을 소중한 존재로 여겨야 한다고 생각한다.

혹시라도 보호아동이 우리에게 불편함을 주는 존재라 생각하진 않았는지 생각해봐야 한다. 사실 고아들도 수백 년 전부터 이 땅에 함께 살아가고 있었다. 자연이나 문화재처럼 말이다. 자연과 문화재 등을 보호아동과 비교하는 것이 매우 부적절하다고 받아들일 수도 있다. 하지만 인간의 편리성과 무분별한 자원 개발로 인해 지구 온난화가 생겨나고 오존층이 파괴된 것처럼, 보호아동을 온전히 보살피지 않는다면 무슨 일이 일어날까. 아마도 수많은 인격 장애, 범법자, 사회 부적응자를 양성하게 될 것이다. 보호아동이 위험에 빠져서는 안 된다. 보호아동을 온전히 지키지 않는다면 우리는 수많은 다른 문제에 직면하게 될 것이다.

정부는 1961년 지정된 아동복지법에 보호아동의 기간이 만 18세였던 것을 최근이 돼서야 만 24세까지 보호를 연장한다고 발표했다. 60년 만의 일이다. 그동안 열여덟 어른으로서 수많은 보호청년들이 사회에 내몰렸다. 앞으로는 개인의 의사에 따라 더 오랜 기간 보호를 받을 수 있다니 참으로 다행스러운 일이다. 보호 당사자들은 국가로부터, 단체로부터 보호받는 것을 부끄러워하지 말고 스스로가 자신을 사회에서 소중한 사람, 가치 있는 존재로 생각해야 한다. 우리 자신도 보호아동들이 결핍이 있는, 도움이 필요한 아동이라고 생각하지 말고 마땅히 존중하고 사랑해야 할 우리의 이웃임을 기억해야 할 것이다.

보호아동이 외롭지 않도록 그들의 존재를 소중히 생각하고 이 사회에서 공존하는 아이들로 여겨야 한다. 자연이 우리와 함께 연결되어 있는 것처럼, 보호아동도 우리의 삶과 매우 연결되어 있다. 우리들의 무관심으로 보호아동들이 외면당하거나 그들의 삶이 위협받는 일이 없길 간절히 소망해본다. 무엇보다 보호아동이 발생되지 않도록 가정을 보호하는 것이 가장 급선무이다. 성인들이 사소한 갈등으로 이혼하지 않고 미혼부모들이 아이들의 미래를 생각하며 책임 있는 행동을 하도록 사회적 여건이 마련되고 지속적인 지원과 한부모에 대한 인식 변화가 필요하다. 아동학대에 대한 사전예방을 철저히 하고 격리된 아동들의 심리 치료 상담을 신속하게 하여 가정으로 복귀하도록 함께 노력해야 한다.

5장-모두가 행복한 사회를 위한 변화

우리는 더 큰 목소리가 필요합니다

2021년 대한민국을 떠들썩하게 한 두 사건이 있다. 바로 '정인이 사건'과 '정민이 사건'이다. 정인이 사건은 입양을 한 입양인이 아이를 학대하고 방치하여 죽게 한 사건이고, 정민이 사건은 유복한 집안에서 자란 명문대 학생이 밤늦게 술을 마신 후 한강에서 변사체로 발견된 사건이다. 정인이 사건을 보며 '보육원에 맡겨지지 않았다면 아이의 인생이 어떻게 되었을까?'라는 생각이 들었다. 한편 정민이 사건이 터졌을 때 아들의 죽음을 둘러싼 많은 의혹을 풀기 위해 부모가 헌신적으로 노력하는 것을 보면서 부모 없이 죽은 보육원 후배들이 생각났다. 이 두 사건을 보며 자식을 버리는 부모와 자식을 위해 헌신하는 부모의 모습이 대비되어 많은 생각이 들었다.

행복한 고아의 끝나지 않은 이야기

지난 어린 시절 생각을 해보면 나는 학교 앞 문구점에서 값싼 불량식품도 사 먹어 보지 못했다. 그저 친구들이 사 먹는 것을 보면서 부러워만 했다. 좋은 옷을 입은 친구들, 오락실에서 거리낌 없이 즐겁게 게임하는 친구들을 보면 너무나 부러운 마음이 들었다. 하지만 내 처지를 비관하지는 않았다. 간식 하나 맘껏 먹지 못하고 즐기지도 못하는 그 상황을 너무나 당연하게 받아들였다. 지금 생각해보면 의아하게 느껴질 수도 있지만 당시에는 보육원에서 주는 대로 먹고 입는 것이 너무나 자연스러웠다. 그 부작용 때문인지 한동안은 스스로 무언가를 선택해야 하는 상황에 어려움을 느꼈다. 대학생이 되어서도 그러한 부작용(?)은 지속되었다.

대학생이 3학년 때는 학과 사무실에서 일했다. 같은 과 선배이기도 한 조교 선배의 안내에 따라 교수님의 수업 준비 보조, 차 대접, 학생 문자 연락 등 여러 일을 하였다. 당시에는 학과 사무실 아르바이트를 선호하는 학생이 많아 경쟁률이 치열했는데, 당시 친한 친구가 갑작스럽게 일을 그만두게 되어 내가 운좋게 친구 일을 대신하게 된 것이다. 학과 사무실 보조일의 가장 큰 장점은 등록금을 면제받을 수 있다는 것이었다. 하지만 단점도 분명했다.

조교 선배는 나를 너무나 힘들게 했다. 일이 힘든 것이 아니라 그의 비위를 맞추는 것이 너무도 버거웠다. 선배가 교수님께 혼이라도 나고 온 날에는 더욱 심했다. 한번은 교수님께서 과사무실에 방문하셨는데, "무슨 차를 드릴까요?"라는 말을 신속하고 정확하게 말하지 못했다고 조교 선배로부터 갖은 구박을 받았다. "너, 그렇게 하다가 사회에 나가면 무슨 일도 잘할 수 없을 거다"라는 악담까지 들어야 했다. 교수님을 대하는 나의 서툰 모습이 그 선배에게는 어리석게 보였을 수도 있을 것이다. 나는 그날 이후로 평생 씻을 수 없는 상처를 입었다.

그 일 이후로 나는 며칠간 고민하며 일을 그만 둘까 심각하게 고민했다. 선배가 나의 가족 관계를 알고 있었는지는 모르겠지만, 내가 보육원 출신이라 이렇게 인간관계에서 어려움이 느껴지는 건지 고민이 되었다. 보육원에서 평생 남자들끼리 살면서 형들에게 수없이 매를 맞았던 일이 트라우마로 남은 것도 같았다.

보육원에서 크면서 나는 '집에서 새는 바가지 밖에서도 샌다'라는 말을 수도 없이 들었다. 보육사는 말 안 듣는 아이들에게 습관적으로 그런 말을 내뱉으면서 천성이 그릇된 사람은 어디에 가든 그릇된 짓을 하기 마련이라는 생각을 심어주었다. 또 부모 없이 자란 이들에 대해 '족보가 없다'거나 '근본이 없다'는 식으로 말하는 것도 자주 목격했다. 그 말을 들을 때마다 참으

행복한 고아의 끝나지 않은 이야기

로 비인격적이라는 생각이 들었다. 그런 소리를 듣지 않기 위해
서라도 나는 더 악착같이 열심히 살고자 노력했다.

나는 보육원에서의 이러한 부정적인 경험 때문에 한창 성장
할 시기의 보호아동이 사회에 적응하는 데 큰 어려움을 겪게 될
것 같아 매우 걱정스럽다. 보육원에서 자라는 것은 참 불행한
일이다. 하지만 그렇다고 보육원 출신 아이들의 삶이 평생 불행
하리라는 법은 결코 없다. 부모 없이 보육원에서 지내며 다소
거친 행동을 했더라도 건강한 청년으로 충분히 성장할 수 있다.
내가 바로 그 장본인이다. 나도 어릴 때부터 많은 걱정을 하며
살아왔고, 상처를 받기도 했다. 하지만 현재까지 20년째 교직
생활을 즐겁게 잘하고 있다.

나는 어른이 되기 전 자신의 삶의 방향을 더 바람직한 쪽으로
향하게 하는 노력이 필요하다고 생각한다. 그래서 더욱더 세상
에 외쳐야 한다고 주장하는 것이다. 부모와 떨어져 살아가는 이
들이 있다고, 혼자서도 인생을 멋지게 개척해 나가는 이들이 있
다고, 그런데도 보호아동을 잘 알지 못하는 이들로 인해 수없이
많은 차별을 당하고 있다고. 비록 내가 대단한 사람은 아니지만
이 사회의 변화를 위해 내가 할 수 있는 일이 있다고 생각한다.
그것은 바로 보호아동의 건강한 삶을 위해 외치는 것이다.

돌이켜 보면 만 여덟 살까지 국가의 보호를 받으면서 자라는 과정에서 나는 우리나라의 소중함을 느꼈다. 초등학교 때 명절날 대통령하사품이라며 선물세트를 받은 일, 국가에서 우리에게 관심을 가져주는 일이 감사했다. 하지만 따져 보면 그것은 호의가 아니라 당연한 것이었다. 커가면서, 그리고 고아를 위한 권익을 찾기 위한 일을 찾아보면서 보호아동에겐 더 많은 것을 누릴 권리가 있음을 알게 되었다. 나는 아동양육시설의 운영에 큰 변화가 필요하다는 걸 깨달았다. 그래서 감히 외치자고 말하는 것이다.

혹자는 왜 보호아동까지 국가에서 신경을 써야 하느냐고 말할 수 있다. 나는 장애인의 경우와 비교를 해보고 싶다. 우리나라뿐만 아니라 세계적으로 장애인을 위한 단체는 매우 많다. 그 단체는 많은 경우 장애인 자녀를 가진 부모나 가족들이 주체가되어 움직인다. 장애인의 부모들은 장애인의 복리를 위한 활동을 활발하게 전개한다. 우리 주변에 쉽게 만나는 장애인복지센터는 그들이 노력한 결과이다. 장애인 단체와 함께 일하면서 서울지하철에 장애인을 위한 엘리베이터가 설치되기까지 10년간투쟁했다는 이야기를 듣게 되었다. 어떤 변화를 이끌어내는 것이 얼마나 힘든지를 보여주는 한 예이다.

그러나 보호아동에게는 부모가 없다. 물론 부모가 어딘가에 있기는 하지만 그들은 친권만 행사할 뿐 보호아동의 양육 환경 및 방식 등에 대한 어떤 변화도 요구하지 않는다. 보호아동에게 무엇이 필요한지, 보육원 생활 중 무엇이 불편한지는 전혀 관심을 갖지 않는다. 그런 가운데 보호아동은 속앓이만 하며 암담한 삶을 살아간다. 어린 아이들은 자신이 힘은 들지만 구체적으로 무엇 때문에 힘든지도 잘 모른다. 무언가 불편하고 마음이 무겁지만 스스로 목소리를 내는 힘이 매우 부족하다. 국내에서는 장애인 당사자와 그 부모들이 함께 움직인 결과로 많은 정책들이 개선되고 장애인 복지도 나아지고 있다. 보호아동의 경우에는 그들을 위해 움직이는 사람이 없기에, 부모가 움직여 주지 않기 때문에 기본적인 아동양육시설의 변화도 더딘 것이다.

거기에 당사자들은 사회의 잘못된 인식으로 인해 자신의 존재를 잘 알리지 않는다. 장애인은 외모에서 장애가 확인되지만 보호아동은 자신이 말하지 않으면 아무도 모른다. 당사자도 '보육원 출신'이라고 하면 편견을 가지고 바라볼 것이라고 생각하여 스스로 드러내지 않는다. 그래서 보호아동은 사회에서 인정받지 못하는 것이다.

장애인과 보호아동의 비교가 조금은 낯설기도 하지만 고아 장애인을 만날 때면 더욱 안쓰러운 마음이 든다. 장애가 있어 사회에 나서기를 더 힘들어하는 이들을 만날 때면 참으로 마음이 쓰리다. 보육원에서 함께 성장한 이들 중에는 경계성 지능을 지닌 동생도 많이 있었다. 그들이 퇴소 후 직장에 쉽게 적응하지 못하는 것을 보면서 그들에게는 보다 안정된 생활 지원이 필요한데 '과연 누가 그들의 보호자가 되어 세상에 그들의 아픔을 이야기해 줄 수 있을까'를 생각하였다.

나는 학교에서 '다문화가정자녀 지원 업무'와 '탈북 학생 지원 사업 업무'를 맡았다. 또한 학생부장을 맡아 수학여행이나 스키 캠프를 운영하면서 기초생활수급자 학생들을 지원하였다. 그간 여러 사정으로 인해 힘들게 살아가는 학생들을 보면서 사회적 약자에 대한 실질적인 지원에 대해 많이 생각해 보았다. 무엇보다도 그들에게 필요한 것은 그들 자신이 더 잘 안다. 그러므로 스스로가 필요한 것을 말해야 한다. 말하지 않으면 누구도 알지 못하기 때문이다. 아이들이 도움을 요청할 때 학교와 사회의 변화가 시작된다.

2017년에는 이러한 일도 있었다. 장애 학생의 부모가 무릎을 꿇은 사진 한 장으로 온 세상이 큰 충격을 받은 일이었다. 그 사진은 소셜미디어를 통해 빠르게 확산되며 사회적 이슈가 되었다. 당시 여러 진통 끝에 개최된 강서지역 공립 특수학교 신설 2차 주민토론회에서 원활한 토론이 이루어지지 않고 찬반의 대립으로 분위기만 격앙되자 장애 학생의 학부모들이 학교 설립을 호소하며 무릎을 꿇었다. 아이를 위해 엄마들이 거리로 나선 것이다. 2021년 5월 〈학교 가는 길〉이라는 다큐멘터리를 보면서 엄마들의 용기 있는 외침이 중요하다는 걸 알았다. 차별과 배제에 대한 변화를 이끌어내기까지 부모의 역할이 매우 컸다. 결국 2020년 3월 서진학교가 문을 열었다. 차별당하고 배제된 장애인의 교육권에 대한 문제 제기는 물론이고, 장애인과 비장애인이 더불어 살아가야 하는 세상에 묵직한 울림을 전하였다.

나는 보호아동 관련 정책도 이러한 움직임이 필요하다고 생각한다. 장애 학생은 부모가 움직여 새로운 변화를 이끌어냈다. 그럼 부모가 없는 보호아동은 누가 이러한 일을 해줄 것인가. 우리가 함께 움직여주지 않는다면 누가 이들의 소외된 인생을 책임져 주겠는가? 그래서 우리가 함께 외쳐야 하는 것이다.

마지막으로 영화 〈기생충〉에 대해 이야기하면서 글을 마무리하고자 한다. 영화 속에서 이선균이 송강호에게 지하철 냄새가 난다는 말을 하였다. 아마도 이선균도 어릴 때엔 잘살지 못했던 것 같다. 지하방에서 나는 냄새를 기억한다는 것은 앞으로 이선균이 송강호 가족을 이해하는 데 도움이 되지 않을까? 부자들은 조여정처럼 악의 없이 송강호 가족에게 상처를 주었다. 계급적 위치에 따라 부자와 빈자의 삶을 희화한 것이다.

보호아동을 바라보는 시선은 여전하다. 사회적 약자를 배려하는 분위기가 많이 형성됐지만 보호아동은 여전히 이 사회에서 소외된 채로 살아가야 한다. 아직도 현실은 너무나 답답하다.

나는 단 한 번에 모든 것이 바뀌기를 기대하지는 않는다. 그저 조금 더 약한 이들을 생각하는 연습을 해보길 바란다. 보호아동들이 상처받지 않기를 바란다. 고아들이 스스로의 삶을 위해 소리 높여 외치기를 바란다. 좀 더 많은 이들이 보호아동 및 자립준비청년의 현실적인 삶에 대해 더 많이 알리기를 바란다.

행복한 고아의 끝나지 않은 이야기

자립의 길, 희망의 길

지난해인 2021년 7월 31일 정부가 보호 종료 아동에 대한 자립 지원 강화 방안을 발표했다. 그동안 수립은 되었지만 아직 시행되지 않았던, 아이들에게 꼭 필요한 정책들이 드디어 시행된다는 발표에 참으로 설레고 벅찬 마음이 들었다. 그동안 만 18세가 된 아이들이 제대로 준비되지 못한 채 사회로 내몰리듯 나아갔다면, 새로 마련된 정책들은 아이들이 자립을 위한 역량을 갖추고 자립의 주체로 살아가는 데 실질적인 도움을 주게 될 것이었다. 진작 마련되어야 했지만, 이제라도 하나씩 바뀌어 가는 것이 감개무량하다. 특히 인권의 측면에서, 보호 종료 아동들이 살아가야 할 미래의 인생을 위해서 마련된 정책이기에 벅찬 마음이 든다.

하지만 한편으로는 아쉽고 서운한 마음도 든다. 이렇게 바뀔 수 있는데 그동안 왜 이렇게 바뀌지 않았을까 원망스럽기도 하다. 보육원 아이들의 보호 종료 시기가 만 18세로 정해진 것이 무려 1961년의 일이다. 60년 만에 보호 종료가 연장된 것이다. 이제 만 18세가 아닌 만 24세로, 본인의 의사에 따라 보호를 연장할 계획이라고 밝혀졌는데 60년의 세월은 너무도 길고 야속하다는 생각이 들었다. 하지만 지금이라도 변화는 시작되었다는 것, 아이들은 희망을 가질 수 있게 되었다는 것이 감사할 따름이다.

그러나 한 가지 주의할 것은 있다. 보호가 연장되었다고 해서 아이들의 문제가 모두 해결되는 것은 아니다. 아동, 청소년에서 청년으로 넘어가는 시기에 보호를 연장하는 것이 아이들에게 실질적으로 얼마나 도움이 될지는 미지수다. 만 24세가 지나면 청년들은 이제 진짜 스스로 삶을 개척해나가며 힘든 사회생활에 적응하고 견디며 살아야 하기 때문이다.

이들이 맞이해야 하는 삶은 보육원에서의 삶과는 판이하게 달라진다. 친가족과의 관계는 물론 연애를 하게 되면 가정사에 대한 이야기가 자연스럽게 나올 것이다. 결혼을 하게 되면 혼주석에 대해 고민할 것이고 양가에 인사를 할 때 벌어지는 일들에 어떻게 대처해야 하는지 등 남다른 상황을 그야말로 리얼하게

행복한 고아의 끝나지 않은 이야기

겪을 것이다.

보호아동 출신으로서 겪는 일들은 누구의 도움도 기대하지 못하기에 남들에게는 너무도 평범한 일상이 더욱 힘들고 고통스럽게 느껴질 것이다.

한 인간이 물리적으로 독립을 해도 정서적으로, 사회적으로 자립에 성공하지 못할 수는 있다. 보통의 평범한 가정에서 자랐건, 보육원과 같은 특수한 환경에서 자랐건 자립을 한다는 것은 자신만의 확고한 인생관과 의지가 필요한 일이다.

나는 다소 이기적인 생각일 수 있지만 장애인처럼 아동복지시설 출신들도 선별적인 복지를 의무적으로 보장받아야 한다고 생각한다. 장애인증처럼 아동복지시설증을 갖고 사회적 복지 혜택을 누릴 수 있다면 보다 많은 보호청년들이 자립을 하는 데 매우 큰 안전장치가 될 것이다.

보호청년들도 각성이 필요하다. 이들에 대한 국가적 지원을 당연하게 여기면 안 되기 때문이다. 보육원을 퇴소한 후 많은 청년들이 기초생활수급자가 되는데 그로 인한 지원금을 받으며 다른 직업을 갖지 않고, 열심히 일하지 않는 경우를 보면 너무도 안타까울 따름이다. 그럴수록 일할 능력이나 의지는 사라지게 되고 더욱더 사회적으로 고립되는 것은 너무도 당연한 수순인 것이다.

보호연장에 대한 이야기를 하다 보니 자연스럽게 보육원 퇴소 후의 삶에 대한 이야기를 하지 않을 수 없게 된다. 보호연장은 단순히 보호기간을 늘리는 것에서 끝나서는 안 된다. 현재 아동복지시설과 분리된 공간에서, 청년들에게 적합한 자립 교육을 제공해야 한다. 자립 교육에 있어서 기존의 살던 보육원 공간과 분리를 해야 하는 이유는 다음과 같다. 이미 청소년 시기를 넘어 성인으로 진입하는 시기에 나이 차이가 많이 나는 초등학생 후배들과 함께 생활하는 것은 여러 면에서 서로 불편할 수 있다. 또한 보육사들과의 관계 형성에도 어려움을 겪을 수 있다. 보육사는 기본적으로 아동을 양육하는 교육을 받아 지도하는 사람들이다. 때문에 보육사들이 나이 차이가 크게 나지 않는 청년들을 돌보는 것은 어려울 수 있다.

　이러한 이유들 때문에 보호청년들에게는 그들만의 별도의 시설이 필요하다. 그 시설에서 실질적이고 다방면의 자립 교육이 제공되어야 한다. 사회성을 가르치고, 인간관계를 형성하는 능력, 의사소통의 기술을 기를 필요가 있다. 의견이 다른 이들과 소통하는 방법, 선배나 동료의 관계 속에서 어떻게 행동하고 자신의 이미지를 만들어 가야 하는지 알려줘야 한다. 무엇보다 보육원 출신이라는 딱지를 부끄럽게 생각하지 않도록 시설이라는 존재는 든든한 버팀목이 되어 주어야 한다. 만약 취업 후 회사에서 부당한 대우를 받았다면 보호청년들의 입장을 대변해 줄

행복한 고아의 끝나지 않은 이야기

수 있는 노무사를 소개해 주거나 다른 일자리를 제공해 주는 등 진정한 자립이 이루어질 수 있도록 발판을 마련해 주어야 한다.

보호아동들의 아름다운 결실은 자립의 성공이라 할 수 있다. 그리고 자립의 끝은 가정을 꾸리는 것이다. 자신이 받지 못한 사랑을 자식들에게 물려주며 가정을 통해 안정감을 형성하는 것이다. 이제껏 자신만을 위해 살았다면 앞으로는 가정을 위해 살며 인생의 고귀함을 몸소 깨달을 수 있을 것이다. 자신이 형성한 가정을 통해 그 동안의 상처를 치유하고 자신을 버린 부모를 이해하는 것, 이것은 보육원 출신 아이들만이 가질 수 있는 특별한 경험이다.

무엇보다 중요한 것은 아이들이 어릴 때부터 자립에 대한 생각을 형성하도록 돕는 것이다. 현재 자립교육은 만 15세 이상의 아이들을 대상으로 진행되고 있다. 아직 어린 아이들에게 자립이라는 것은 먼 훗날의 일이자, 막연한 미래이기에 사실 아이들은 큰 관심을 갖지 않는다. 그렇다고 해도 나는 아이들에게 더 어릴 때부터, 조금 가혹하게 느껴지더라도 자립에 대한 이야기를 많이 해야 한다고 생각한다. 자립을 왜 해야 하는지, 자립을 위해 도와주시는 분들이 계시면 보육원 퇴소 이후에는 보육사와의 관계나 후원자들과의 관계를 통해 사회적인 관계를 형성해야 함을 알려줘야 한다.

정부의 발표 중 가장 환영할 만한 것은 바로 공공후견인제도이다. 공공후견인은 아이들에게 멘토가 되어 법적 후견인으로서 경제적, 사회적, 정서적으로 법적 권한을 갖는다. 이러한 제도는 아이들에게 커다란 안정감을 전해줄 수 있으며 수많은 범죄에 노출되지 않도록 돕고, 혹여나 범죄에 노출되었더라도 사회적 방패막이 되어줄 수 있을 것이다.

　자립을 해야 하는 당연한 현실 앞에 보호아동들이 자립에 대해 걱정만 하는 것이 아니라 그 과정을 즐겁고 희망적인 일로 받아들일 수 있도록 교육하고 도움을 줘야 한다. 준비되지 않은 자립으로 인해 고통을 겪다 세상을 먼저 마감하는 안타까운 현실을 극복하기 위해서라도 자립에 대한 준비, 자립을 위한 교육은 반드시 필요하다.

자립이 아닌 독립을 하고 싶은 청년들이 있어요

사람은 언젠가 홀로 서기를 해야 한다. 우리는 그것을 독립이라 부른다. 어느 정도가 독립에 적당한 나이인지는 모르겠다. 그저 독립했다는 것만으로 자립에 성공했다고 보기에는 다소 미흡함이 있다. 결국 보호자의 품에서 벗어나서 스스로 서는 것을 자립이라고 할 수 있다.

독립이 반드시 좋은 것만은 아니다. 부모님의 간섭과 요구를 피하는 대신 외로움과 고독함을 맞이할 수 있다. 혼자 힘으로 해나가는 것, 홀로 서는 것은 마치 이 세상에서 혼자 남은 것 같은 착각이 들게 할 것이다. 그래서 부모의 보살핌을 벗어나 성인이 된 자녀들이 과연 독립을 했을지언정 부모님이 사망할 때까지 진정한 자립을 하였는지는 한번 생각해보아야 한다.

만 18세에 사회에서 혼자 일어서야 하는 보호종료아동들에게 자립은 가장 중요한 삶의 요소이다. 생존의 필수조건이며 한 인간의 존재와 관련된 것이다. 그래서 필자는 독립과 자립에 참 관심이 많다. 나의 삶을 되돌아보면 임용고시에 합격하고 발령이 난 후 보육원 퇴소를 했음에도 불구하고 주거계약, 은행업무, 각종 고지서 납부 등 수많은 문제 앞에 당황하고 무너졌다. 주변에 쉽게 물어볼 곳도 마땅치 않았고 매번 새로운 환경에 적응하느라 힘이 들었다. 취업에 성공하지 못한 청년들은 얼마나 더 힘들지 상상이 되지 않는다. 독립에 성공해야 진정한 자립을 할 수 있을 것 같은데 과연 얼마나 많은 청년들이 힘들어할지 걱정이다.

사실 보호아동들은 부모와 헤어졌을 때 독립이 시작된다고 생각된다. 부모와 물리적으로 떨어져 혼자가 되었기 때문이다. 성인이 되어 부모님 잔소리를 피해, 집과 회사의 거리가 멀어서 독립을 하는 성인과는 매우 다른 환경에 처하는 것이다. 부모가 있는 성인은 생활비를 타 쓰거나 매주 밑반찬을 얻어와 먹고 빨래 뭉치를 집으로 가져가 다림질을 하는 등 독립을 했지만 의지할 곳이 있는 반면 보호종료청년들은 독립을 당했지만 의지할 수 있는 곳이 없다는 것이 너무나 슬픈 현실이다.

독립(獨立)은 다른 것에 예속하거나 의존하지 아니하는 상태

행복한 고아의 끝나지 않은 이야기

나, 한 나라가 정치적으로 완전한 주권을 행사한다는 매우 긍정적인 의미를 지니고 있다. 하지만 보호청년들의 이른 독립은 부당하게 여겨진다.

한 통계에 의하면 부모에게서 독립한 청년 10명 중 9명은 '내 라이프스타일대로 살 수 있는' 독립생활에 만족하는 것으로 나타났다. 하지만 보호청년들은 어릴 때부터 자신의 스타일대로 살아가는 것이 매우 위험한 결과를 초래할 수 있다. 청소년기 이탈행동으로 잦은 흡연과 음주에 대해 보육사가 지도할 때 "나는 내 방식대로 살래요", "내 몸인데 왜 당신이 뭐라고 하세요"라고 하기도 한다. 자신의 몸을 소중히 생각하지 않고 도덕성을 잃어버리는 매우 미흡한 행동인 것이다. 그래서 독립은 보호청년들에게는 매우 힘든 말이기도 하다.

진정한 자립은 무엇일까? 경제적, 사회적, 심리사회적 등 많은 측면에서 홀로서기에 성공한 것을 일컫겠지만 가장 정확한 표현은 스스로의 삶에 자족하는 것이 아닐까 싶다. 보육원 퇴소생의 삶이 평범한 가정이 있는 청년들처럼 여유 있게 만들어지지는 않을 것이다. 그렇기에 보호청년들의 자립은 얼마나 자신의 삶에 만족하고 있는가에 정해져 있다고 생각한다. 결혼을 했든 하지 않았든 그리고 현재 어느 자선단체의 도움을 받고 있든 받지 않고 있든 아르바이트를 하든 정규직원이든 그 환경보다는, 스스로 자신의 인생을 주도적으로 살아가고 있다면 그것이 진정한 자립이라고 생각한다.

　무엇보다 중요한 것은 자립의 필수조건이 소통이라는 것이다. 경제적인 어려움과 여려 문제를 혼자 스스로 해결하여 일어설 수 있는 사람은 많지 않다. 보육원 출신이라도 주변의 누군가와 끊임없는 소통을 통해 정신적인 홀로서기를 해야 한다.

　자립전문가는 자립은 '유사시 대비할 직업적 실력, 감당할 수 있는 경제적 여력, 여기저기 물어볼 수 있는 생각, 다양한 상황에서 발생하는 문제해결능력'이 필요하다고 한다. 이처럼 혼자서 절대 해결할 수 없는 문제들이 반드시 발생하기 때문에 보호청년은 자신의 맘을 터놓고 이야기하며 도움을 받는 기회의 장들이 꼭 필요하다. 즉 자립을 하는 데는 주변의 도움이 필요하며, 또한 자기의 의지에 따라 행동해야 하므로 책임감이 필요하다. 그렇기에 너무 조급해하거나 욱하기보다 준비가 안 되었으면 겸허하게 인정하고 내실을 키울 필요가 있다. 무엇보다 물리적인 자립도 꼭 필요하지만 정신적인 독립이 참 힘들기 때문에 멘토가 필요하며 그 멘토와의 지속적인 상호작용은 자립에 필수조건이 되는 것이다.

　어릴 때 읽는 아기돼지 삼형제 이야기는 자립을 하는 데 있어 무엇이 중요한지 잘 보여주고 있다. 첫째나 둘째 돼지처럼 집을 대충 지었다가 한방에 훅 가는 사태를 맞이하지 않고 제대로 된

행복한 고아의 끝나지 않은 이야기

벽돌집을 지음으로써 무사히 위험에서 벗어난 막내 돼지처럼, 보호청년들이 완벽한 준비성을 갖고 든든한 멘토와 함께 인생을 살아가야 하는 것이다.

이 땅의 수많은 청년들이 힘든 시절을 버티며 의지하며 살고 있다. 보호청년은 어린 나이에 독립을 하게 되고 자립을 강요당하게 된다. 1인 가구가 각광받고 많은 사람들이 1인 생활에 매력을 느끼며 살아가고 있지만 보호청년들의 삶 속에 1인 가구란 말은 다소 부적합해 보인다. 스스로 가장으로서 경제활동과 취업준비들을 하다가 삶의 여유를 찾지 못하고 쉽게 주저앉는 경우도 있다.

이들을 위한 특별한 정책이 필요하다. 최근 정부에서는 자립의 동반자로서 자립지원전담기관과 전담요원을 충원하고 있으며 주거안전망을 강화하기 위해 좋은 정책을 발표하였다. 무엇보다 자립역량이 중요한데 보호청년들이 온전한 능력을 갖도록 정부에서는 독립을 미리 한 그들이 자립에서도 온전히 성공할 수 있도록 관심 있게 살펴보아야 할 것이다.

고아도 우리도 모두 같은 편견 없는 사회를 바라며

권선복
(도서출판 행복에너지 대표이사)

　시대가 많이 변하였지만 아직도 우리가 고아를 바라보는 시선은 대개 측은하거나 싸늘합니다. '고아는 어떠어떠할 것'이라는 선입견이 깊숙이 자리 잡고 있기 때문입니다.

　실제로 고아이자 이 책을 집필하신 이성남 씨의 고아에 관한 이야기를 듣다 보면 그것이 편견임을 알게 됩니다. 고아들도 다른 평범한 아이들과 다를 바가 없고, 조금 외롭고 힘들지만, 똑같이 공정하게 대우받아야 할 사회의 일원이라는 것을요.

　스스로도 밝히셨듯 "내가 모든 고아를 대변할 수는 없다"고 하시지만, 그의 이야기를 통해서 고아에 대한 고정관념을 버릴 수 있었고, 또 그들을 우리 사회가 어떻게 받아들여야 할지, 그들의 입장은 어떠한지 조금이나마 생각해 보는 계기가 되었습니다.

　사실 세상을 살아감에 있어서 우리 모두는 조금씩 외로움을 지니고 있습니다. 완벽하게 충만하고 행복하기만 한 삶이 존재할까요. 어쩌면 우리는 그 외로움을 통해서 생을 더 아름답게 가꾸려는 의지를 가지고 희망이라는 감정을 통해 어려움을 극복하고 오늘을 더 잘 살아내겠노라고 다짐하는지도 모릅니다.

그런 의미에서 남들보다 조금 더 외로운 고아들은 더 적극적으로 생의 의지를 품고 살아가는 이들이라는 생각도 들었습니다. 어딘가에 의지할 곳이 없기에 슬프지만 더 열심히 살아갈 수 있는 원동력이 생기는 것은 아닐까 아이러니한 생각도 들었답니다.

우리는 또 고아를 보며 배우고, 성장하고, 그분들도 사회에 섞이도록 노력함으로써 서로 상부상조하고 함께 보듬으며 지낼 수 있는 것이 이상적인 사회가 아닐까, 하는 생각도 듭니다.

결국 이 세상은 모두가 홀로인 동시에 함께이기 때문이지요. 다른 듯 다르지 않은 고아들과 우리 사회가 상생하며 살 수 있기를 진심으로 바라게 되었습니다.

그분들을 위해서 사회적으로 복지 혜택이 더 마련되어야 할 것입니다. 힘든 상황 속에서 이른 자립을 강요받는다면 너무 막막하지 않을까 염려스러움은 저만의 생각이 아닐 겁니다.

개인적으로도 사회적으로도 차별받지 않고, 고아이기에 아픈 상처를 보듬고 고아이기에 배울 수 있는 점을 널리 알리는 등, 그런 유토피아가 펼쳐지는 것이 꿈같은 일은 아닙니다. 고아들을 통해 배우고, 고아도 도움을 받는, 그런 이상적인 사회가 되기를 기원합니다.

본서를 통해 독자 여러분들도 많은 것을 생각해 보고 느끼는 시간이 되었기를 바랍니다.

'고아'라는 우리 사회의 일원을 통해 '인간'에 대한 이해로까지 나아갈 수 있는 시간이 되었다면 더 바랄 나위가 없겠습니다.

이제 뜨거운 여름입니다. 이 여름이 모든 사회적 약자들과 소외된 이들의 눈물도 말릴 수 있기를, 그리하여 우리 사회가 좀 더 성숙하게 발전할 수 있기를 가슴 깊이 소망합니다.

모든 이들의 행복을 빌며 짧은 후기를 마치겠습니다.

모두 행복하십시오! 감사합니다.

좋은 원고나 출판 기획이 있으신 분은 언제든지 **행복에너지**의 문을 두드려 주시기 바랍니다.

ksbdata@hanmail.net   www.happybook.or.kr   문의 ☎ 010-3267-6277

'행복에너지'의 해피 대한민국 프로젝트!

〈모교 책 보내기 운동〉 〈군부대 책 보내기 운동〉

한 권의 책은 한 사람의 인생을 바꾸는 힘을 가지고 있습니다. 한 사람의 인생이 바뀌면 한 나라의 국운이 바뀝니다. 그럼에도 불구하고 많은 학교의 도서관이 가난하며 나라를 지키는 군인들은 사회와 단절되어 자기계발을 하기 어렵습니다. 저희 행복에너지에서는 베스트셀러와 각종 기관에서 우수도서로 선정된 도서를 중심으로 〈모교 책 보내기 운동〉과 〈군부대 책 보내기 운동〉을 펼치고 있습니다. 책을 제공해 주시면 수요기관에서 감사장과 함께 기부금 영수증을 받을 수 있어 좋은 일에 따르는 적절한 세액 공제의 혜택도 뒤따르게 됩니다. 대한민국의 미래, 젊은이들에게 좋은 책을 보내주십시오. 독자 여러분의 자랑스러운 모교와 군부대에 보내진 한 권의 책은 더 크게 성장할 대한민국의 발판이 될 것입니다.

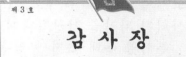